JN418138

우리가 사랑한 교회이야기

4인4색 목회자의 기쁨과 눈물

우리가 사랑한 교회이야기

4인4색 목회자의 기쁨과 눈물

윤기원 편저

대한기독교서회

우리가 사랑한 교회이야기

4인4색 목회자의 기쁨과 눈물

2022년 1월 10일 초판 1쇄

편저자 윤기원
펴낸이 서진한
펴낸곳 대한기독교서회

등록 1967년 8월 26일 제1967-000002호
주소 06173 서울시 강남구 테헤란로103길 14(삼성동)
전화 출판국 553-0873~4, 영업국 553-3343
팩스 출판국 3453-1639, 영업국 555-7721
e-mail editor@clsk.org
http://www.clsk.org
facebook.com/clskbooks
instagram.com/clsk1890

ISBN 978-89-511-2010-7 03230

The Christian Literature Society of Korea, Seoul
Printed in Korea

* 이 책은 위탁을 받아 출판하였습니다.
* 책값은 뒤표지에 있습니다.

머리말

은퇴를 2년 8개월 앞둔 2019년, 고영완 목사가 인도하던 하계 학생연합수련회에 참여하기 위하여 평택 광은기도원에 가는 길이었다. 밤 예배에서 설교를 맡은 장철희 목사님이 운전을 하시고, 축도를 맡은 나는 조수석에 앉았다. 사모님도 함께하셨다. 나는 졸지 않으려고, 또 운전하는 장 목사님이 피곤하실까 봐 목회현장에서 경험하고 느낀 것들을 두서없이 마치 넋두리를 늘어놓듯 끊임없이 이야기했다. 장 목사님과 사모님은 내 이야기를 듣고 큰 감동이 된다며, 말로 끝내고 지나갈 것이 아니라 '목회이야기'라는 제목의 글로 남겨서 후배들에게 도움을 주면 좋겠다고 격려해주셨다.

그렇지 않아도 평생에 받은 은혜와 축복을 은퇴기념 문집에 담아 세상에 알려 하나님께 감사와 영광을 돌려드리려는 마음에 2년 전부터 글을 쓰기 시작했는데, 주춤하던 차에 두 분의 격려 덕분에 다시 의욕을 갖고 시작할 수 있게 되었다. 이런 과정을 통해 졸작이나마 내 이야기가 한 권의 책으로 세상에 나오게 된 것이다. 그때 장 목사님과 사모님이 격려해주시지 않았다면 불가능했다. 다시 한 번 두 분께 감사를 드리며, 내 목회 이야기가 독자들에게 조금이라도 은혜가 되어 하나님께 더없는 영광이 되기를 바란다.

또한 사역 현장에서 분주한 중에도 주옥같은 이야기로 기꺼이 함께 글을 써주신 최윤식, 김천영, 송건성 목사님께도 감사를 드린다. 특별히 여러 감동적인 이야기를 함께 나눠주신 송건성 목사님께 감사를 드린다.

혹 내용 중에 하나님보다 나를 드러내려는 의도가 보인다든지, 만의 하나라도 다른 이의 명예를 조금이라도 상하게 하는 표현이 있다면, 나 스스로에게도 결단코 용납할 수 없는 일이라는 것을 분명히 말하고 싶다. 나는 오직 하나님의 은혜를 드러내는 일에 관심이 있을 뿐이다. 이 모든 것이 오직 나와 함께하신 하나님의 은혜임을 고백하며, 모든 영광을 하나님께 돌려드린다.

2022년 1월

윤기원

추천사 1

정태기 / 치유상담대학원대학교 명예총장

'윤기원', 나에게 따뜻하게 와 닿는 이름이다. 나는 신학대학원에서 24년 동안 강의하며 수많은 학생들을 만났다. 그 가운데 윤기원은 교수의 혼을 끌어당기는 학생이었다. 군산시 변두리에 소재한 조그마한 교회의 목사 윤기원, 그가 학생이었을 때 그는 조그만 동산으로 여겨졌는데, 세월이 가니 지금은 어느덧 큰 산으로 바뀌어 한국교회의 거물로 우뚝 서 있다. 한국찬송가공회 회장과 (재)찬송가공회 이사장, 한국기독교회관 운영위원회 부위원장, 한국기독교장로회 총회연금재단 이사장, 더불어민주당 제19대 대통령선거 중앙선거대책고문과 종교특보, 이런 직함들은 교파를 넘어 교회와 정치, 사회의 신뢰를 얻는 인물에게 주어지는 명성이다.

윤기원 목사가 37년 전 광성교회에 부임하기 전, 교회의 형편은 목사에게 사례비를 주기가 버거울 정도로 어려웠다. 그러나 지금 광성교회는 장족의 부흥을 이루어 많은 교회와 기독교 기관을 후원하며, 해외선교에도 비전을 갖고 수많은 선교사를 섬길 뿐만 아니라 필리핀과 동티모르에 5개 교회를 세우는 교회로 성장했다. 윤 목사의 목회는 겨자씨와 같이 싹이 나고 자라서 새들이 깃드는 큰 나무가 되었다는 성경의 비유를 생각나게 한다. 윤 목사와 그의 교회는 기적을 보여주고 있다.

『우리가 사랑한 교회이야기』는 윤기원 목사와 다른 세 목사의 목회 이야기이다. 이 책에 실린 윤 목사의 흥미진진한 이야기 61편을 처음부터 마지막까지 읽으면서 웃기도 하고, 가슴 뭉클한 감동으로 눈물 짓기도 하다 보니 시간이 곧 흘러갔다. 61편의 글 중에는 윤 목사의 눈물이 보이는 글이 있고, 어떤 부분에서는 너무 아파 끙끙 앓는 윤 목사의 신음소리가 들리는가 하면, 또 다른 글에선 윤 목사의 감사와 기쁨이 노래가 되어 들리고, 극적인 장면에서는 두 손 들고 "하나님 감사합니다."라고 목이 터져라 외치는 윤 목사의 피가 섞인 목소리도 들려온다.

윤기원 목사는 이 책을 통해서 이렇게 외치고 있다.

"나는 내 양, 내 교인들에게 일편단심인 목회자였습니다."
"나는 내 교회, 내 양들을 무조건 존중하고 사랑했습니다."
"나는 내 교회 내 양들의 아픔, 슬픔, 기쁨, 감사를 함께했습니다."

필자가 광성교회 교인에게서 들은 말이 있다. 어느 권사가 숨을 거두었는데, 그가 무덤에 묻힐 때까지 그 집 식구들보다 더 서럽게 운 사람이 바로 윤기원 목사였다는 것이다. 그 행동 속에 목자로서 윤 목사의 마음과 태도와 성품이, 다시 말해 윤 목사의 순수한 삶이 그대로 드러난다.

한 교회에 부임해서 37년을 섬기는 것은 쉬운 일이 아니다. 이것은 기적에 가까운 확률이다. 37년 목회 기간 중에 어떤 불의의 사건이 생겨 교회를 떠나게 될 수도 있고, 교인과 목회자 간에 갈등의 틈이 생겨 교회를 떠날 수도 있는 것이다. 교회와 목회자의 관계를 연구한 세계적인 학자 월리(Wolley) 박사는 한 목사가 교회에 부임해 10년을 목회하는 것은 정말 어려운 일이라고 말했다. 그는 목사가 한 교회에서 10년 동안 목회를 지속하는 것을 군대에서 장교가 장성으로 진급하여 '별을 다는' 것에 비유했다. 윌리 박사는 더 나아가 한 교회에서 20년 동안 목회를 하는 것은 별이 셋인 중장에, 30년 목회는 별 넷인 대장에 견줄 수 있다고 말했다. 그만큼 한 교회에서 목회를 지속하기가 어렵다는 것이다. 30년을 넘어 37년의 문을 닫고 서 있는 윤기원 목사의 이야기는 수많은 목회자들과 신학생들에게 꼭 들려주어야 할 교훈이다.

어떤 힘이 윤기원 목사를 이렇게 만들었을까? 윤기원 목사에겐 다른 사람이 갖기 어려운 귀한 유산이 있다. 그것은 윤기원 목사가 나고 자란 자연이다. 하나님은 사람이 자라날 때 자연을 통해 신비한 힘을 주신다. 역사를 이끌어온 주인공들은 모두가 자연 속에서 성장했다. 크든 작든 그 사람의 성품은 그가 자란 자연과 깊은 관계가 있다. 나의 경우에도, "무엇이 나를 만들었는가?"라고 묻는다면 "나의 인격이나 성품의 80%는 내 고향 증도 섬, 바다, 등대, 돛단배, 뒷산입니다."라고 대답한다. 좀 더 시적으로 표현하면 나를 만든 자연은 하늘과 산과 바다가 만나는 곳이다. 하나님이 나에게 가장 큰 복을 주셨다면 그것은 고향 섬에서 태어나게 하신 것이다.

윤기원 목사는 전북에서도 오지인 익산군 웅포에서 나고 자랐다. 웅포는 조그만 포구로 강을 따라 고깃배가 수시로 드나드는 가난한 어촌이었다. 그러나 배를 따라가면 넓은 황해를 만날 수 있고, 더 나아가면 끝없이 펼쳐진 바다를 만나는 가능성이 주어진 곳이었다. 어린 시절의 윤기원은 그 자연 속에서 상부상조하며 더불어 살아가는 시골 공동체를 피부로 느끼며 성장했다. 그래서 윤 목사는 교인들과 잘 어울리고, 경쟁이 심한 동료 목회자들 사이에서도 유별나게 잘 어울리는 성품을 지녔다.

다음으로 윤 목사의 큰 유산은 그의 아버지이다. 그분은 선함으로 가득 찬 성품의 소유자였다. 흠이 있다면 가사와 농사일에는 전혀 무관심한 분이었다는 것이다. 윤 목사가 초등학교 5학년일 때 돌아가신 아버지는 어린 아들에게 큰 유산 하나를 남겼다. 윤기원 목사가 아주 어렸을 때 그 마을 부잣집에 머슴이 살았는데, 그 머슴은 아이가 다섯이나 있었다고 한다. 그런데 머슴과 그 가족들은 살 집이 없어 밤이면 흩어져 이 집 저 집 사랑방을 전전하면서 살았다는 것이다. 그 모습이 너무 안쓰러워 보였던 윤 목사 아버지는 그 머슴을 불러 자기 밭 한 쪽에 집 지을 터를 거저 내주며, 자기 소유의 산에 우거진 소나무를 마음대로 베어다가 집을 지어 살도록 했다는 것이다.

윤 목사 아버지의 마음은 평범한 사람이 가질 수 있는 것이 아니다. 의로운 일이면 자기 이익을 포기하고 앞장서는 모습을 우리는 순교자나 애국지사들에게서 많이 보았다. 윤 목사가 큰 교회에서 더 좋은 조건으로 청빙되어 갈 수 있는 세 번의 기회를 물리치고 광성교회를 택한 것이나, 전도사로서 어렵게 교회를 개척하던 시절 총회에서 주는 생활비를 거부하고 고생을 감수한 것, 더 나아가 어려운 이웃을 보면 지나치지 않고 솔선수범해 발 벗고 나서서 도와주는 모습 등은 아버지에게서 받은 정신임에 틀림없다.

윤기원 목사의 글 61편은 그가 겪은 많은 역사가 목회의 기적으로 꽃피어나고 열매가 되어 쏟아진 기록이다. 윤 목사가 이 모든 것을 이루어 낼 수 있었던 것은 그가 가진 믿음과 어떤 어려움도 참고 견뎌내어 승리로 승화시키는 힘 때문이다. 이런 힘은 그가 겪은 피나는 고난에서 얻은 보물이다. 아버지가 돌아가신 뒤 겪은 경제적 어려움은 언제나 윤 목사를 힘들게 했다. 신학교에 다닐 때는 우유 배달로 학비를 충당했는데, 한

창 젊은 청년이 건강을 해치며 새벽 3시 30분에 일어나 두세 시간을 달리며 일했다. 그는 배고픔의 고난을 알았기에 교인들의 고난과 어려움을 위해서도 기도와 헌신으로 보살필 수 있었던 것이다.

한편 그의 글 여러 편에서 아들 이야기를 볼 수 있다. 부모가 되어 자식에게 경제적인 지원을 넉넉하게 하지 못하고, 많은 시간을 함께할 수 없었던 것이 아들에게 상처로 나타난 것을 보고 받은 충격은 얼마나 컸을까? 읽는 내내 가슴이 떨려왔다. 그러나 지금 그 아들이 과거의 상처를 딛고 개선장군이 되어 아버지 목회에 큰 힘이 되어준다니 얼마나 자랑스러운 일인가! 위대한 목회자는 자신의 가정을 살리고 교회도 살리는 목회자이다. 윤 목사는 이 두 가지를 다 이룬 목회자이다.

윤 목사의 이야기를 읽고 난 후 나는 이렇게 기도했다.

하나님, 윤기원 목사를 이 땅에 태어나게 해주심에 감사합니다!

하나님, 윤기원 목사가 하나님의 종이 된 것을 감사합니다!

하나님, 윤기원 목사가 한신대학교 졸업생인 것을 감사합니다!

하나님, 윤기원 목사가 한국기독교장로회의 목사가 된 것을 감사합니다!

하나님, 윤기원 목사가 37년 동안 광성교회에서 목회하게 해주신 은혜, 감사합니다!

추천사 2

채수일 / 경동교회 담임목사

목회자들의 은퇴기념 문집은 일반적으로 설교집이거나, 목회하면서 겪은 개인적 경험을 회상한 것이 많습니다. 그리고 개인적 회상은 대부분 목회자 자신에게 초점이 맞춰져 있지요. 그런데 윤기원 목사님이 세 분의 동료 목회자와 함께 쓴 퇴임 문집은 초점이 전적으로 하나님께 영광을 돌리는 데 있습니다. 윤 목사님과 다른 필자들은 당신들의 목회 경험이 오직 하나님의 은혜를 힘입은 것이었다고 고백합니다. 그래서 목회를 하면서 받은 상처도, 실수도, 슬픔도, 기쁨도 부끄러움과 주저함 없이 솔직하게 말하고 있습니다. 이런 솔직함은 이 문집이 후학들에게 나침반이 되기를 바라는 마음에서 비롯되었다고 봅니다.

늦깎이 목회 초보인 저에게는 참으로 큰 은혜가 되는 글들이었습니다. 글을 읽으면서 "그렇지, 맞아! 하나님은 살아 계셔! 하나님은 반드시 우리의 간절한 기도에 귀를 기울이시지. 억울한 사람 가슴의 한을 풀어주시고, 우리를 풍성한 생명의 길로 인도하시는 분이지!"라는 깨달음을 새롭게 했습니다. 흔들리는 마음을 다잡아주는 간증이었습니다. 저는 목회자로 사는 것이 얼마나 힘든 일인지를 짧은 목회 경험을 통하여 새삼스럽게 깨닫고 있는데, 평생을 목회하신 교역자들, 특히 37년을 한 교회에서 목회하신 윤 목사님의 가슴은 얼마나 시퍼렇게 멍이 들었을지 느낄 수 있었습니다.

그런데 윤 목사님은 "나는 사명 앞에서 어떤 두려움도, 망설임도 없다. 시간이면 시간, 물질이면 물질, 몸이면 몸, 모든 것을 드린다 하여도 마냥 감사하고 아쉬울 뿐이다. 사역을 하면서 '어렵다', '힘들다', '괴롭다', '피곤하다' 등의 생각을 단 한번도 해본 일이 없다."라고 고백합니다. 목회에 대한 희망과 절망, 기쁨과 슬픔, 신뢰감과 배신감, 열정과 분노, 축복과 저주 사이에서 흔들리는 저에게는 큰 위로가 되었습니다. 윤 목사님이 겪으신 고난에 비하면 제 고민은 사치에 불과한 것이었습니다. 윤 목사님은 언제나 삶을 긍정하고, 매사를 되는 방향으로 생각하고 추진하는 합리적인 분이라는 것에 놀랐는데, 그것이 9남매 중 여섯째로 태어나 열두 살의 나이에 아버지를 여의고 고생하시며 성장해온 삶의 지혜가 몸에 밴 태도라는 것도 비로소 알게 되었습니다.

『우리가 사랑한 교회이야기』에는 필자들 자신의 삶만이 아니라, 목회 현장에서 만난 성도들의 이야기가 실려 있습니다. 목회가 힘든 것은 사실 사람 때문이지요. 사람에게서 받는 상처, 사람 때문에 당하는 고통이 목회자를 견디기 어렵게 합니다. 그래서 아주 가끔은 목사가 되겠다고 나서는 이들에게 차라리 다른 길을 가라고 권하고 싶은 심정입니다. 그런데 윤 목사님과 다른 필자 목사님들의 고백, 그리고 그들이 목회현장에서 만난 신도들의 믿음과 헌신, 기도와 감사는 오히려 목사인 저를 부끄럽게 했습니다.

저는 이 문집을 특별히 저 같은 목사에게 권하고 싶습니다. 날마다 이제 막 신앙생활을 시작한 것같이 하나님의 말씀과 자기 자신 사이에서 갈등하면서, 하루에도 여러 번 희망과 절망, 기쁨과 슬픔, 평안과 고통 사이를 힘들게 왔다갔다하는 믿음이 작은 저 같은 목사에게 말입니다.

그리고 저처럼 흔들리는 성도들에게도 권하고 싶습니다. 간증은 개인적, 집단적 삶의 경험에서 나오는 고백입니다. 개인적 경험은 특수한 것이고 구체적인 것이기에 모든 사람에게 똑같이 적용될 수 있는 것은 아닙니다. 그럼에도 불구하고 간증은 우리 마음을 은혜로우신 하나님을 향하게 하고, 소망으로 충만하게 하며, 믿음을 반석 위에 세웁니다.

유감스럽게도 한국교회와 인류의 전망은 어둡기만 합니다. 인구 절벽, 기후위기에 더해 작년 초부터 지구촌을 위협하는 코로나19라는 감염병의 세계적 대유행은 넓게는 인류를, 좁게는 한국교회의 위기를 심화시키고 있습니다. 그러나 위기는 신앙의 기본으로 돌아갈 때 극복될 수 있습니다. 평생의 목회를 되돌아보면서, 네 분 목사님들의 간증과 사역 이야기를 엮은 『우리가 사랑한 교회 이야기』는 위기에 직면한 교회, 위기에 처한 교역자들과 성도들에게 신앙의 나침반이 될 것입니다.

차례

다섯 번째 장 훈련을 통해 하나님의 사람이 되다

2부 / 하나님이 친히 일하시는 교회 _ 송건성 목사

첫 번째 장 하나님이 기뻐하시는 사람들

두 번째 장 하나님이 일하시다

3부 / 예수님의 흔적을 지닌 교회_최윤식 목사

윤기원 목사

군산노회 광성교회 담임목사

1부

은혜, 은혜, 오직 은혜의 교회

첫 번째 장

선한 것으로 선한 것을 거두다

배려와 선처의 씨앗을 심었더니

우리에게 복 주시기를 원하시는 살아 계신 하나님은 우리에게 확신을 주시려고 자연의 법칙을 통해 복 받는 법칙을 설명해주셨다. 그것은 바로 '심은 대로 거두는 법칙'이다.

K 집사님의 부군 P 성도님이 교통사고를 당했다. 안타깝게도 P 성도님은 며칠 뒤에 소천하고 말았다. 가해자는 어느 면사무소의 부면장으로 재직 중이었는데, 그는 사고 당시 무면허에 음주 상태였고, 심지어 횡단보도에서 일어난 사고였기 때문에 과실이 중첩되어 처벌이 무거웠다. 실형을 받고 공직에서 쫓겨나며 퇴직금도 날아갈 것이라고 예상하는 사람들의 소리를 들을 때, 비록 혐의는 파렴치하기 그지없지만 일면식도 없는 가해자가 왠지 딱하다는 마음이 들었다.

처음 병원에 심방을 갔을 때, 나는 K 집사님에게 가해자를 위해서가 아니라 집사님의 여러 자녀들을 위해 선처하시면 어떻겠느냐고 조심스럽게 권면했다. 장례를 치르면서도 두 번이나 더 권면했다. 며칠 후에 집사님으로부터 전화가 왔다. 가해자에게 잘 합의해주어서 처벌을 면하게 되었다는 연락을 받았다는 것이다. 나는 집사님이 내 권면을 받아들인 것을 깊이 감사하면서 "집사님, 참 잘 하셨어요. 선한 씨앗을 심으셨네요."라고 축하하듯 말했다. 딱한 처지에 놓인 가해자가 한시름 놓았을 것을 생각하니 안도감이 들며 보람이 느껴졌다.

그로부터 몇 년 뒤에 K 집사님의 차남이 경영하는 화학공장에서 폭발 사고가 나 직원 한 명이 사망하고 차남은 실명할 위기에 처했다는 소식을 들었다. 곧장 병원으로 달려가 안수기도를 하고 돌아왔다. 나중에 K 집사님은 남편이 교통사고로 세상을 떠났을 때 선한 씨앗을 심었더니, 하나님이 실명 위기에 처한 차남을 아무 이상 없이 치료해주셨다고 고백했다. 그런 뒤 어느 날 새벽, K 집사님은 소천한 부군 명의로 큰 액수의 감사헌금을 드렸다.

> 선한 사람은 그 쌓은 선에서 선한 것을 내고 악한 사람은 그 쌓은 악에서 악한 것을 내느니라(마 12:35)

주님께 귀한 것을 심으면

1981년 9월 15일, 정읍 상동에 위치한 현재의 정읍고등학교 앞 주택 2층에서 정주상동교회(나중에는 동산교회)를 개척했다. 1년여가 지나자 무상으로 장소를 제공해주신 건물주 집사님의 가정 형편이 어려워져 급히 교회를 옮겨야 하는 상황이 되었다. 돈도 없었지만, 주변에 교회를 할 만한 마땅한 건물도 없었다.

어려운 교회 형편이 소문으로 퍼져나가 평소 교회에 관심을 가져주시던 정읍제일교회 이기웅 담임목사님과 교우들의 귀에까지 들어갔다. 당시 정읍제일교회 본당이 신축 중이었지만 이동수 장로님이 "자칫 상동교회가 문을 닫을 수도 있다고 하니, 우리 교회가 신축을 중단하는 한이 있더라도 상동교회를 살려야 합니다!"라고 제직회에서 발의하셨다고 한다. 다행히 유 모 집사님께서 기존 자리와 조금 떨어진 곳에 마침 비어 있던 베지밀대리점 건물을 임시 예배처로 빌려주셨다. 그리고 주택지에 있는 밭 420평 중 150평 기증을 작정하신 O 집사님께서 도시계획에 의해 나누어진 한 쪽 107평을 헌납해주심으로 1983년 50여 평(사택 15평 포함) 교회를 순조롭게 신축하게 되었다.

입당예배를 드리던 날, O 집사님의 친구 Y 권사님께서 나를 부르더니 이렇게 물으셨다.

"예배당 신축하라고 땅을 주신 O 집사님 위하여 기도해주실 거지요?"

"여부가 있나요? 당연하지요."

서슴없이 대답한 나에게 집사님은 기가 막힌 사연의 기도제목을 알려주셨다.

오래전 일어난 불행한 일이었다. O 집사님 장남이 정읍의 본 정통(중앙)이라는 곳에서 주유소를 경영했는데, 차가 귀하던 그때 승용차를 구입하여 주유소 마당에다 주차해 두었다. 그런데 어느 날, 다섯 살짜리 아들(O 집사님의 손자)이 차를 보고 좋아하며 차 앞뒤로 다니면서 만지고 있을 때, 차에 타고 있던 장남이 아들을 미처 못 보고 후진하다가 아들이 차에 치어 죽는 황망한 사고가 일어났다. 그런 일이 있은 뒤에 O 집사님의 장남은 여자아이를 입양하여 정성껏 키웠다. 그러나 O 집사님은 장남이 아들이 없는 것을 항상 안타까워하셨다고 한다. 그러니 이제라도 아들을 낳게 기도해달라는 부탁이었다.

너무나 딱한 그 이야기를 듣고 새벽마다 사명감으로 기도했다. 얼마 후에 길거리에서 Y 권사님을 만났다. 권사님은 숨을 몰아쉬면서 "목사님, O 집사님의 자부가 아이를 가졌습니다."라고 말씀하셨다. 너무나 기쁘고 반가운 마음에 집으로 돌아와서 한 가지 소원을 더해 기왕이면 아들이었으면 좋겠다는 기도를 시작했다. 며칠 뒤에 곰곰이 생각해보니, 잉태되는 순간 이미 성별이 결정되었겠다는 생각이 들었다. 그래서 아들을 주실 줄로 믿고 기다렸더니 좋으신 하나님께서 아들을 주셨다. 예배당 신축을 위하여 귀한 땅을(당시 시가 평당 30만 원) 드린 O 집사님은 무엇으로도 살 수 없는 귀한 손자라는 선물을 받았다.

천사가 대답하여 이르되 성령이 네게 임하시고 지극히 높으신 이의 능력이 너를 덮으시리니 이러므로 나실 바 거룩한 이는 하나님의 아들이라 일컬어 지리라(눅 1:35)

갚아주시는 하나님: 청소년수련관 수탁에 앞장서

지금으로부터 10년도 넘은 2009년, 군산시가 150억 원 규모의 청소년수련관을 위탁할 기관을 찾고 있을 때 기독교계에서는 YMCA가, 원불교에서는 삼동회가 수탁을 받기 위해 경쟁을 벌였다. 우리 기독교계는 이 일을 결단코 원불교 삼동회에 빼앗길 수 없다는 결연한 의지를 가지고, 전에 없이 교단과 교파를 초월하여 하나의 단합된 모습으로 맞섰다.

군산시 기독교연합회 직전 회장이었던 나도 전면에 나서서 힘을 보탰다. 우리 쪽에서는 수탁 기간은 3년으로, 자부담금은 9억(1년에 3억) 원으로 써 냈는데, 다행히 우리가 수탁을 받게 되었다. 뒷감당이 문제였는데, 감사하게도 교세를 감안하여 분배하기로 합의가 이루어졌다. 우리 기장 노회가 한 달에 1,700만 원씩 부담하던 중 우리 교회도 한 달에 100만 원의 몫을 부담하기로 하였고, 3년 동안 3,600만 원을 흔쾌히 감당했다.

그랬더니 하나님께서 이를 기뻐하셨는지 훗날 3,600만 원을 그대로 갚아주셨다. 교회에서 부목사 사택을 마련하기 위하여 군산대학교 앞 24평형 주공아파트를 구입했다가 2년 뒤 사택을 신축하게 되어 세금 때문에 불가피하게 팔게 되었다. 집을 팔려고 하자 값이 올라서 세금을 제외하고 남은 금액이 더도 아니고 덜도 아닌 딱 3,600만 원이었다.

우리의 머리털까지 세고 계시는 세밀하고 정확하신 하나님의 선하신 역사를 다시 한 번 체험했다. 결국 하나님의 일은 하나님께서 친히 하시고 우리는 다만 도구로 쓰임받을 뿐이다.

그러므로 내 사랑하는 형제들아 견실하며 흔들리지 말고 항상 주의 일에 더욱 힘쓰는 자들이 되라 이는 너희 수고가 주 안에서 헛되지 않은 줄 앎이라 (고전 15:58)

하나님이 이끄신 창립 50주년 기념교회

1986년에 광성교회에 부임하고 보니, 교회 건물이 매우 낡아 적잖이 놀랐다. 본당에서는 빗물이 새고, 나무로 된 창틀과 원목 바닥은 썩어서 무너져 있었기 때문이다. 전기선도 낡아 자주 정전이 되었고, 비가 오면 교육관 마룻바닥 위로 습기가 올라왔다. 풍덩거리는 재래식 화장실과 창고를 허름하게 개조한 식당만 있고 당회실과 사무실 한 칸 없는 환경인데도, 7-8년 동안 매년 봄만 되면 5,000-7,000만 원을 들여서 끝이 안 보이는 보수공사로 요란을 피웠다. '헌 집 고치기'라는 말처럼 우리는 공사를 하다하다 지쳐버렸다.

60여 평의 본당 자리도 협소하다고 느끼던 터에 마침내 보수를 중단하고 적절한 시기에 신축을 하기로 뜻을 모았다. 기도하는 중에 교회 창립 50주년이 되는 2006년에 예배당을 봉헌하기로 결정을 내리고 2003년부터 연차적으로 시공하기로 했다. 2003년에는 친교실(식당)과 사택(1층 50평은 식당, 2층 50평은 목사관과 게스트하우스)을, 2004년에는 식당과 사택 자리에 145평의 본당을, 구본당 자리에는 1층과 2층 각 50평짜리 교육관을 신축했다.

신축하기 4-5년 전이었다. 교회 창립 50주년에 맞추어 신축하고자

기도하던 중에 '50주년이라는 숫자가 중요한 것이 아니라, 그 50년의 역사 안에서 무엇을 했는지가 중요하지 않겠는가?'라는 깨달음이 와서 백방으로 고심하기 시작하였다. 마침내 50주년 기념교회를 생각하게 되었고, 기도하며 당회를 소집하여 논의하였더니 기다렸다는 듯이 만장일치로 결정되었다.

그렇게 교회 신축과 더불어 해외에 50주년 기념교회를 세우기로 했다. 뜻 있는 분들이 헌금을 하고, 일부는 교회 재정에서 부담하기로 하여 3,000만 원으로 필리핀에 기념교회를 세웠다. 일을 마치고 수고하신 선교사 홍희국 목사님께서 남은 돈 몇십만 원을 어떻게 처리할지 문의해오셨다. 우리는 두말할 것도 없이 그동안 교회 세우느라 고생했으니 교통비로 처리하라고 했지만, 목사님은 극구 그럴 수가 없다고 사양하셨다. 이에 우리는 교회 하나를 더 세우라는 하나님의 뜻으로 받아들이고 남은 돈을 종자돈 삼아서 3,000만 원을 다시 만들어 교회 하나를 더 세웠다. 이렇게 생각지도 않게 50주년 기념교회 둘을 세워 하나님께 영광을 돌리게 되었다.

더욱더 감사한 것은 교회 식구들이 함께 50주년 기념교회를 둘이나 세우면서도 2006년에 50주년을 맞이하여 지금의 본당과 교육관, 친교실, 사택을 봉헌할 때 빚 하나 없이 마칠 수 있었을 뿐만 아니라 오히려 돈이 조금 남았다는 것이다. 할렐루야! 하나님께서 비전을 주셨고, 우리는 다만 믿음으로 순종했을 뿐인데, 하나님께서는 친히 우리를 도구로 사용하셔서 역사를 이루셨다.

우리는 한층 탄력을 받아 60주년 기념교회를 동티모르에, 2020년에는 65주년(은퇴 기념으로 내가 사비를 들여) 기념교회를 필리핀에 세우게 되었는데, 이에 감동을 받은 정구현 장로님과 고 김옥실 권사님 내외분이 자녀와 손자들의 이름으로 66주년(2021) 기념교회를 세우는 것으로 바통을 이었으니, 앞으로도 우리 광성교회를 통하여 선교의 역사를 이루어가실 하나님의 계획을 믿으며 기대에 자못 부풀게 된다. 이 모두가 하나님의 은혜요 축복이 아닐 수 없다.

> 그들이 평온함으로 말미암아 기뻐하는 중에 여호와께서 그들이 바라는 항구로 인도하시는도다 여호와의 인자하심과 인생에게 행하신 기적으로 말미암아 그를 찬송할지로다(시 107:30-31)

하나님의 기적을 믿는 믿음의 씨앗

충남 서천 마서 옥산교회는 내가 첫 목회를 시작한 교회이다. 윤복현 담임목사님을 모시고 1년 동안 열심히 목회를 배우고 있을 때(1979-80), 장항제련소에 근무하던 이정애 권사님의 장남 윤기영 씨가 오토바이로 출퇴근을 하다가 장항-서천 간 도로에서 큰 사고를 당했다. 앞서가던 시내버스가 승객을 태우기 위하여 정차하자 그가 중앙선을 넘어 추월하려다가 맞은편에서 오는 군용 트럭과 정면충돌한 것이다.

그는 생명이 위독할 정도의 중상을 입고 보령 아산병원으로 이송되었다. 나는 그 소식을 듣고 저녁 8시부터 밤늦게까지 기도하다가 아침 일찍 병원으로 내달려 도착해보니 오전 11시경이었다. 그런데 추석이 임박한 무렵이어서 그런지, 그렇게 심각한 상태의 응급 환자를 수술도 안 하고 응급처치만 한 채로 손을 놓고 있었다. 우리는 큰 충격을 받고 항의하듯 이유를 물었더니, 장 파열을 비롯해 여러 장기의 부상이 심한 데다, 팔다리는 골절되었고, 발가락까지 극심한 부상을 입는 등 상처 부위에서 악취가 날 정도로 부상이 심해 손을 못 쓰고 있다는 이상한 변명을 늘어놓았다.

그때서야 수술이 시작되어 기다리고 있던 중에 병원 구내방송에서 원내에 방문객이나 직원, 보호자 중에 혈액형이 A형인 사람은 긴급하게 수혈을 부탁한다는 안내가 흘러나왔다. 내 혈액형이 A형인지라 지하 수혈실로 환자의 사촌과 조카 등 모두 네 사람이 달려갔다. 먼저 수혈이 가능한지 알아보기 위해 혈액형과 건강상태를 검사했는데, 친척들은 불합격하고 나만 합격하여 난생 처음 헌혈을 했다.

그런데 헌혈한 후에 생각지도 못한 상황이 전개됐다. 그동안 교회에서 전도사에 대한 경계심 때문인지 이유는 잘 모르겠지만 몇몇 성도들이 나에게 인사도 하지 않고, 교회 근처에서 시내버스만 탔다 하면 야비하게 뒤에서 머리를 때리며 시비를 걸어오곤 했는데, 헌혈 후에는 '전도사님'이라고 불러주며 반갑게 인사를 하는 것이었다. 내가 헌혈한 뒤에 하나님께서는 어색할 정도로 분위기를 반전시켜 주신 것이다.

아무튼 일찍 혼자가 된 후 홀로 4남매를 믿음으로 양육하신 이정애 권사님은 이 아들을 위하여 눈물의 기도를 얼마나 많이 하셨는지 눈이 안 보일 정도로 부어 있었다. 중상을 입은 발가락은 미처 손도 대지 못하고, 더 크게 부상을 입은 장기 쪽에 집중하여 오랜 시간 수술을 하다 보니 상처에서 악취가 날 정도로 상태가 심각해졌다. 다행히 장기 쪽은 어느 정도 호전의 기미가 보였으나 발가락의 경우 부상이 심해 절단해야 한다는 진단이 내려졌다. 모두가 놀란 가운데 이 권사님은 "우리는 살아계신 하나님의 기적을 믿는 사람들이에요. 그러니 제발 절단하지 말아주세요. 최선을 다하여 치료를 부탁드립니다."라며 의사의 손을 잡고 애절하게 간청하셨다. 그러나 담당 의사는 "자칫 치료가 늦어지면 발가락이 문제가 아니라 발목까지 절단해야 하고, 더 심해지면 무릎까지 절단해야 할 수도 있어요."라며 원칙적인 말만 하고 돌아서려 했다. 그러나 이 권사님이 너무나 완강히 매달리는 바람에 결국 각서를 받은 후 절단하지 않기로 하고 그는 치료에 들어갔다.

이 권사님과 우리 옥산교회는 하나님이 치료해주실 것을 바라며 밤낮없이 합심하여 기도를 했다. 하나님께서는 이 권사님의 애끓는 기도와 우리 교회의 기도를 들어주셔서 환자는 발가락을 절단하지 않고 보행할 때에 약간만 표시가 날 정도로 치료가 되어 퇴원하게 해주셨다. 할렐루야!

예수께서 백부장에게 이르시되 가라 네 믿은 대로 될지어다 하시니 그 즉시 하인이 나으니라(마 8:13)

연약한 몸으로 심고 건강한 몸을 거두다

정읍에서 개척교회를 섬길 때에 부흥회 강사로 김미자 전도사님을 초청했다. 전도사님은 간증을 통해 미술대학원을 졸업하고 중등학교에서 교편을 잡다가 하나님께 사명을 받고 제2의 인생을 출발한 이야기를 들려주셨다.

전도사님은 평생 기관지 천식을 달고 사셨다. 한여름에도 목을 감싸고 다녀야 할 정도였다. 교회를 다니기 전인 어느 초겨울 주말, 그녀의 눈에 주택 아래쪽에 있는 교회 마당에서 목사님과 장로님으로 보이는 두 분이 장작을 패는 모습이 들어왔다. 그 순간 그녀는 교회의 지도자인 분들이 난방용 땔감을 손수 준비하는 모습에 감동을 받았고, 그 교회에 출석하면 많은 것을 배울 수 있겠다는 생각에 당장 교회를 가보았다. 그날 선포된 설교의 제목은 "심은 대로 거두리라"였다. 그 말씀에 감동을 받은 그녀는 '내가 봉사라는 씨를 심는다면 건강이라는 열매를 거두지 않겠는가?' 하고 깨달았고, '그렇다면 내가 내 몸으로 무언가를 심어야겠구나.' 하고 다짐했다.

그녀는 그때부터 주말마다 몸으로 봉사하기 위하여 교회로 달려갔다. 처음 봉사하러 간 날, 마침 주일을 준비하느라 여신도들이 주방에서 분주하게 열심히 일을 하고 있었다. 그녀가 도울 것은 없냐고 묻자 여신도들은 여러 가지 일을 시켰다. 주방 일을 해본 경험이 별로 없던 터라 그녀는 여신도들의 손길을 따라가지 못했고, 오히려 거추장스럽다며 퇴짜를 맞고 말았다. 그래도 포기하지 않고 그다음 주말에도 봉사하러 교회에 갔다. 교회에 도착하니 강단 앞에서 꽃꽂이를 하는 여신도가 있었다. 그녀는 그 옆에서 꽃을 바로 꽂을 수 있도록 꽃줄기를 잘라서 건네주려고 했다. 그러나 그것도 미숙하다 보니 길게 잘라야 할 것은 짧게, 짧게 잘라야 할 것은 길게 자르고 말았다. 그녀는 이번에도 방해가 된다며 거절을 당하고 말았다.

그다음 주말, 이번에는 기필코 봉사할 일을 찾겠다는 각오로 두 주먹을 불끈 쥐고 교회로 갔다. 용무를 보려고 화장실에 갔는데 상태가 그야말로 가관이었다. 그때 그녀는 한 치의 망설임도 없이 '내가 봉사할 곳은 바로 여기구나.'라고 결심했다. 그러고는 고무장갑을 끼고 화장실 청소를 도맡아 하기 시작했다.

주말마다 아내가 귀가하는 시간이 터무니없이 늦어지자, 중등학교 교사였던 남편은 이상하게 여기고 그녀의 뒤를 밟았다. 남편은 여유 있는 집안에서 태어나 결혼 전까지 손가락에 물 한 방울 묻히지 않던 아내가 자기 집도 아닌 교회 화장실을 즐겁게 청소하는 모습을 보고 감동을 받았다. 남편은 그 모습을 보며 믿음에 대한 궁금증이 싹텄고, 그 길로 함께 교회를 다니게 되었다. 그 후로 평생 무더운 한여름에도 목을 감싸고 다녀야만 했던 고질적인 기관지 천식이 언제 그랬냐는 듯 깨끗이 치료가 되었다. 할렐루야! 학교 선생님들이 학생들을 정직하게 가르치듯이 그들도 하나님 말씀을 정직하게 교과서적으로 믿었던 것이다.

가르침을 받는 자는 말씀을 가르치는 자와 모든 좋은 것을 함께 하라 스스로 속이지 말라 하나님은 업신여김을 받지 아니하시나니 사람이 무엇으로 심든지 그대로 거두리라 자기의 육체를 위하여 심는 자는 육체로부터 썩어질 것을 거두고 성령을 위하여 심는 자는 성령으로부터 영생을 거두리라 우리가 선을 행하되 낙심하지 말지니 포기하지 아니하면 때가 이르매 거두리라 그러므로 우리는 기회 있는 대로 모든 이에게 착한 일을 하되 더욱 믿음의 가정들에게 할지니라(갈 6:6-10)

좋은 친구를 만난 복

임동진 목사님이 임직을 받기 전 장로님이었을 때 우리 교회에서 그를 간증 강사로 모신 적이 있다. 온 교회가 그 간증에 너무나도 큰 은혜와 감동을 받았다. 조실부모하고 어린 동생들과 살면서 무명의 연극배우 생활을 하던 때부터 예수 믿고 구원받기까지의 이야기는 눈물 없이는 들을 수 없는 한 편의 드라마였다.

임 목사님은 원래 불신자였다고 한다. 부인과 처가 쪽도 철저한 불교 집안이었다. 신혼 초에는 형편이 괜찮던 처가가 기댈 언덕이 되어주었지만, 워낙 가난한 연극배우이다 보니 결국은 빚을 지게 되었다.

임 목사님의 사모님에게는 예수님을 믿는 신실한 친구가 있었는데, 그 친구가 가정의 물질적인 어려움을 알고 "여러 곳에서 돈을 빌려다 쓰고 갚느라 애태우지 말고, 내가 다 갚아줄 테니 나 한 사람과만 상대를 하렴."이라고 말했다고 한다. 그렇게 고맙고 좋은 친구가 세상에 또 있을까! 사모님은 고마움을 뼛속 깊이 새기고 친구에게 빚을 오래 혹은 많이 져서는 안 되겠다고 마음을 먹었다.

사모님은 씀씀이를 줄여서 조금씩 나눠서라도 갚을 결심으로 돈을 모았다. 마침내 어느 날 돈의 일부를 갚으려고 친구의 집에 찾아갔더니,

친구가 교회 부흥회에 갔다는 것이다. 사모님은 교회로 찾아가, 가까스로 친구를 불러내어 돈을 전달했다. 그런데 그때 친구가 "기왕에 여기까지 왔는데, 잠깐 들어갔다 가렴." 하고 권해서 난생 처음 교회에 첫발을 딛게 되었다. 사모님은 그곳에서 그만 은혜를 받고 말았다.

그 후로 사모님은 남편 임 목사님을 전도하여 함께 예수를 믿게 되었고, 골수 불교 집안인 처가까지 믿게 되어 임 목사님의 장모님은 권사로, 장인어른은 장로로 교회를 섬기다가 훗날 소천하셨다고 한다. 참으로 신비하고 놀라운 일이다. 믿음이 신실한 그 친구를 한없이 칭찬하고 싶다.

> 유대인의 큰 무리가 예수께서 여기 계신 줄을 알고 오니 이는 예수만 보기 위함이 아니요 죽은 자 가운데서 살리신 나사로도 보려 함이러라 대제사장들이 나사로까지 죽이려고 모의하니 나사로 때문에 많은 유대인이 가서 예수를 믿음이러라(요 12:9-11)

찬양과 함께 2시간 동안 이어진 그의 간증이 끝난 뒤 나는 그 간증을 두고 "백만 불짜리"라고 말했다. 그 정도로 그의 신앙과 인격은 감동적이었다. 사례로 50만 원을 드렸더니 교회가 예배당 신축을 계획 중이라는 이야기를 듣고 "건축헌금 1호로 드릴게요." 하고 헌금하셨다. 하룻밤 묵고 돌아가야 하는 상황이었는데, 마침 여관을 운영하시는 집사님께서 모시고 싶다고 하여 조심스럽게 여쭤보았다. 그런데 장로님은 "어차피 눈 감고 자는데, 호텔이면 뭐하고 여관이면 어때요? 좋습니다."라고 대답했다. 참으로 고결한 신앙의 인격이었다.

> 주 앞에서 낮추라 그리하면 주께서 너희를 높이시리라(약 4:10)

온전히 주일성수를 했더니

정읍에서 개척교회를 섬기던 시절(1981.9.15.-1986.10.30.)에 개인택시 영업을 하던 손재운 집사님(현재는 장로)이 있었다. 내장산 단풍이 절정인 10월 말에서 11월 초는 당시 하루 수입이 15만 원이 넘을 정도로 연중 최고의 택시 성수기였다. 그런데 아무리 성수기일지라도 집사님은 주일에는 영업을 하지 않고 주일을 온전히 지켰다. 주위 사람들이 차를 임대해 주어서 수입을 올려 나누자고 제안해도 그는 단호하게 거절했다.

그러던 어느 해 겨울, 고창 쪽으로 장거리 대절을 갔다 돌아오는 길이었다. 깎아지른 듯한 절벽 아래 저수지가 있는 고갯길이었다. 눈이 쌓인 내리막길에서 차가 그만 저수지 방향으로 미끄러지기 시작한 것이다. 집사님은 순간 정신이 아찔하여 "주여" 하고 외치며 눈을 감고 말았는데, 그 순간 차가 미끄러지다가 멈춰 선 것을 느꼈다. 커다란 손이 차가 미끄러지지 않도록 받쳐주고 있는 환상을 본 집사님은 이후 실제로 차가 멈춰서서 무사히 집으로 돌아올 수 있었다. 집사님은 "차를 받쳐준 그 손은 다름 아닌 하나님의 손이었습니다."라고 고백하며 살아 계신 하나님의 손길을 확신했다.

만일 안식일에 네 발을 금하여 내 성일에 오락을 행하지 아니하고 안식일을 일컬어 즐거운 날이라, 여호와의 성일을 존귀한 날이라 하여 이를 존귀하게 여기고 네 길로 행하지 아니하며 네 오락을 구하지 아니하며 사사로운 말을 하지 아니하면 네가 여호와 안에서 즐거움을 얻을 것이라 내가 너를 땅의 높은 곳에 올리고 네 조상 야곱의 기업으로 기르리라 여호와의 입의 말씀이니라(사 58:13-14)

두려워하지 말라 내가 너와 함께 함이라 놀라지 말라 나는 네 하나님이 됨이라 내가 너를 굳세게 하리라 참으로 너를 도와주리라 참으로 나의 의로운 오른손으로 너를 붙들리라(사 41:10)

막말의 씨앗을 심으면

요즈음 우리는 '막말 시대'를 살고 있는지도 모르겠다. 특히 정치권을 보면 그런 생각이 더욱 강하게 든다. "말이 씨가 된다."라는 속담이 있듯이 막말은 삼가야 한다.

어느 노부부 집사님이 계셨다. 어느 주일, 예배를 드리고 있는데 갑자기 아내 집사님이 실신을 하셨다. 그때 마침 나는 다른 방향을 보고 있었기 때문에 그 상황을 미처 보지 못했다. 성도들은 집사님을 부축해서 댁으로 모셔다드렸다.

다음 날 아침, 구역장 권사님이 연락을 주셨다. 쓰러진 집사님이 안정을 찾았다는 것이다. 그런데 권사님이 말하기를, 남편 집사님에게 저녁에 목사님을 모시고 심방을 가겠다고 말하자 심방을 바로 안 왔다고 화를 내며 "내가 심방을 받으면 개아들이다."라며 심방 올 필요가 없다고 말했다는 것이다. 그럴지라도 나는 달려가 말씀을 전하고 기도했다. 남편 집사님은 거절하지 않고 '아멘' 하며 잘 받아들이는 것 같았다.

그러나 막말의 씨앗을 심은 후 오래 지나지 않은 어느 날, 남편 집사님은 자전거를 타고 재활용품을 수거하러 대로를 건너다가 현장에서 교통사고를 당해 숨을 거두고 말았다.

요즈음 정치권에서 걸핏하면 막말들을 경쟁하듯 쏟아내는데, 들을 때마다 섬뜩한 느낌이 들며 그 집사님의 일이 떠오른다. "말이 씨앗이 된다."라는 옛말보다 더 중요한 하나님의 말씀인 성경은 우리에게 뭐라고 말하고 있을까?

스스로 속이지 말라 하나님은 업신여김을 받지 아니하시나니 사람이 무엇으로 심든지 그대로 거두리라(갈 6:7)

그들에게 이르기를 여호와의 말씀에 내 삶을 두고 맹세하노라 너희 말이 내 귀에 들린 대로 내가 너희에게 행하리니(민 14:28)

기왕이면 잘 믿어야지

믿음의 씨앗을 심어 세 번의 기적을 거둔 한 권사님이 계셨다.

첫 번째 기적이다. 권사님이 교회에 다닌 지 어언 10여 년이 되고 보니, 좀 더 믿음으로 살아야겠다는 생각이 들었다. 그간 교회를 다니면서도 제사를 없애자는 생각만 하고 결단은 못 하고 지냈는데, 이번에는 작심하고 시동생들을 모은 뒤 추도식으로 바꾸겠다고 선언한 것이다. 믿음 없는 한 시동생이 욕을 해가며 하극상의 기세로 덤벼들었다. 결국 살림까지 부수는 일생일대의 전쟁을 치르고 나니 놀라운 치유의 기적이 나타났다.

가을걷이를 마치고 몸 상태가 안 좋았던 권사님은 처음에는 장남의 결혼을 준비하느라 몸이 피로한 것으로 생각했다. 그런데 시간이 지날수록 아무래도 느낌이 심상치 않아 병원에서 검진을 받았더니, 폐에 1mm 크기의 암세포가 있다는 진단이 나왔다. 담배를 만져본 적도 없는 권사님은 폐암 진단에 말할 수 없이 큰 충격을 받았다. 설상가상으로 검사가 끝나기도 전에 마취가 풀리고 말았는데, 담당 의사가 혼잣말로 "주사 바늘을 너무 깊이 찔렀네."라고 말하는 소리가 귀에 들렸다는 것이다. 권사님이 얼마나 식은땀이 났겠는가.

수술을 하려고 절차를 밟다 보니 한 달 뒤에 수술 날짜를 잡게 되었다. 한 달 만에 암세포는 1cm로 자라 있었다. 수술을 받을 때까지 권사님의 머릿속에는 '왜 하필이면 나에게 이런 일이 일어날까? 나름 믿음으로 산다고 살았는데, 암이 웬 말인가?'라는 생각이 가득했다. 모든 상황을 부정하고 싶었다. 심방을 갈 때마다 조용한 성품의 권사님은 하염없이 눈물만 흘리셨다.

그런데 수술 직후에 권사님을 찾아갔더니 생각보다 밝은 표정으로 우리를 맞으셨다. 그 이유를 들어보니, 권사님이 잔뜩 긴장한 상태로 여전히 억울하다는 생각을 하며 수술실에 들어가는 순간, 비몽사몽간에 휘황찬란한 드레스를 입은 천사가 나타나서 권사님을 감싸안고 수술실로 들어가더라는 것이다. 수술은 잘 끝났다. 담당 의사가 수술을 간단하게 생각하고 두 시간 정도만 마취를 했는데, 공교롭게도 이번에도 수술이 끝나기 전에 마취가 풀리고 말았다. 권사님은 정신이 조금 돌아온 상태에서 "내가 이렇게 힘든 수술은 처음이네."라는 담당 의사의 말을 듣고 또 한 번 충격을 받았다고 했다.

알고 보니 젊은 시절 권사님은 늑막염을 앓았는데, 그때 제대로 치료받지 못해 폐에 영향이 가서 수술이 힘들고 어려웠다는 것이다. 그렇게 어려운 수술이었기 때문에 하나님께서 권사님을 치료해주실 것을 미리 보여주신 것이다. 하나님이 보여주신 그대로 권사님은 완치 판정을 받았다. 기적이 일어난 것이다.

두 번째 기적은 차남의 백혈병이 완치된 것이다. 권사님의 차남은 회사에 출근하던 중에 몸이 아파 병원에 갔다. 그런데 증상이 심상치 않았고, 검진 결과 급성 백혈병(혈액암)으로 치료가 어렵다는 갑작스러운 진단을 받게 되었다. 절망적이게도 같은 날 같은 증상으로 장정 세 사람이 차남과 함께 응급실에 들어왔는데, 그중 두 사람이 사망하고 말았다. 첫날 밤을 가까스로 넘기고 본격적으로 치료를 시작했는데, 종일 무균실에서 지내야 할 정도로 차남의 상태는 매우 위중했다.

권사님은 절체절명의 순간에도 낙심하지 않고 하나님께서 주신 첫 번째 기적을 상기하면서 오직 믿음과 기도로 하나님께 매달렸다. 그 결과 차남이 '내가 네 생명을 지켜주겠다.'고 하시는 하나님의 음성을 직접 듣고 완치되었다. 담당 의사도 기적이 분명하다고 하며 감탄했다고 한다.

세 번째 기적은 차남이 아이를 얻은 것이다. 급성 백혈병 판정을 받은 차남은 앞일을 대비하기 위해 항암치료를 한 번 받은 후에 정자를 채취하여 병원에 보관했다. 5년이 지난 후에 인공 수정을 시도했는데 첫 번째는 실패했다. 그런데 살아 있는 정자가 12개밖에 남지 않은 상태에서 두 번째 시도를 한 것이 기적처럼 성공했다. 그렇게 차남은 어여쁜 딸을 얻어 건강하게 잘 키우고 있다.

이렇게 연속되는 기적의 은혜는 오직 믿음과 기도의 열매이다.

믿음으로 에녹은 죽음을 보지 않고 옮겨졌으니 하나님이 그를 옮기심으로 다시 보이지 아니 하였느니라 그는 옮겨지기 전에 하나님을 기쁘시게 하는 자라 하는 증거를 받았느니라 믿음이 없이는 하나님을 기쁘시게 하지 못하나니 하나님께 나아가는 자는 반드시 그가 계신 것과 또한 그가 자기를 찾는 자들에게 상 주시는 이심을 믿어야 할지니라(히 11:5-6)

하나님을 기쁘시게 하는 자라는 증거를 받은 에녹은 하나님과 동행하여 죽음을 보지 않고 옮겨지는 상을 받았고, 권사님은 치명적인 질병이 낫는 것과 자손의 복이라는 상을 받았다.

먼저 그의 나라와 그의 의를 구하는 믿음

정읍에서 교회를 개척하던 초창기에 받은 하나님의 특별한 은총을 잊지 못한다. 하나님께서는 사람을 통하여 은혜를 주시는데, 개척 시절에 예배당을 봉헌한 홍영자 전도사님(당시에는 홍영자 권사님)의 일은 더욱 그렇다.

정읍고등학교 맞은편에 교회 건물을 신축할 때에 1층은 살림집으로, 2층은 예배 공간으로 지었다. 1981년 9월 15일, 그곳에 교회 설립을 허락받고 설립 공인 예배를 드림으로 드디어 교회 개척 사역이 시작되었다.

홍영자 권사님에게는 2남 3녀의 자녀가 있었다. 성품도 착하고 믿음도 좋았던 둘째 딸은 당시 중학교 2학년으로 교회학교 교사로 봉사하면서 열심히 교회를 섬기고 있었다. 이후 커서 간호대학을 졸업할 무렵에는 취업이 매우 어려운 때였다. 딸은 병원에 원서를 같이 접수하자는 친구의 제의를 받았지만 가능성이 없어 보여서 사양했다. 하지만 신의가 있던 친구는 곧바로 교수님에게 찾아가 통사정을 해서 친구의 원서까지 그 병원에 접수했다.

그런데 전혀 예상치 못한 결과가 나왔다. 기대하지 않고 사양한 딸은 합격하고, 수고한 친구는 지원 연령이 미달되어 불합격된 것이다. 참으로 난감한 일이 아닐 수 없었으나, 이후 딸은 그 병원에서 근무하다가 보건교사 시험에 합격하여 서울의 한 초등학교 보건교사가 되었다. 이 모든 것은 하나님의 성전을 봉헌한 홍영자 전도사님과 성실한 믿음으로 교회를 섬긴 딸의 믿음의 열매이다.

> 그런즉 너희는 먼저 그의 나라와 그의 의를 구하라 그리하면 이 모든 것을 너희에게 더하시리라(마 6:33)

“언제 죽을지 모르니 실컷 먹고 마시자”

“언제 죽을지 모르니 실컷 먹고 마시자.” 어느 권사님의 불신자 남편이 저녁때 차를 가지고 술자리에 가서 그렇게 말했다고 한다. 2차, 3차에 걸쳐 술을 마신 그는 술이 깨지도 않았는데 직접 운전해 친구를 집에 데려다주기까지 했다. 그렇게 귀가하던 중, 커브 길에서 그만 중앙선을 침범해 맞은편에서 달려오는 차와 정면충돌하고 말았다. 남편은 안타깝게도 그 자리에서 사망하고 말았다.

장례를 치르는 내내 나는 “우리가 어떤 생각을 가지고, 어떤 말을 하고, 어떤 믿음의 고백을 하면서 사는 것이 지혜로운 삶일까?”라는 생각에 열중하였다. 나는 이것이 삶의 목표와 방향을 결정해주고 삶을 이끌어주기 때문에 매우 중요한 인생의 과제라고 결론을 내렸다. “언제 죽을지 모르니 실컷 먹고 마시자.”가 아니라 “언제 죽을지 모르니 주님 뜻대로, 오직 믿음으로 살자.”라는 생각으로 말이다. 그야말로 우리는 언제 어느 순간에 내 인생의 종말이 찾아올지 모르지 않는가!

들으라 너희 중에 말하기를 오늘이나 내일이나 우리가 어떤 도시에 가서 거기서 일 년을 머물며 장사하여 이익을 보리라 하는 자들아 내일 일을 너희가 알지 못하는도다 너희 생명이 무엇이냐 너희는 잠깐 보이다가 없어지는 안개니라 너희가 도리어 말하기를 주의 뜻이면 우리가 살기도 하고 이것이나 저것을 하리라 할 것이거늘 이제도 너희가 허탄한 자랑을 하니 그러한 자랑은 다 악한 것이라 그러므로 사람이 선을 행할 줄 알고도 행하지 아니하면 죄니라(약 4:13-16)

'헌병'이라는 별명을 가진 어리석은 할아버지

우리 고향에는 '헌병'이라는 별명의 할아버지가 계셨다. 항상 둥근 모자를 쓰셨고, 어린이들이 동네에서 노는 꼴을 참지 못하고 만나기만 하면 헌병처럼 무섭게 잔소리를 해대서 내가 지어드린 별명이다.

헌병 할아버지는 낚시를 즐기셨는데, 큰손자가 장가갈 때가 다가오자 낚시를 다니며 손자며느릿감을 찾아다녔다. 그러다 낚시터 가까운 마을에서 참한 규수를 발견하고 탐문을 시작했다. 그 처녀가 어느 점잖은 부인의 친정 조카라는 것을 알고 청혼을 넣었지만, 예수 믿는 집안이라 불신 집안과는 혼인을 하지 않는다는 답이 왔다. 그러자 이 할아버지는 욕심이 생겨서 손자를 비롯해 집안 모두가 6개월 동안 교회에 다니겠다고 약속을 했다. 덕분에 혼사가 이루어졌다. 결혼이 성사되자 잘생긴 신랑과 어여쁜 신부, 그야말로 선남선녀로 시골 동네가 밝아졌다. 지금도 새신랑과 새신부가 성경책을 들고 나란히 교회에 가던 아름다운 모습이 눈에 선하다.

그러나 그렇게 아름다운 모습으로 교회에 다니던 것도 6개월로 그치고 말았다. 약속된 6개월이 지난 어느 주일 아침, 손자와 손자며느리가 교회에 가려고 마을길을 걷고 있었다. 그날도 헌병 할아버지는 둥근 모자를 쓴 채 긴 담뱃대로 담배를 피우며 교회 가는 길목을 지키고 계셨다. 교회에 가는 손자와 손자며느리를 본 할아버지는 갑자기 성경책을 빼앗아 불태워버리고는 이렇게 말했다.

“우리 집에 시집을 온 이상 우리 집의 법도를 따라야 한다. 전에 약속한 대로 6개월 동안 교회를 다니도록 해주었으니, 내 인사와 약속은 그것으로 충분하다고 생각한다. 그러니 이제부터 교회 다닐 생각일랑 접어두어라.”

손자며느리는 그만 충격을 받아 실신하고 말았다. 집으로 돌아온 손자며느리는 이후 넋이 나간 채로 하루 종일 방안에서 잠도 자지 않고, 밥도 먹지 않은 채 우두커니 앉아 있는 비참한 모습으로 변해버렸다. 살아계신 하나님의 진노는 그때부터 시작되었다. 그 집안에 환난이 몰아치기 시작한 것이다. 손자며느리의 셋째 시누이가 똑같은 증상의 정신이상자가 되었고, 막내 시누이는 물놀이할 때도 아닌 5월에 동네의 조그마한 연못에서 물놀이를 하다가 익사했으며, 손자며느리의 시어머니는 백혈병으로 세상을 떠났다. 어느 해 섣달 그믐날 저녁에는 안채에 화재가 나기도 했다. 하나님의 무시무시한 진노가 임한 것이다. 나는 어린 나이에 이 진노의 현장들을 생생하게 목격하면서 하나님이 살아 계시다는 것을 간접적으로 체험했다.

다행히도 훗날 손자며느리는 신앙의 자유를 찾았고, 손자는 장로가 되었다는 이야기를 들었다. 그 집안에 닥친 환난이 진노를 위한 진노가 아닌 구원을 위한 진노였다는 것을 깨닫고 하나님의 구원의 섭리를 찬양했다. 훗날 내가 깨닫게 된 말씀 그대로였다.

소련 공산당이 장장 70년 동안 교회를 박해하고 이 땅에서 더 이상 교회는 존재하지 않는다고 선언했지만, 오히려 70년 뒤에 무너진 것은 교회가 아닌 공산당이었다. 예배당에 불을 질러 태워버리고, 출입문에 대못을 박는 등 모질게도 핍박했지만, 교회는 다시 부흥을 이루고 있다. 이러한 역사를 볼 때, 이 땅과 이 세대는 물론 심지어 우리 주변에도 산산이 깨지고 부서질 것들이 얼마나 많은지 생각하면 잠이 오질 않는다.

> 여호와를 대적하는 자는 산산이 깨어질 것이라 하늘에서 우레로 그들을 치시리로다 여호와께서 땅 끝까지 심판을 내리시고 자기 왕에게 힘을 주시며 자기의 기름 부음을 받은 자의 뿔을 높이시리로다 하니라(삼상 2:10)

깨닫지 못하여 멸망하는 짐승 꼴이 되다

어느 교회에 어떤 남자 집사님이 있었다. 그는 집사라는 직분에 어울리지 않게 '술 집사'라는 별명을 가지고 있었다. 그 집사님의 최후가 참으로 끔찍했기 때문에 생각할 때마다 두고두고 마음이 아프다.

집사님의 거처는 산 밑에 자리잡은 종친 제각의 별채였는데, 집에서 교회까지 가는 길 중간에 가게가 있었다. 주일에 예배를 마치고 집으로 돌아가는 길목에, 가게에서 술친구들이 한 잔 하고 가라고 부르면 그는 유혹을 뿌리치지 못하고 자전거에 성경을 올려둔 채로 술을 마시기 일쑤였다. 한 잔으로 그치지 않고 두 잔, 석 잔을 기울이다가 끝내는 인사불성이 되곤 했는데, 술에 취해 자전거를 탈 수 없어 끌고 가다가 넘어지기라도 하면 자전거, 사람, 성경책이 제각각 흙바닥에 나뒹굴었다. 그때마다 성경책이 바람에 흩날리는 꼴이 연출되곤 했다. 동네 사람들 중 술 집사가 오늘도 길바닥에 나뒹굴고 있다며 손가락질하지 않은 사람이 없을 정도였다.

겨울이 되면 술 집사님의 집 처마 밑에는 겨우내 쓸 땔감이 사방으로 둘러 가득 쌓여 있었다. 어느 해 초겨울, 개를 잡느라 처마 밑에서 피운 불이 삽시간에 바람을 타고 사방으로 쌓아둔 땔감으로 옮겨 붙고 말았다. 술 집사님은 안방에 보관해둔 돈을 꺼내러 황급히 뛰어들어 갔다가 화마에 휩싸여 끝내 나오지 못하고 생을 마감하고 말았다.

존귀하나 깨닫지 못하는 사람은 멸망하는 짐승 같도다(시 49:20)

뒤로 물러가는 불행한 믿음

나에게는 특별한 우정을 나누던 친구가 있었다. 신학교 가기 전 청년 시절까지 함께 신앙생활을 한 죽마고우이다. 이 친구 역시 생각할 때마다 마음이 아파오는 사람 중 한 명이다. 친구는 다리에 장애가 있었는데, 내가 초등학교 때 책가방을 들어주고 싶다고 했더니 완강하게 거절했다. 참 무안했는데, 지금 생각해보면 어린 나이였지만 속이 깊고 조심성이 있는 친구여서 그랬으리라.

친구는 부모의 권유로 목공을 배워서 시골 동네에서 목공소를 차렸고, 결혼하여 아이들도 있었다. 그런데 시간이 지나 친구의 인생은 꼬이기 시작했다. 목공소 일이 육체적으로 힘이 들고 생계를 유지하기가 어려워지자 상점을 운영하게 되었는데 장사가 잘되지 않았다. 불행하게도 부인이 가출하기까지 했다. 결국 친구의 믿음은 뒤로 물러가는 믿음이 되고 말았다. 내가 신학교에 간 뒤 친구에 대한 소문이 들려왔는데, 집사 직분까지 받은 친구가 주일에 교회에 가는 것이 아니라 자전거에 술통을 싣고 막걸리를 사러 교회 앞을 지나 주조장으로 간다는 것이었다. 아마 그 모습을 지켜보는 그 교회 목회자의 심정은 천 갈래 만 갈래로 찢어졌을 것이다.

매일 저녁마다 만취할 정도로 완전히 타락한 친구가 어느 날 교통사고를 당해 중상을 입었다는 소식을 듣고 병원으로 달려갔다. 이야기를 들어보니 불행하게도 무보험 봉고 트럭으로 근근이 하루 벌어 먹고사는 사람에게 사고를 당했다고 한다. 구속된 그 사람은 합의를 해주면 밖에 나와 돈을 벌어 두 집이 함께 잘 살아보고 싶다고 말했는데, 친구는 그만 그 감언이설에 넘어가 합의를 해주고 말았다. 그는 출소 후 딱 한 달 동안 얼마의 돈을 가져온 다음 종적을 감추어버렸다. 우여곡절 끝에 가까스로 치료를 받고 퇴원을 했지만 친구는 정신을 못 차리고 살았다. 얼마 후 친구는 두 번째 교통사고로 세상을 떠났다. 하나님께서 참고 기다리시다가 아예 불러가신 것이다.

하나님은 사랑으로 우리를 한없이 참고 기다려주시는 분이지만, 뒤로 물러가는 믿음 앞에서는 준엄한 분이시라는 것을 다시 한 번 깨닫게 된다.

주의 약속은 어떤 이들이 더디다고 생각하는 것 같이 더딘 것이 아니라 오직 주께서는 너희를 대하여 오래 참으사 아무도 멸망하지 아니하고 다 회개하기에 이르기를 원하시느니라(벧후 3:9)

나의 의인은 믿음으로 말미암아 살리라 또한 뒤로 물러가면 내 마음이 그를 기뻐하지 아니하리라 하셨느니라. 우리는 뒤로 물러가 멸망할 자가 아니요 오직 영혼을 구원함에 이르는 믿음을 가진 자니라(히 10:38-39)

"교회 다니지 않고 쉬니까 이렇게 편하고 좋을 수가 없다"

5공 시절, 목회자로서 신앙과 양심상 시국에 대하여 침묵할 수 없어서 예언자적인 설교를 연달아 했다. 어느 날은 그 설교가 거슬렸는지 한 집사님이 설교 중에 자리를 떠났다. 그 집사님은 그 뒤로 아예 교회에 발걸음을 끊고 말았다. 그 뒤에 들려온 이야기로는 그 집사님이 "교회 다니지 않고 쉬니까 이렇게 편하고 좋을 수가 없다."라고 말했다는 것이다.

그 소문을 듣기가 무섭게 사고가 일어났다. 그 집사님의 남편은 공사현장에서 경비 직원으로 근무했는데, 하루는 평소에 즐겨 타던 오토바이를 타고 근무 중에 동네로 빠져나와 낮술을 했다고 한다. 그러고 나서는 사람들의 이목 때문에 그랬는지 대로를 피하여 논둑, 밭둑, 저수지둑을 타고 근무지로 돌아가다가 그만 안타깝게도 저수지에 빠져서 익사하고 말았다.

그날 저녁, 교회 다니지 않고 쉬니까 편하다고 말한 그 집사님으로부터 전화가 걸려왔다. 죽은 남편의 장례를 기독교식으로 치르고 싶은데 수고 좀 해주실 수 없겠느냐는 것이었다. 나는 당연히 그리하겠다고 대답하고 그 영혼을 불쌍히 여기는 마음으로 기꺼이 장례식을 집례했다.

착잡한 마음으로 장례식을 집례하면서 '지금 괜찮다고 괜찮은 것이 아니다. 창고에 있어야 할 도끼는 이미 나무 뿌리 위에 놓여 있다.'는 것을 깨달았다. 다시 말해 임박한 심판의 다급함을 깨달았다는 말이다.

> 이미 도끼가 나무뿌리에 놓였으니 좋은 열매를 맺지 아니하는 나무마다 찍혀 불에 던져지리라(마 3:10)

"교회가 밥 먹여주냐?"

나는 먹고살기 힘든 보릿고개 시절부터 교회를 다녔다. 초등학교 5학년 무렵이었다. 어린 나에게 처음 가본 교회는 '참 좋은 곳'으로 기억에 새겨졌다. 돌아가신 아버지를 맘 놓고 부르지 못해 서러웠지만, 아버지가 있는 아이들을 부러워하던 나에게 하나님 아버지가 계신다는 성경 말씀이 어찌나 반갑고 뿌듯했는지 모른다. 숯불을 뒷머리에 올려놓은 것 같은 불같은 성령체험을 한 후로 '나도 부를 아버지가 생겼다.'는 자부심과 함께 감격에 겨워 '기왕에 믿을 바에는 잘 믿어야겠다.'고 다짐하게 되었다. 모든 것이 주님의 은혜였다.

그러던 어느 날, "사람의 원수가 자기 집안 식구리라"(마 10:36)라는 말씀이 현실로 다가왔다. 농번기 때가 되면 큰형님이 내가 주일에 교회 가는 것을 목숨 걸고 반대하며 핍박을 했다. 아버지가 43살에 소천하셨을 때 큰형님은 25살이었다. 군대를 갓 제대하고 집으로 돌아온 큰형님은 졸지에 어머니를 모시고 네 살배기 막내까지 동생 여덟 명을 책임져야 하는 가장이 되었다. 큰형님은 천성적으로 부지런하기도 했지만 가장의 책임감 때문에 식구의 생계를 위하여 밤낮없이 뼈가 부서져라 밭에서 일했다. 토요일 저녁 식사 시간이 되어 가족들이 밥상 앞에 앉으면, 큰형님은 '누구누구는 어느 밭에서 무엇을 어디까지 해야 돼.' 하며 다음 날의 일정을 브리핑했다. 당시 나와 함께 누나 둘과 여동생 하나도 열심히 교회를 다녔는데, 나는 천연덕스럽게 아무 관심 없다는 듯이 묵묵히 밥만 먹었다.

주일 아침이 밝아오면 이른 아침부터 형님은 요란하게 부지런을 떨면서 우리를 밭으로 몰아가려고 분위기를 조성했다. 그러나 그 상황을 무시하고 우리는 아침을 먹고 성경책을 들고 교회를 향해 나갔는데, 그때마다 일대 전쟁이 일어났다. 소위 영적 전쟁을 치르게 된 것이다. 큰형님은 "교회가 밥 먹여주냐? 그놈의 교회 불이나 나서 없어졌으면 좋겠다. 그놈의 교회 망했으면 좋겠다."라는 망언을 하면서 우리의 뒷모습을 향하여 양은 개밥그릇을 던지고 고래고래 소리를 질렀다. 지금도 형님의 폭언이 귀에 쟁쟁하다. 그때마다 정말로 속상하고 마음이 불편했다. 형님도 교회 다니는 것 자체를 싫어한 것은 아니었을 것이다. 다만 가장으로서 가족들과 함께 일을 해야 먹고살 수 있기 때문에 그리 하셨을 것이라는 생각에 지금은 이해가 된다. 그러나 당시에는 원수도 그런 원수가 없었다. 그렇게 일대 곤욕을 치르고 막상 교회에 가면 나도 모르게 가장 먼저 형님의 영혼이 불쌍하게 생각되어 기도가 나왔다. "우리 형님을 구원하여 주시고, 몰라서 교회를 저주한 죄를 용서하여 주시옵소서." 그러면 나도 모르게 주체할 수 없는 뜨거운 눈물이 흘러나왔다.

그렇게 영적 전쟁이 한동안 계속되다가 어느 시점에서 큰형님과 협상을 하게 되었다. 형님에게는 공휴일이지만 우리에게는 주일인 일요일에는 우리가 할 일을 미리 말해주면 토요일 밤이나 주일 새벽까지 할당된 분량을 미리 끝내고 교회에 가기로 합의를 본 것이다. 그 후로는 어느 정도 집안이 조용하게 되었지만, 농번기의 주일이 되면 왠지 모를 긴장감에 눌리는 것은 어쩔 수 없는 일이었다. 그래서 나는 사람 눈치를 보지 않고 자유롭게 기쁨과 편안함으로 교회에 갈 수 있는 신앙의 가정을 가장 부러워했고, 우리 가정도 그렇게 되기를 기도했다.

하나님께서는 그 기도를 기억해두셨다가 훗날 기적을 일으켜주셨다. 형님이 디스크로 자유롭게 걷지 못할 정도가 되자 얼마나 다급했던지 "하나님, 살아 계신다면 나를 살려주십시오."라고 간절히 기도하는 마음이 생긴 것이다. 형님은 나지막한 동산 위에 있어서 계단을 걸어 올라야만 하는 교회를 기어가다시피 하여 찾아갔다. 형님은 자신이 그렇게도 저주하고 망언을 퍼붓던 교회로 병든 몸을 이끌고 다급하게 찾아갈 줄은 꿈에도 몰랐을 것이다.

주님의 몸 된 교회를 향하여 저주하고 욕한 죗값을 치렀다고 해야 할까? 감사하게도 그렇게 교회를 저주하고 욕하던 큰형님이 그때부터 예수를 믿기 시작하여 집사가 되었는데, 가끔씩 형님 댁에 안부 차 가보면 예배를 드리고 가라고 상을 펼쳐놓으실 정도로 형님은 예배와 은혜를 사모하는 뜨거운 믿음으로 살다가 돌아가셨다.

늘 깨닫는 일이지만 교회를 저주하고 대적하는 것처럼 무모하고 어리석은 일은 없는 것 같다. 교회 저주가 하나님 저주요, 교회 사랑이 곧 하나님 사랑이기 때문이 아니겠는가 싶다.

우리가 알거니와 하나님을 사랑하는 자 곧 그의 뜻대로 부르심을 입은 자들에게는 모든 것이 합력하여 선을 이루느니라(롬 8:28)

두번째장

고난이 변하여 유익이 되다

하나님, 살려주셔서 감사합니다

신웅섭 집사님은 죽을 고비를 여러 차례 넘긴, 불사조(不死鳥) 같은 분이다. 생각만 해도 현기증이 날 정도로 위험한 사고를 세 번이나 당했는데, 그때마다 기적처럼 무사히 목숨을 보전할 수 있었다. 신 집사님의 이야기를 생각하면 우리 생명의 주인이 하나님이신 것을 다시 한 번 실감하게 된다.

첫 번째 사고는 집사님이 큰 창고 사업을 할 때였다. 수확한 벼를 건조기에 넣고 가동하는 중에 사고가 났다. 집사님의 한쪽 소매가 기계의 벨트에 끼어 온몸이 건조기 속으로 빨려 들어가기 직전이었다. 촌각을 다투는 그 절체절명의 순간에 집사님은 다행히도 호주머니에 들어 있던 휴대전화를 다른 한 손으로 꺼낼 수 있었다. 그리고 가까운 친구인 이창호 씨에게 겨우 전화를 걸었다. 때마침 전화를 받은 친구는 "창호야, 벨트에 끼어 나 죽는다!" 하는 집사님의 외마디 소리를 듣자마자 맨발로 창고까지 달려가 기계의 전원을 껐다. 그렇게 간발의 차이로 신 집사님은 참사를 면할 수 있었다.

목숨은 구했지만, 집사님은 큰 수술을 받아야 했다. 병원으로 심방을 가던 날, 집사님은 부인 김정희 권사님과 함께 어느 때보다 감격에 넘쳐 자신을 살려주신 하나님께 감사하고 있었다. 나는 병원으로 달려가면서도 낙심하고 고통스러워할 집사님의 모습을 상상하면서 어떻게 위로하고 기도를 해야 하나 고민했는데, 오히려 내가 위로와 은혜를 받고 돌아왔다. 뜻밖에 끔찍한 고난을 당했지만, 오히려 은혜를 입었다며 진심 어린 감사와 감격에 젖은 집사님의 모습은 두고두고 은혜가 된다. 고난을 유익으로 삼는 보배로운 그 믿음이 축복 자체로 느껴져서 지금도 감사하게 된다.

집사님이 건강을 회복하고 몇 년 뒤인 2016년 5월, 두 번째 사고가 일어났다. 어린이날 연휴 중에 부인인 김 권사님으로부터 급한 전화가 걸려왔다.

"목사님, 우리 신 집사가 오른쪽 엄지발가락이 괴사되었어요. 전북대병원에서 발가락을 절단해야 한다는 진단을 받고 수술을 기다리고 있는데, 아무리 생각해도 여기에서 수술할 것이 아니라 큰 병원에 가서 다시 진단을 받고 수술해야 할 것 같아요. 그런데 만약 때를 놓치면 발목까지 절단해야 할 수도 있다고 해요. 어차피 신 집사가 당뇨 때문에 서울 아산병원에 정기적으로 진료를 받으러 다니니까, 목사님께서 아산병원에 아는 사람이 있으면 부탁을 해서 빨리 진료를 받을 수 있도록 도와주세요."

나는 잘 알아보겠노라고 대답하고 전화를 끊었다. 곧바로 몇 사람에게 전화를 걸어보았지만 연휴라 그런지 모두 전화를 받지 않았다. 나는 할 수 없이 권사님께 일단 퇴원 수속을 밟고 구급차로 아산병원 응급실로 가시라고 말했다. 집사님은 늦은 밤이 되어서야 서울 아산병원 응급실로 이송될 수 있었다.

하지만 집사님의 상태가 겉보기에는 그다지 심각해 보이지 않았는지, 하루에도 수백 명의 환자가 몰려오는 아산병원은 집사님을 거들떠보지도 않는다는 전화가 왔다. 고민하던 중에 문득 하나님이 주신 지혜가 떠올랐다. 나는 다시 권사님께 전화를 걸어 이렇게 말했다.

"김 권사님, 이런 방법을 씁시다. 처분만을 바라고 병상에서 우두커니 앉아 있을 것이 아니라, 응급실 땅바닥에 내려와서 '사람 죽어, 사람 살려' 하고 소리를 지르며 의료진들의 이목을 끌어보세요."

얼마 후 그대로 했더니 의료진들이 달려들어 급하게 검사도 하고 입원실로 올라갔다며, 결과가 나오면 다시 연락하겠다는 전화가 왔다. 다음날 아침, 권사님은 내게 아주 밝은 목소리로 발가락을 절단하지 않아도 되고 약물치료만으로도 나을 수 있다고 전해주었다. (할렐루야!) 그날 오후에는 약물치료를 시작하고 불과 몇 시간 만에 괴사 현상이 사라졌다는 연락을 받았다. (다시 한 번 할렐루야!)

입술에서 감사가 흘러넘치는 신앙의 성숙을 이루신 권사님과 집사님 부부는 나에게도 감사를 전하면서 "목사님은 그런 지혜가 어디서 옵니까?"라고 물었다. 나는 두 분에게 "제 지혜가 아닙니다. 시련과 고난이 닥칠 때마다 김 권사님과 신 집사님이 낙심하지 않고 오히려 감사로 믿음의 성숙함을 보여주시니 그렇게 흐뭇할 수가 없어서, 두 분을 사랑하는 마음으로 기도했더니 하나님께서 그런 지혜를 주신 것입니다. 더욱 믿음으로 삽시다." 하며 권면했다. 만약 섣부른 진단대로 멀쩡한 발가락을 절단했더라면 어떻게 되었을지 아직도 아찔하다. 동시에 집사님을 지켜주신 하나님의 은혜가 얼마나 놀랍고 감사한지, 이 일은 집사님 부부와 나에게 영원히 잊을 수 없는 신앙고백이 되었다.

세 번째 사고는 더욱 위험했다. 어느 날 집사님은 창고에서 곡물 하역 작업을 하다가 지게차가 넘어지며 그 아래 깔리고 말았다. 하마터면 목숨을 잃을 뻔했지만, 하나님의 은혜로 무릎 관절과 인대에만 부상을 입었다. 부목사는 신 집사님이 군산의료원에서 수술을 받아 경과가 좋다는 전화를 해왔다. 나는 즉시 그곳으로 달려가 간병하는 권사님을 위로하며 어떻게 된 일인지를 물었다. 권사님은 울먹이며 말씀하셨다.

"원래는 곡물 부대를 하나씩 옮겨야 하는데, 기사가 빨리 끝내려고 한 번에 두 개씩 옮기다가 지게차가 균형을 잃고 우리 신 집사에게 넘어지면서 그 아래 깔린 거예요. 그런데도 이렇게 살아 있네요. 신기하게도 지게차가 넘어진 그 자리에 움푹 파인 공간이 있어서 살았어요. 이번에도 하나님께서 지켜주셨어요."

나는 이번에도 가슴을 쓸어내리는 심정으로 안도할 수 있었다.

앞에서 두 분 권사님과 집사님이 신앙의 불사조와 같다고 표현하였다. 그 이유는 두 분이 한 번도 아니고 세 번이나 치명적인 사고를 당하면서도 번번이 하나님께서 지켜주셨다고 고백했기 때문이며, 오히려 넘치도록 감사하는 성숙된 믿음을 보여주심으로 고난을 유익으로 만드는 분들이기 때문이다. 이 또한 은혜가 아닐 수 없다.

고난 당하기 전에는 내가 그릇 행하였더니 이제는 주의 말씀을 지키나이다(시 119:67)

고난 당한 것이 내게 유익이라 이로 말미암아 내가 주의 율례들을 배우게 되었나이다(시 119:71)

여호와께서 너를 지켜 모든 환난을 면하게 하시며 또 네 영혼을 지키시리로다(시 121:7)

운명적인 고난이었지만 유익함으로

나는 음력으로 1950년 8월 21일에 태어났는데, 호적에는 1951년 10월 1일로 되어 있다. 69살이 되던 해, 어떤 계기로 기본증명서를 발급받아 보았더니 내가 태어나고 4년이 지난 1954년에서야 아버지께서 호적 신고를 하신 것을 알게 되었다. 바쁘셔서 그랬는지, 아니면 혹 6·25전쟁이 끝날 때까지 기다리셨는지 지금은 그 이유를 알 수 없다. 어쨌든 나는 1950년생 호랑이띠이다.

나는 내가 말을 알아듣기 시작한 때부터 장성하기까지 집안 어른들에게 "호랑이는 야행성 동물이니 호랑이띠를 타고 온 너는 밤에 태어났어야 했는데, 낮에 태어났으니 다 틀렸다."라는 말을 귀가 따갑도록 듣고 자랐다. 어른들은 내가 상처를 받든지 말든지 관심도 없이 나만 보면 밥 먹듯이 그 말씀을 하셨고, 어린 나는 그 말을 듣고 '그렇다면 내 인생은 기대할 것이 없구나. 인생 살아볼 것도 없이 내 운명은 끝났다.'고 생각했다. 세월이 흐르며 그 말은 단순한 상처를 넘어 인생 전체에 먹구름을 끼얹는 치명적인 저주로 가슴에 남게 됐다.

더 기가 막힌 일은 밤에 태어나서 장래가 촉망된다며 나보다 10일 먼저 태어난 사촌 형을 나와 비교하는 것이었다. 그래서 내 상처는 점점 더 커지고 깊어졌다. 그런 중에도 상처를 조금이라도 누그러뜨릴 수 있었던 한 가지 이유가 있었다. 광복 전에 태어난 사촌 형은 폭격을 당할까 봐 밤에도 불을 켜지 못하고 창문을 가려야 하는 등의 어려움을 겪어야 했지만, 나는 광복 후 폭격의 위험이 끝난 대낮에 태어나 어머니와 집안 어른들의 마음고생을 덜어드린 셈이라는 게 그 이유였다. 나는 내가 좀 더 효도했다는 생각으로 스스로를 위로하며 내 존재의 의미와 자긍심을 찾으려고 노력했다.

그런 상처를 안은 채로 교회를 다니며 말씀을 듣고 배웠음에도 여전히 마음 한 구석에 '낮에 태어난 호랑이띠는 다 틀렸다.'는 악담과 저주가 떠나지 않고 있었다. 그러던 어느 날, "내게 능력 주시는 자 안에서 내가 모든 것을 할 수 있느니라"(빌 4:13)라는 말씀이 밝은 빛으로 강하게 비쳐 왔다. 그 순간 나에게서 절망의 어두운 그림자가 떠나갔다. 드디어 나는 '사람들은 다 틀렸다고 하지만 하나님은 하실 수 있다.'는 믿음과 확신으로 뿌리 깊은 상처와 저주를 남김없이 털어버릴 수 있었다. 통속적인 속설로 사람의 운명을 미리 판단하고 점치는 어리석음이 하나님 앞에 큰 죄임을 깨달았고, 폭언을 거침없이 쏟아내어 듣는 사람의 운명을 그르치는 혀가 치명적인 영적 살인 도구라는 것도 깨달았다.

태어나면서부터 희망을 어둠 속에 묻어버린 내가 목사가 되어 이만큼이라도 사역을 감당할 수 있었던 것은 하나님의 특별한 은총이다. 지금은 내가 태어날 때부터 하나님이 그 누구보다도 나에게 더 세심한 배려와 축복을 아끼지 않으셨다는 생각에 감사의 미소를 짓게 된다.

내게 능력 주시는 자 안에서 내가 모든 것을 할 수 있느니라(빌 4:13)

나에게도 부를 아버지가 생겼다

초등학교 5학년이던 열두 살 때, 마흔셋 아버지가 뇌출혈로 세상을 떠나셨다. 어린 나이에 처음 겪는 가족의 죽음에 대한 슬픔과 충격은 너무나도 컸다. 나는 9남매 중 여섯째, 아들 중에서는 넷째로 태어났는데 아버지의 사랑을 제대로 느껴보기도 전에 아버지를 잃었으니 그 슬픔은 이루 말할 수 없었다.

당시 시골의 놀이문화는 팔방, 비석 맞히기, 제기차기 등이었다. 나는 일찍이 장기를 배운 덕에 또래 중에서는 실력이 좋은 편이었다. 때로 적수를 만나면 승패를 거듭하며 하루 종일 장기판 앞을 떠나지 않았다. 어느 날도 그렇게 엎치락뒤치락 하다가 마침내 승기를 잡게 되었다. 상대였던 친구는 패배를 예감하고 안색이 변하고 있었다. 그런데 그 녀석이 갑자기 동네 어귀에서 자기 아버지가 걸어오는 모습을 보자마자 판을 끝맺지도 않고 "아버지!" 하고 부르며 달려가버렸다. 패배를 인정해야 할 시점에서 아버지를 핑계 삼아 재빨리 장기판에서 떠나버렸으니 나는 억울하기 그지없었다. 분도 분이거니와 나에게는 마음껏 부를 아버지가 없다는 서러움에 더욱 눈물이 났다. 나는 눈물을 머금은 채 저 산 멀리 아버지 산소가 보이는 곳으로 달려가서 "아버지, 왜 그렇게 일찍 돌아가셨어요?"라고 한없이 원망스럽게 울부짖다 지쳐서 집으로 돌아왔다.

그러다가 그해 어느 날 누군가의 전도를 받고 난생 처음 교회에 출석을 하게 되었다. 성경 말씀을 듣고 읽다 보니, 성경 속에는 또 다른 아버지, 하나님 아버지가 계신 것이었다. 이제 나도 마음껏 부를 아버지가 있다는 것이 얼마나 반가웠는지, 소망이 넘치고 생기가 돌기 시작했다. 지금까지 아버지가 그리울 때마다 수없이 멀리서 산소를 바라보며 돌아가신 아버지를 향해 목메어 울며 불러보았지만, 아무런 대답이 없었기에 살아 계신 하나님 아버지가 있다는 성경의 말씀은 나에게 더욱 반갑고 감사했다. 나의 발걸음은 저절로 교회로, 또 교회로 향하여 달려갈 수밖에 없었다. 나는 너무나 행복하게도 영원히 부를 하나님 아버지의 이름을 어릴 때부터 부르기 시작한 것이다.

> 하나님이여 사슴이 시냇물을 찾기에 갈급함 같이 내 영혼이 주를 찾기에 갈급하니이다 내 영혼이 하나님 곧 살아 계시는 하나님을 갈망하나니 내가 어느 때에 나아가서 하나님의 얼굴을 뵈올까(시 42:1-2)

> 너희는 다시 무서워하는 종의 영을 받지 아니하고 양자의 영을 받았으므로 우리가 아빠 아버지라고 부르짖느니라(롬 8:15)

그치지 않는 불행이 유익으로

아버지가 돌아가신 후 할머니와 어머니는 하루가 멀다 하고 싸우셨다. 두 분 다 혼자가 되셔서 그랬는지 한번 싸움이 시작되면 하루이틀에 끝나지 않았고, 심할 때는 한 달도 족히 갔다. 두 분이 싸울 때면 나는 마음속으로 할머니 편을 들었다. 할머니는 되도록 싸움을 피하려고 하셨지만 어머니는 꼬투리를 잡고 집요하게 따져들었기 때문에, 나는 어머니가 할머니보다 나쁘다고 판단을 내렸다. 싸울 때는 그날의 일로만 싸워야 하는데 지나간 것을 다시 들추며 싸우다 보니 싸움이 끝이 나질 않았다. 그때마다 할머니께서는 "다 내 탓이다."라며 져주셨지만, 어머니는 할머니의 뒤를 계속 따라다니면서 괴롭혔다. 마치 할머니를 한풀이 대상으로 삼는 것 같아 할머니가 안쓰러웠다.

이같이 암울한 집안 분위기는 나를 정서적으로 위축되게 만들었고, 내가 자신감을 잃은 소극적인 아이로 자라게 된 이유였다. 오죽하면 어릴 적 가장 큰 소원이 가정의 평화였을까. '가난해도 좋고, 아버지가 돌아가셨어도 괜찮으니 집안에 싸움만 없으면 소원이 없겠다.'는 간절한 소원을 품으며 나는 나의 인생 사전에서 '싸움'과 '다툼'이라는 단어를 지워버리기로 작정하였다. 가정에서나 교회에서나 불행의 씨앗은 다툼으로 인한 불화이기 때문이다. 그 뒤로도 나는 '나는 절대 싸움닭이 안 될거야.'라는 말을 수없이 마음에 새기고 새기며 살아왔다.

합력하여 선을 이루시는 하나님은 그런 어린 시절의 뼈저린 불화의 경험이 오히려 살아 있는 교훈이 되게 하시고, 훗날 목회현장에서 '오직 화평'이라는 목표를 세우게 하셨다. 어쩌면 그 경험이 있었기에 한 교회에서 37년이라는 장기목회를 평화롭게 감당할 수 있었는지도 모르겠다. '다툼 때문에 교회가 불행해지는 것은 나 자신이 결단코 용납할 수 없다.'는 목회의 대원칙은 지금도 변함없는 나의 실천 강령이다. 나뿐 아니라 목회자들과 교회가 평화와 화목을 이루고 그것을 지켜나가는 것이 가장 목사답고 교회다운 모습이 아닌가 싶다. 그래서 전라북도 군산에서 평생을 사역하며 노회와 연합회를 섬기던 때, 안타깝게도 교회들이 분쟁하고 분열하는 모습을 볼 때마다 반면교사로 삼고 이 땅 모든 교회의 평화를 위해 기도하게 된 것이다.

> 만일 서로 물고 먹으면 피차 멸망할까 조심하라(갈 5:15)

> 누가 누구에게 불만이 있거든 서로 용납하여 피차 용서하되 주께서 너희를 용서하신 것 같이 너희도 그리하고 이 모든 것 위에 사랑을 더하라 이는 온전하게 매는 띠니라(골 3:13-14)

여러 번 죽을 고비를 넘다

"지금까지 지내온 것 주의 크신 은혜라." 세상에는 찬송을 부르고 또 불러도 부족함뿐이라는 고백을 하는 이들이 많다. 그중 대표적인 사람이 나 윤기원 목사일 것이다. 나를 불러주시고 구원해주신 은혜가 절대적이고 특별하지만, 살면서 아슬아슬하게 죽음을 피하게 해주신 은혜를 생각하면 몸에 전율이 흐를 정도이다. 수많은 환난을 면하게 해주시고, 위험이 홍수처럼 범람할 때도 내게 미치지 못하도록 막아주신 은혜는 내 생명이 다할 때까지 간증해도 끝이 없을 것이다.

나는 신학교 입학 전 짧은 직장생활 중에 기숙사에서 연탄가스 중독으로 죽음의 고비를 넘겼고, 나중에 직장 사무실에서 LPG 가스 누출로 다시 위험을 겪었다. 종로4가 지하철 공사 구간에서 오토바이를 타던 중 죽음의 문턱에 이르기도 했다. 그뿐만 아니라 정읍에서 교회 개척 사역 중 주일 오후 각 교회를 다니며 후원 모금을 할 시에 오토바이 사고로 큰 위험을 당했고, 군산에서 사역하던 중 택시와 충돌을 피하려다 큰 사고를 당하기도 했다. 하나님은 내가 사고를 당할 때마다 아직도 사명이 남아 있음을 깨닫게 하시고 오뚝이처럼 툴툴 털고 일어나게 해주셨다. 하나님의 은혜로 목숨을 부지한 나를 스스로 감히 '불사조'라고 말하고 싶다.

지금은 나를 죽을 고비에서 살려주신 하나님께서 앞으로도 사명을 감당하게 해주실 것이라는 확신이 든다. 그 사명 때문에 지금 호흡하며 존재하고 있음을 수없이 고백하게 된다. 그래서 나는 사명 앞에서 어떤 두려움도, 망설임도 없다. 시간이면 시간, 물질이면 물질, 몸이면 몸, 모든 것을 드린다 하여도 마냥 감사하고 아쉬울 뿐이다. 사역을 하면서 '어렵다, 힘들다, 괴롭다, 피곤하다' 등의 생각을 단 한번도 해본 일이 없다. 그저 처음부터 끝까지 감사뿐이다. 나에게는 마태복음 25장 21절 말씀처럼 온전한 열매를 맺어야 할 사명이 있기 때문이다.

그 주인이 이르되 잘하였도다 착하고 충성된 종아 네가 적은 일에 충성하였으매 내가 많은 것을 네게 맡기리니 네 주인의 즐거움에 참여할지어다 하고 (마 25:21)

내가 달려갈 길과 주 예수께 받은 사명 곧 하나님의 은혜의 복음을 증언하는 일을 마치려 함에는 나의 생명조차 조금도 귀한 것으로 여기지 아니하노라(행 20:24)

이로 말미암아 모든 경건한 자는 주를 만날 기회를 얻어서 주께 기도할지라 진실로 홍수가 범람할지라도 그에게 미치지 못하리이다 주는 나의 은신처이오니 환난에서 나를 보호하시고 구원의 노래로 나를 두르시리이다(셀라) (시 32:6-7)

여호와께서 너를 지켜 모든 환난을 면하게 하시며 또 네 영혼을 지키시리로다(시 121:7)

소외됨의 상처가 하나 되는 목회의 자양분으로

나는 6남 3녀의 9남매 중 여섯째이고, 내 아래로는 2남 1녀의 동생들이 있다. 형제자매가 많아서 그랬는지 어린 시절 가족들은 나에게 별로 관심을 두지 않았다. 있어도 그만 없어도 그만인 존재였는지, 혹은 다리 밑에서 주워온 자식이었는지, 아니면 어린 마음에 스스로 자격지심을 가졌던 탓인지는 몰라도 가족들의 무관심 속에 소외감을 느껴 주눅이 들어 살았다. 가족들은 심부름을 시킬 때만 어김없이 나를 찾곤 했다. 그래서 나는 우리 가족에게 심부름꾼으로서만 가치가 있고, 그 외에는 아무것도 아니라는 생각을 했다.

하루는 나에 대한 가족들의 관심이 과연 어느 정도인지 확인하고 싶어서 저녁때 창고에 숨어 있었다. 얼마 안 되어 해가 지고, 밖은 어두워지기 시작했다. 가족들이 안방에 모여서 저녁을 먹기 시작했다. 코를 찌르는 음식 냄새에 고픈 배를 움켜쥐고 이제나 저제나 나를 찾아주기를 간절한 마음으로 기다렸지만, 숟가락 부딪치는 소리와 이야기꽃을 피우는 소리 외에는 누구 하나 나를 찾는 소리가 들리지 않았다. 시간이 지나면서 섭섭함과 배고픔을 더 이상 참을 수가 없어서 창고에서 나와 방으로 들어섰다. 충격인 것은 가족 중 누구도 나의 등장을 보고 놀라거나 염려하는 기색이 없었다는 것이다. 가족들은 내게 밥 먹으라는 말 한 마디도 건네지 않고 계속 식사를 했다. 가족이 워낙 많다 보니, 내가 같이 밥을 먹고 있겠거니 생각했는지는 모르지만 그때 내가 분명히 가족들로부터 내팽개쳐진 무의미한 존재라는 것을 확인했다. 이 일은 평생을 두고 지워지지 않는 소외감과 상처로 남게 되었다.

그러나 그때는 아픈 상처였지만, 모든 것을 합력하여 선을 이루시는 하나님께서는 그 상처가 오히려 교훈이 되게 하셨다. 신앙 공동체인 교회에서 단 한 사람이라도 소외시키지 않으려는 목회철학을 갖게 하신 것이다. 그 덕택에 어느 한 사람이라도 목회자나 교회의 지도자 등 교회에서 영향력 있는 기득권자, 혹은 먼저 믿은 사람으로 인해 소외되지 않도록 노력하는 목회를 할 수 있었다. 작은 자 한 명이라도 실족하게 하는 것은 결코 스스로 용납할 수 없었다.

이 부족한 사람을 목사로 쓰시려고 일찍이 경험으로 훈련시키시고, 특별히 약자들이 교회에서 소외감을 갖게 해서는 안 된다는 중요한 목회철학을 갖게 해주셨으니, 이 또한 귀하고 귀한 하나님의 은혜가 아닌가!

> 누구든지 나를 믿는 이 작은 자 중 하나를 실족하게 하면 차라리 연자 맷돌이 그 목에 달려서 깊은 바다에 빠뜨려지는 것이 나으니라 실족하게 하는 일들이 있음으로 말미암아 세상에 화가 있도다 실족하게 하는 일이 없을 수는 없으나 실족하게 하는 그 사람에게는 화가 있도다(마 18:6-7)

집 없는 서러움보다 더 큰 교회당 없는 서러움

집 없는 서러움을 나만큼 뼈저리게 겪은 사람도 흔치 않을 것이다. 신학교 입학 초기에 나는 50일 정도 청와대 뒤 북악산에 자리한 한국기도원에서 지내며 학교를 다녔다. 하산하여 2년 동안은 영등포 양평동에서 우유 배달을 하면서 하숙 생활을 했다. 당시 거처에 별다른 불편함은 없었는데, 단 하나 다른 불편한 점이 있었다. 새벽 3시 30분에 일어나서 30분 동안 일 나갈 준비를 하고 통행금지가 해제되면 곧바로 대리점으로 자전거를 타고 달려가야 했기 때문에, 하숙집 주인과 다른 하숙생들의 새벽잠을 깨울까 봐 여간 조심스러운 것이 아니었다. 서울 잠실에 있는 성화교회(김동관 목사 시무)에 교육전도사로 한 학기 동안 봉사하던 때에는 기도실과 본당의 장의자가 나의 침실이었다. 신학교 졸업반 가을학기부터 졸업 후 1년은 옥산교회(충남 서천 마서) 전임전도사로서 교회에서 사택을 마련해주셨는데, 그 사택은 훗날 장로 직분을 받은 이춘희 권사님 댁 사랑채였다. 방 한 칸과 부엌이 있었는데, 화장실을 가려면 교회로 가야 하는 약간의 불편한 점은 있었지만 신혼에 그 정도의 공간은 편안한 환경이었다.

그러다 이 권사님의 시어머니 권사님께서 소천하여 장례를 치를 때에 문제가 생겼다. 오전에 소천하신 뒤 오후에 장례 심방을 갔다 왔더니, 첫 아이를 임신 중이던 아내가 집 밖에 나와 처마 밑에서 눈물을 흘리고 있었다. 이유를 물어보니 장례를 치르는 동안 우리가 살고 있는 방을 비우라고 해서 밖으로 나왔다는 것이다. 섭섭한 마음을 추스르고 비바람이라도 피하려고 어느 집사님 댁의 사용하지 않는 방을 구해서 부랴부랴 연탄을 피웠는데, 설상가상으로 밤에 가스가 방안으로 스며들어 하마터면 큰일이 날 뻔했다. 그런 일을 겪고 나니 참 마음이 답답했다. 아무리 집주인이라 해도 타인이 살고 있는 한 어떤 상황에서든지 먼저 양해를 구해야 하는 것이 아닌가. 더구나 임신 중인 아내는 민감한 때라 얼마나 더 서러웠을까 싶다. 시간이 지나며 이해는 했지만, 당시에는 서러움이 북받쳤다. 그렇게 목회 초년에 처음 겪은 집 없는 서러움은 꽤나 혹독했다.

최초의 담임목회를 시작한 삼광교회(전북 익산 황등)는 무연고 묘가 몇 개 있는 곳에 세워졌다. 펌프가 막혀서 우물을 다시 팔 때 두개골이 나온 적도 있다. 사택은 교회와 밀접해 있었는데, 약간 큰 방 하나와 부엌이 있었다. 마루가 없어 방문을 열면 바로 교회 마당이 나왔다. 화장실은 본당 뒤편에 있었는데, 묘지가 있던 자리라는 생각에 밤에 화장실을 갈 때마다 기분이 찜찜하고 송연해서 우리 부부는 언제나 함께 가야만 했다.

정읍에서 교회 개척을 안내하고 도운 선배들(장상훈, 이종현, 임안택 목사)의 소개로 정읍의 한 집사님 소유인 예배당과 사택이 있는 2층짜리 집으로 가게 되었다. 그런데 막상 이삿짐을 싣고 가보니, 사택은 전혀 준비되어 있지 않았다. 짐을 차에서 내리지도 못하고 부랴부랴 연탄아궁이가

딸린 방 한 칸을 사글세로 얻었다. 그제서야 짐을 풀 수 있었다.

그 방은 얼마나 누추했는지, 아궁이 옆쪽에 달린 방문으로 출입을 해야 했다. 세 식구가 잠을 자려고 누우면 다리를 제대로 뻗지 못할 정도로 비좁았다. 게다가 비가 오는 날에는 큰 그릇 네다섯 개를 늘어놓고 천장에서 줄곧 떨어지는 물을 받아내야 했다. 그런데 그 집에서조차 계속 지낼 수가 없었다. 정읍에서 5년 2개월간 목회하는 동안 교회는 세 번, 주택은 네 번 이사를 해야 했다.

이사를 네 번이나 했지만, 집이 없는 생활은 크게 서럽지 않았다. 오히려 예배당 없는 서러움이 더 컸다. 교회 개척을 시작할 때 예배당으로 사용한 2층집의 주인 집사님은 처음부터 봉사하는 마음으로 집세를 받지 않으셨다. 그러다가 집사님의 살림 형편이 어려워졌는데, 그 집을 매각하려 해도 팔리질 않았다. 집을 사겠다는 사람이 집을 보러 왔다가도 2층에 교회가 있으니 그냥 돌아가기 일쑤였다. 그러다 보니 집사님은 집 처분이 늦어지면 경매에 부쳐져 형편이 더 곤란해진다며 하루빨리 교회를 옮겨달라고 요청해왔다. 더 서러운 것은 절박한 상황을 맞닥뜨린 아내가 아이들을 데리고 낮에 교회에 가서 울며불며 기도를 하는데, 아래층에서 집사님이 올라와서 엎드려 기도하는 아내의 등을 두드리며 "조용히 하세요. 집을 사려고 집 보러 온 사람들이 그냥 돌아가요. 그리고 되도록 낮에는 기도하지 마세요."라고 핀잔을 주었다는 것이다.

이렇게 집 없어서 겪는 서러움과는 비교도 안 되는 예배당 없는 설움을 겪으며 정읍에서 교회를 개척했다. 그곳에서 사역하며 교회 건물을 50평 정도 신축했고, 5년 2개월의 사역을 마치고 1986년 10월 30일 광성교회에 부임했다. 2003년에 사택을 신축하기까지 17년 동안 생활한 광성교회의 사택 또한 누추하기는 마찬가지였다.

그곳은 시멘트 벽에 슬레이트 지붕과 새마을 연탄보일러가 있는 20평짜리 방이었는데, 무엇보다도 난방 문제가 가장 나를 고생스럽고 힘들게 했다. 일명 '열대자'라고 하는 그 지역은 간척지이기 때문에 습기가 많아서 연탄보일러가 하루에 서너 번씩은 꺼졌다. 하루 일과 중에 연탄불 살리는 것이 가장 큰 일이었다. 게다가 난방 효율은 거의 없다고 해도 될 정도였다. 한겨울이면 보일러 호스가 한 줄만 미지근해서 얼마나 추웠는지, 방안에서도 두툼한 방한복을 입어야만 했다. 3-4년이 지난 뒤에야 제직회에서 기름보일러로 교체하는 건으로 1시간 이상 격론을 한 끝에 가까스로 기름보일러로 교체하게 되었다. 그렇게 연탄보일러의 불을 살리는 일은 비로소 끝을 맺었다.

단열이 안 되는 것도 큰 문제였다. 에어컨도 없던 시절에 슬레이트 지붕 속에 단열 스티로폼 한 장이 없었으니, 여름에는 낮보다 밤이 더 더웠다. 도저히 잠을 이룰 수 없어 한밤중에 밖에 나와 수도에 호스를 연결하여 지붕에 밤새도록 물을 뿌린 적도 있었다. 또 방에서 천장 출입구를 열고 지붕 속을 들여다보면 슬레이트 골을 따라 갈라진 틈으로 하늘이 보일 정도였으니 겨울의 추위는 말할 수 없이 혹독했다.

사택은 벌레의 소굴이기도 했다. 사택의 구조가 허술하고 습기가 많다 보니 온갖 벌레가 들끓을 수밖에 없었다. 딸 재은이가 초등학생 때였다. 한밤중에 잠을 자다가 비명소리가 들려 깜짝 놀라 딸의 방에 달려가 보니 귀에 벌레가 들어갔다는 것이다. 놀란 가슴을 진정시키며 떨리는 손으로 손전등을 딸의 귀에 비췄더니 발이 여럿 달린 4cm 정도 되는 벌레가 놀랐는지 순간적으로 뛰쳐나왔다. 나는 딸의 귀에 이상이 생기지 않은 것에 감사하면서도 온 살갗에 소름이 돋았다. 30여 년이 지난 지금도 소름이 돋는 사건이다.

벌레뿐 아니라 쥐도 많았는데, 차라리 쥐와 동거했다는 표현이 더 나을 것 같다. 허술하고 얇은 합판 한 장으로 시공한 천장 속에서 밤이면 밤마다 크고 작은 운동회가 열렸다. 아침마다 우리는 쥐가 천장에 그려놓은 세계지도를 싫어도 감상하며 오물의 악취를 맡아야만 했다. 천장뿐 아니라 벽에서 들뜬 펄럭이는 벽지 사이로 쥐들이 내려와 방바닥에도 지도를 그리니 하루도 편안하게 잠을 이룰 수 없었다. 천장 출입구를 열어서 끈끈이 쥐덫을 올려놓으면 하룻밤 사이에 여러 마리가 잡혀 며칠 동안은 조용했다가 금세 다시 모여들곤 했다. 주방 하수도를 통해서도 수시로 쥐가 드나들었는데, 끊임없이 잡아도 감당할 수가 없어서 결국 한쪽 벽면에 주방 집기 대신 아예 쥐 잡는 도구를 비치해놓게 되었다. 쥐를 잡는 것이 일과 중의 하나가 되었고, 그 덕분에(?) 쥐 잡는 선수가 되어버렸다.

이렇게 광성교회 사택에서 더위와 추위, 벌레와 쥐들과 더불어 17년을 살다가 2003년 사택을 신축하고 이사를 했다. 당시 집사였던 홍수성 장로님과 몇 분 집사님들은 신축한 사택으로 짐을 옮기면서 "목사님, 그렇게 열악한 환경에서 장장 17년을 어떻게 지내셨어요?" 하며 고개를 들지 못하고 눈물을 훔쳤다. 그러면서 "우리가 너무나도 큰 죄를 지었습니다. 사택이면 다 좋은 집인 줄로만 알았어요. 목사님이 그렇게 고생하시면서도 말씀이 없으셨으니 우둔한 우리들은 괜찮은 줄로만 알았지, 그렇게 형편없을 줄이야 꿈에도 몰랐네요. 너무 죄송합니다. 너그러이 용서해주세요."라고 하시는 것이었다. 나는 대답하기를 "아닙니다. 쥐와 벌레가 들끓고 단열도 되지 않는 열악한 환경에서 17년 세월을 살 수 있었던 것은 고생이라고 생각하지 않았기 때문이에요. 그것은 다름 아닌 주님의 은혜였지요. 너무 마음 아파하지 마세요. 오히려 고생했다고 알아주시니 감사합니다. 그리고 주님은 우리를 위하여 십자가를 지셨는데, 십자가의 그 큰 사랑에 비하면 이 정도는 아무것도 아닙니다."라며 오히려 집사님들을 위로하였다.

사실 인간적인 면에서 지난 세월의 불편함과 고생은 이루 말로 다 할 수 없었지만, 신기하게도 고생이라고 불평한 일 없이 담담하게 살아졌다. 지나고 보니 사택에서의 더위와 추위는 인간의 한계와 인내를 시험하고 훈련하는 광야의 학교였다. 모든 것이 주님의 은혜였을 뿐이다. 집 없는 서러움과 예배당 없는 서러움, 열악한 환경으로 인한 불편함 정도는 십자가를 바라보며 그 아래에 묻어버리면 그만이었다.

내가 궁핍하므로 말하는 것이 아니니라 어떠한 형편에든지 나는 자족하기를 배웠노니 나는 비천에 처할 줄도 알고 풍부에 처할 줄도 알아 모든 일 곧 배부름과 배고픔과 풍부와 궁핍에도 처할 줄 아는 일체의 비결을 배웠노라(빌 4:11-12)

나는 이제 너희를 위하여 받는 괴로움을 기뻐하고 그리스도의 남은 고난을 그의 몸된 교회를 위하여 내 육체에 채우노라(골 1:24)

예수께서 이르시되 여우도 굴이 있고 공중의 새도 거처가 있으되 인자는 머리 둘 곳이 없다 하시더라(마 8:20)

'상 받는 목회'를 목표로 삼다

초등학교 시절 나는 또래에 비해 체구가 작아서 60여 명 중에 키 순서로는 언제나 앞에서 7, 8번이었다. 그러다 보니 운동회 날마다 크게 스트레스를 받았다. 달리기를 하면 7-8명이 한 조로 뛰는데, 단 한 번도 3등 안에 들어 연필 한 자루, 노트 한 권을 상으로 받아보지 못한 것이 한이 될 정도였다. 무엇보다도 농사일로 바쁜 어머니를 대신해 손자를 응원하러 오신 할머니께 너무 죄송했다.

할머니는 키가 크셨기 때문에 멀리서도 한눈에 알아볼 수 있었는데, 어느 날 할머니를 기쁘게 해드릴 기회가 왔다. 앞에 달려가는 아이들이 서로 부딪쳐서 넘어진 것이다. 그 순간 내가 입상하여 기뻐하실 할머니의 모습이 떠올라 응원석에 계신 할머니를 돌아보려다가 그만 뒤처져서 이번에도 입상에서 탈락하고 말았다. 할머니를 뵐 염치가 없어 슬퍼하는 나에게 사랑과 배려가 크신 할머니는 내가 의기소침해할까 봐 밝은 모습으로 나의 등을 두드려주시면서 내가 최고로 잘했다고 위로해주셨다. 인자하신 할머니의 손길이 지금도 따뜻하게 느껴진다.

교회를 다니던 어느 날 성경을 보니 '상'이라는 단어가 크게 눈에 띄었다. 말씀을 읽은 나는 '교회 열심히 다니면 상을 받게 된다니! 교회에서만큼은 달리기에서처럼 신체적 조건과 실력이 아니라 믿음으로 상을 받는 것이니 내가 상을 받을 가능성은 얼마든지 있겠구나.'라고 깨달아졌다. 그때 나는 기왕이면 상 받을 수 있는 신앙생활을 해야겠다고 다짐했다.

어린 시절 상에 대한 실패의 경험과 다짐이 훗날 평생의 목회사역에 도움이 되었다. 목회의 목표를 '상 받는 목회'로 삼게 되었으니 말이다. 부족하나마 내 사명을 착하고 충성되게 감당하여 상을 받고자 이만큼이라도 노력하며 감당해오지 않았나 싶다.

> 그 주인이 이르되 잘하였도다 착하고 충성된 종아 네가 적은 일에 충성하였으매 내가 많은 것을 네게 맡기리니 네 주인의 즐거움에 참여할지어다 하고(마 25:21)

> 운동장에서 달음질하는 자들이 다 달릴지라도 오직 상을 받는 사람은 한 사람인 줄을 너희가 알지 못하느냐 너희도 상을 받도록 이와 같이 달음질하라(고전 9:24)

> 나의 의인은 믿음으로 말미암아 살리라 또한 뒤로 물러가면 내 마음이 그를 기뻐하지 아니하리라 하셨느니라 우리는 뒤로 물러가 멸망할 자가 아니요 오직 영혼을 구원함에 이르는 믿음을 가진 자니라(히 10:38-39)

심방의 은혜로 영적 싸움에서 승리하다

우리 집안은 유교와 미신을 지극정성으로 신봉하는 장손 집안이었다. 미신을 섬기는 것과 조상 제사 드리는 것을 최우선의 가치로 삼고, 그것을 통해 양반 집안을 지켜간다는 자긍심을 가지고 있었다.

내가 어릴 적 할머니는 매월 초사흘이 되면 떡시루와 나물 몇 가지를 장독대에 올려놓고 하늘을 향해 중얼거리며 두 손이 닳도록 비셨다. 명절 때가 되면 화장실과 창고, 우물가, 집 사방 주변의 논둑이나 밭둑이 교차하는 지점에 볏짚을 열십자로 펼쳐놓고 밥 한 그릇과 나물 등을 가져다놓을 정도로 미신을 믿으셨다. 내가 어릴 때 어느 절에 내 이름을 팔아 입적을 시켰다는 이야기를 들은 일도 있다. 그래서 나와 우리 집안은 구원의 가능성과는 거리가 먼 집안이었다. 훗날 깨닫고 보니 우리 집안은 하나님께서 싫어하시는 우상숭배를 가문의 영광으로 삼던, 그야말로 버림받아 마땅하고 심판받아 마땅한 집안이었던 것이다. 지금은 우리 집안이 그렇게까지 우상숭배에 빠졌었다는 것에 소름이 돋기까지 한다.

그러던 어느 날 갑자기 집안에 하늘이 무너지는 절망의 순간이 들이닥쳤다. 집안의 장손인 아버지가 43살을 일기로 우리 할머니와 어머니, 6남 3녀를 남겨두고 급성 뇌출혈로 황망히 돌아가신 것이다. 그 후로 살

길이 막막해진 우리 가족은 비참하기 그지없는 삶을 살았다.

그러다 두세 해가 지나고 먼 친척인 웅포교회 권사님의 전도로 어머니가 교회를 다니기 시작했다. 그러자 얼마 안 되어 사탄의 훼방으로 집안에 상상할 수 없는 환난과 풍파가 몰아닥쳤다. 날이면 날마다 크고 작은 사건이 끊이지 않았다. 그중에서 가장 크고 두려운 환난은 어머니가 병에 걸린 일이었다. 어머니가 하혈을 하며 시름시름 앓기 시작하는데 여러 병원을 다니며 온갖 치료를 해봐도 도무지 차도가 없었다. 마침내 어머니는 기력이라고는 털끝만큼도 찾아볼 수 없는 상태가 되었다. 얼굴은 백짓장처럼 변했고, 항상 하얀 한복을 입고 안방 아랫목에 누워 계셔야 했다. 어린 나도 긴 간병 끝에 집안 어른들이 어머니를 포기했다고 말하는 것을 눈치챌 정도였다.

그런데 웅포교회 전도사님과 먼 친척 권사님께서 거의 매일같이 심방을 오셔서 맥없이 누워 계신 어머니를 위해 예배를 드려주셨다. 신비하게도 정성으로 드리는 그 많은 심방과 예배를 통하여 사탄과의 싸움에서 일차적으로 승리하게 되었다. 어머니가 돌아가신다는 소문이 파다하게 퍼졌지만, 심방과 예배를 통하여 조금씩 회복되기 시작하더니 어느 순간 자리를 털고 일어나신 것이다. 치료하시는 하나님, '여호와 라파'의 은혜였다. 그리고 그 뒤로 금방 돌아가신다는 소문이 났던 어머니는 101살까지 향수하시고 3년 전에 천국으로 가셨다.

나는 심방과 예배를 통해 어머니가 완치되는 것을 보면서 심방의 요소인 찬양, 기도, 축복과 말씀 선포가 중요하다는 것을 깨닫게 되었다. 또한 사탄 마귀와의 영적 싸움에서 가장 파괴력이 있는 무기는 바로 예배이기 때문에 이를 위해 목회자의 가정 심방이 중요하며 절대적으로 필요하다는 것을 확실히 체험했다. 그것을 깨달은 목사로서 사역에 임한 후 지금까지 가정 심방을 결코 소홀히하지 않고 성도들 가정이 영적 전쟁에서 승리하고 복을 받도록 때로는 건강을 축내가면서까지 최선을 다해 심방에 임하고 있다. 이 깨달음이, 앞으로도 은퇴할 때까지 어떠한 상황에서도 봄·가을 가정 심방을 사명이라 믿고 고수하는 이유이다.

예수께서 베드로의 집에 들어가사 그의 장모가 열병으로 앓아 누운 것을 보시고 그의 손을 만지시니 열병이 떠나가고 여인이 일어나서 예수께 수종들더라(마 8:14-15)

그들을 데리고 나가 이르되 선생들이여 내가 어떻게 하여야 구원을 받으리이까 하거늘 이르되 주 예수를 믿으라 그리하면 너와 네 집이 구원을 받으리라 하고 주의 말씀을 그 사람과 그 집에 있는 모든 사람에게 전하더라 그 밤 그 시각에 간수가 그들을 데려다가 그 맞은 자리를 씻어 주고 자기와 그 온 가족이 다 세례를 받은 후 그들을 데리고 자기 집에 올라가서 음식을 차려주고 그와 온 집안이 하나님을 믿으므로 크게 기뻐하니라(행 16:30-34)

하나님께서 부리시는 악령이 사울에게 이를 때에 다윗이 수금을 들고 와서 손으로 탄즉 사울이 상쾌하여 낫고 악령이 그에게서 떠나더라(삼상 16:23)

은혜 중의 은혜는 '깨닫는 은혜'

2010년 초, 발가락 끝부터 감전된 것 같은 느낌이 희미하게 나타나기 시작했다. 이 증상은 시간이 흐를수록 점점 심해졌는데, 이상하다고 생각하면서도 대수롭지 않게 여기고 6개월을 내버려두었다. 그런데 점점 증상이 심해지는 것이었다. 처음에는 한쪽 다리에만 증상이 나타나더니 시간이 지나면서 양쪽 다리 모두에 통증이 왔다.

간간이 정형외과를 다니기도 하고, 지압을 받으면 좋다고 하여 찾아가기도 했다. 일주일만 지압을 받으면 치료된다고 했는데 두 달이 넘게 다녀도 아무런 차도가 없었다. 시간이 갈수록 통증은 악화되었고, 처음 증상이 생긴 지 1년이 지나자 통증은 말로 표현할 수 없을 정도가 되었다. 한 걸음 걸은 뒤에는 어디든지 앉았다 가야 했고, 한 시간 예배를 인도하며 설교할 때면 다리를 교대해 가며 한쪽 다리를 계속 올렸다 내렸다 해야만 했다.

도저히 견딜 수가 없어 수술을 해야 할지, 한다면 어느 병원으로 가야 할지를 수소문했다. 그러다 양태윤 목사님으로부터 어느 장로님이 나와 비슷한 증상으로 고생하시다가 시술을 받고 완치되었다는 소식을 듣고 병원을 소개받았다. 나는 지체 없이 달려갔다. 다른 병원에서 촬영

한 허리 사진을 가지고 그 병원에 갔더니, 원장님은 4번과 5번 척추 사이에서 연골이 빠져나와 척추 인대를 누르고 있기 때문에 양쪽 다리가 저리고 심한 통증이 생긴 것이라고 설명했다. 당시 상태로는 다행히 수술하지 않고 시술로도 치료가 가능했다. 건강보험이 적용되지 않아서 몇 가지 기초적인 검사와 시술만 받았는데도 약값을 포함해 약 200만 원이 들어갔다. 시술 후에도 처음에는 일주일 간격으로, 두 달이 지나고는 20일 간격으로, 다시 두 달 뒤에는 한 달 간격으로 치료를 받으러 갔다. 그렇게 총 1년 동안 치료를 받고 약을 먹으며 간단한 허리 근육 강화 운동을 한 결과 씻은 듯 완치되었다.

그때 깨달았다. 쇠로 만든 자동차나 농기계도 길면 20여 년 사용한다고 하는데, 내 몸은 쇠도 아닌데 60년이 넘도록 허리 한 번 아프지 않고 무사히 살았으니 이 얼마나 감사한 일인가. 건강할 때는 깨닫지 못하던 감사함을, 병을 얻고 고통을 겪으며 치료받느라 오랜 시간과 물질을 들인 후에야 깨닫게 된 것이다. 1년 정도 통원 치료를 다니면서 마음속으로 항상 기도했다. "하나님, 의로운 오른손 손가락으로 척추에서 빠져나온 연골을 밀어넣어 주세요. 얼마든지 하나님께서는 하실 수 있습니다. 만약 입원하여 수술하게 되면 어떻게 제 사명을 감당하겠습니까? 수술하지 않고 시술만으로도 깨끗하게 완치되도록 하나님께서 친히 치료하여주세요." 그렇게 기도하며 병원에 다녔더니 신기하게도 깨끗이 완치되어 8년을 아무 불편 없이 살았다. 2019년 여름부터 3번과 4번 척추에 문제가 생겨 통증이 다시 나타났지만, 이번에는 세 번의 치료 후 완치되었다.

언제나 여호와 하나님은 치료의 하나님이심을 고백한다. 하나님께서 나를 항상 강건함으로 붙잡아주고 계심을 다시 한 번 깨닫는다. 이 치유의 은혜는 사명을 잘 감당하라는 특별한 은총임을 마음에 새기며, 오늘도 오직 착하고 충성되게 사역을 감당하리라 새삼 다짐한다.

> 이르시되 너희가 너희 하나님 나 여호와의 말을 들어 순종하고 내가 보기에 의를 행하며 내 계명에 귀를 기울이며 내 모든 규례를 지키면 내가 애굽 사람에게 내린 모든 질병 중 하나도 너희에게 내리지 아니하리니 나는 너희를 치료하는 여호와임이라(출 15:26)

문제아 아들을 살려주신 기적의 하나님

내 아들인 법무사 윤성은 집사 이야기는 각본 없는 드라마처럼 감동적인 이야기이다. 제사를 생명처럼 신봉하던 우상의 소굴 같은 집안과 불우한 환경에서 나를 건져주신 구원의 은총 못지않게 하나님께서는 내 아들을 붙잡아주시고, 건져주시고, 살려주셨다. 은총을 베푸신 하나님의 특별한 사랑에 감사와 찬양과 영광을 돌려드린다. 그 무엇으로도 이 감사를 헤아릴 수가 없어서, 부끄러움을 무릅쓰고서 파란만장한 아들 이야기를 고백하지 않을 수가 없다. 문제아였던 아들이 죽었다가 다시 살아난 것보다 더 기적 같은 하나님의 은총을 입었기 때문이다.

살면서 많은 고통을 겪었지만, 아들이 방황하며 탈선의 길로 갈 때 겪은 고통이야말로 누구에게도 말하지 못한, 지옥과 다름없는 고통 그 자체였다. 아들의 중학교 시절부터 대학 1학년까지 7년여의 세월을 생각하면 지금도 꿈인가 생시인가 싶을 정도이다. 한마디로 지옥과 천국을 오가는 경험을 한 것이다.

아들이 문제아의 길로 접어든 것은 초등학교 4학년 때가 아닐까 싶다. 그때 만난 선생님의 행동은 아무리 이해를 하려 해도 이해할 수가 없다. 그 선생님은 공부 시간에 틈만 나면 졸 뿐 아니라 번번이 아이들에게

술이나 담배를 사 오라고 심부름을 시켰는데, 그것도 약간 지능이 떨어지는 아이들을 골라 심부름을 시켰다고 한다. 그 선생님은 종종 우리 아들이 목사 아들인 것을 알면서도, 아이들 앞에서 교회와 목사를 비방했다고 한다. 아들은 집에 오면 그런 담임선생님에 대하여 자주 불평하며 선생님의 인격을 의심하곤 했다. 그때 받은 상처 때문에 아들이 학교와 선생님에 대한 부정적인 이미지를 가지게 된 것이 아닌가 싶다.

그뿐만 아니라 교회 사택에 산다는 이유로 친구들로부터 적지 않은 스트레스를 받은 것도 탈선의 요인이 된 것 같다. 교회에 다니는 또래끼리 마찰이 생기면 아이들은 아들에게 "네가 살고 있는 집, 그건 너희 집이 아니고 교회 집이야. 너희 아빠가 타고 다니는 차도 너희 차가 아니고 교회 차야."라며, 약점이 되겠다 싶은 것을 꼬집어 공격을 하면서 심하게 아들을 따돌렸다. 아이들끼리 무슨 이야기를 하다가도 우리 아들이 나타나면 슬그머니 피했고, 학생회 임원 한 번을 시켜주지 않았다. 핑계와 변명처럼 들리겠지만 아들이 문제아가 되는 데 이런 어린 시절과 학생 시절의 소외감이 결정적인 요소가 되지 않았나 싶다. 그럼에도 부모가 자녀 교육과 양육에 책임을 다하지 못한 것을 통감한다.

초등학교 시절은 그런대로 지나갔지만 아들은 중학교에 들어가서 가출을 했다.

그날은 마침 나를 끔찍하게 사랑해주시는, 당시 갓 은퇴하신 고(故) 김판봉 목사님을 강사로 모시고 부흥성회가 열려 온 교회가 은혜를 받는 중이었다. 성회 셋째 날 오전 예배를 마쳤는데, 아내가 가까이 다가와 사색이 된 얼굴로 "성은이가 가출했다고 담임선생님께 연락이 왔어요."

라는 것이었다. 그 순간 하늘이 노래지고 다리에 힘이 빠지며 쓰러질 것만 같았다. 내가 잘못 들었나 싶을 정도로 믿기지 않았다. 가출 청소년 문제가 사회적인 문제였지만, 설마 내 아들이 그 주인공이 되리라고는 상상도 해본 적이 없었기 때문에 엄청난 충격이었다. 앞이 캄캄하여 황급히 담임선생님께 전화를 드렸다.

"가정교육이 부실했습니다. 책임을 다하지 못하고 물의를 일으켜 학교와 담임선생님께 폐를 끼쳤습니다. 너무 죄송합니다. 어떻게 해야 할까요?"

나오지 않는 목소리로 조심스럽게 말하는데 뜻밖에도 담임선생님은 위로하기 위해서인지 별일 아니라는 투로 담담하게 말했다.

"너무 염려하지 마세요. 성은이 정도 나이에는 그럴 수도 있습니다. 그리고 늦어도 3일 안에 스스로 돌아옵니다. 그러니 굳이 찾아다닐 필요도 없어요."

의례적인 말이라고 느껴져 그다지 위로가 되지 않았다. 분이 나고, 속상하고, 불안했다. 밥은 먹고 다니는지, 불량배들에게 붙잡혀 가지는 않았는지 염려가 되어 밥맛도 잃고 잠도 오지 않아 하루가 천년 같았다. 심지어 기도조차 나오지 않았다. 그 시간을 어떻게 견뎠는지 모른다.

그런데 3일째 되는 날, 아니나 다를까 아들은 자기 발로 걸어 들어왔다. 일단 속으로 반갑기는 했지만 분을 참을 수가 없었다. 나도 모르게 "어떻게 엄마 아빠를 이렇게 배신할 수가 있느냐?" 하며 따귀를 때리고 말았다. 가출한 이유를 물었더니 아들은 대답했다.

"자장면 배달해서 오토바이 사려고 그랬어요."

그 말이 얼마나 어처구니가 없던지 지금도 귀에 생생하게 들리며 기가 막혀온다. 앞으로 어떻게 할 것인지를 묻자 마음을 다잡고 공부하겠다고 말했다. 나는 반신반의하며 일단 믿어주기로 했지만 아들은 그 뒤에도 여전히 공부와 담을 쌓고 지냈다.

당시 고등학교에 가기 위해서는 진학시험을 치러야 했다. 고등학교 입학원서를 써야 하는 시기에 담임선생님의 호출을 받고 학교에 갔다. 담임선생님은 걱정스러운 얼굴로 말했다.

"지금 실력으로는 2순위인 학교에 원서를 낼 수밖에 없는데, 성은이는 무조건 군산고등학교에 원서를 써달라고 하니 참 답답하네요. 만약에 불합격하면 군산을 벗어나 타지역으로 진학을 해야 할 뿐만 아니라 재수는 불가합니다."

당시에는 보통 8, 9, 10월 월말고사 시험 평균점수를 보고 진학할 수 있는 학교를 골라 지원했다. 그런데 군고를 가려면 체육 점수를 빼고 125점이 커트라인이라, 아들의 점수인 104점을 가지고는 도저히 원서를 쓸 수가 없다는 것이었다. 나도 아쉽지만 현실이라 어쩔 수가 없었다.

아들에게 "성은아, 군고는 포기하고 선생님께서 말씀하시는 학교로 원서를 써달라고 하자."라고 하자 "아빠, 아빠가 고등학교는 군고로 진학을 해야 한다고 여러 번 말씀하실 때는 언제고 지금 와서는 다른 학교에 가라고 해요?" 하며 반문하는 것이었다. "그거야 네가 공부 안 해서 실력이 안 되기 때문이니 억지 부리지 마."라고 하며 줄다리기를 두 번이나 하다가, 세 번째에 담임선생님이 나중에 원망하지 말라는 말과 함께 마지못해 원서를 써주셨다. 그때 아들은 당차게도 선생님께 "앞으로 시험까지 50여 일 남았으니 지금부터라도 공부해서 반드시 군고에 입학을 하겠습니다."라고 말하는 것이었다. 그러자 선생님은 꼭 합격하기를 바란다며 격려의 말은 했지만 표정이나 어감으로는 가능성을 내려놓은 눈치였다.

나는 "성은아, 왜 고집을 부리니? 만약 떨어지면 군산 외의 지역의 학교를 다녀야 하는데, 어떻게 감당하려고 그래?" 하며 염려 섞인 핀잔을 했다. 그러자 아들은 "아빠, 그동안 하지 않았지만 지금부터라도 공부하면 충분히 군고에 입학할 실력을 쌓을 수 있어요. 특히나 암기는 자신이 있습니다."라고 자신 있게 대답했다. 아들은 원서를 제출한 후 3년 동안 하지 않던 공부를 처음으로 마음을 다잡고 하기 시작했다. 그러더니 체육 점수까지 총 150여 점으로 성적을 올렸다. 그 점수로 아들은 군고에 가까스로 합격을 했다.

벼락치기 암기로 고등학교에 입학은 했지만, 평소에 공부하는 성격이 아닌 데다가 기초가 부실했던 아들은 도저히 따라갈 수가 없었는지 곧바로 공부에서 손을 떼고 말았다. 돌파구 차원이었는지 아들은 어느 날 엉뚱하게 농구부에 넣어달라고 떼를 쓰기 시작했다. 마침 초등학교 동창이 군고 교무주임으로 근무하는 터라 찾아가 상담을 했다.

"선생님, 농구부 코치 선생님에게 말해서, 성은이가 통과할 수 없을 만한 체력 시험을 보게 해 단념하도록 했으면 좋겠습니다. 가령 팔굽혀펴기 100개를 해야 농구부에 들어갈 수 있게 한다든가, 윗몸일으키기 50개를 해야 한다고 말하는 방법이 있지 않겠습니까? 부탁합니다."

그랬더니 하루는 아들이 농구부 코치 선생님이 받아주겠다고 했다며 하교하자마자 잔뜩 기대에 부풀어 자랑을 하는 것이었다. 그 다음날은 학교에 갔다 맥없이 어깨를 축 늘어뜨리고 집으로 돌아왔다. 알면서도 이유를 물었더니 기초체력 테스트를 했는데 팔굽혀펴기를 30여 개밖에 못하고 쓰러져서 선생님에게 엉덩이를 걷어차이며 탈락했다는 것이다. 나는 이 기회를 놓치지 않고, "이제는 어쩔 수 없다. 지금도 늦지 않았으니 공부를 시작하도록 해라."라고 말했다. 그 뒤로도 혀가 닳도록 이리저리 타이르고, 달래보고, 꾸짖기도 하고, 화를 내기도 했지만 결국 나는 아들이 착실히 공부하도록 만들 수 없었다.

아들이 고등학교 2학년이던 어느 날 담임선생님께서 "성은이가 친구와 함께 가출하여 서울 강남 고속버스터미널에 있대요. 또 한 명의 친구가 군산에서 올라오기를 기다리고 있답니다."라며 급하게 전화를 하셨다. 죄송한 마음으로 방법을 강구하겠다고 하고 전화를 끊고, 마침 서울 동작구에 사시는 아는 집사님에게 전화를 했다.

"집사님, 지금 빨리 고속터미널에 가주세요. 군산에서 올라가는 고속버스가 정차하는 곳 앞에서 우리 아들 성은이가 서성이고 있을 겁니다. 집사님은 성은이 앞에 나타나지 마시고, 터미널 부근에 있는 파출소 의경에게 부탁해서 가출 청소년이라 파출소에 붙잡아 놓으면 군산에서 부모가 데리러 올 것이라고 협조를 부탁하고 전화를 주세요."

그러자 30분 만에 집사님에게 일을 완수했다는 전화가 왔다. 그날은 수요예배가 있어 어쩔 수 없이 한 장로님에게 부탁하여 아내와 함께 아들을 붙잡아오게 했다. 아들에게 물었다.

"어째서 또 가출했냐?"

"신문 배달해서 오토바이 사려고 그랬어요."

나는 지칠 대로 지쳐서 화내는 것도, 나무라고 꾸중하는 것도 모두 내려놓고 "공부하라고 안 할 테니 제발 고등학교 졸업장이라도 받았으면 좋겠다."라며 오히려 사정을 했다. 고등학교 졸업이라도 해야 훗날 마음을 다잡고 새 출발을 할 수 있다는 막연한 기대 때문에 아들에게 그렇게 빌 수밖에 없었다.

이 외에도 기가 막힌 일들이 한두 가지가 아니었다. 한 번은 주일 새벽예배를 마치고 당회실에서 주일예배를 준비하고 있는데 6시 무렵 "윤성은 학생 아버지 윤기원 목사님이시죠? 경찰서인데 지금 잠깐 나오시지요."라고 전화가 걸려왔다. 내가 "도대체 다짜고짜 경찰서에 나오라고 하는 법이 어디 있습니까? 이유를 말씀하시지요."라고 못마땅하다는 듯이 대답을 하니 "나와보시면 압니다."라고 하는 것이다. 이번에는 목소리를 높여서 말했다.

"아니 이유를 이야기해주세요. 목사가 주일 아침에 얼마나 바쁜데 그러십니까?"

"목사님, 나오셔서 아들 데려가세요."

"아니, 우리 아들이 왜 경찰서에 있습니까?"

"나와보시면 압니다."

"네, 알았습니다."

대답은 했지만 믿어지지 않아 급히 달려가 아들 방문을 열어보니 자고 있어야 할 아들이 없었다. 사택 출입문은 여닫는 문으로, 안에 잠금장치가 달려 있었다. 그 문이 분명히 잠겨 있었기 때문에 나는 아들이 경찰서에 있다는 것을 믿을 수 없었던 것이다. 나중에 알고 보니 아들은 창문으로 밤마다 넘어다녔고, 그것을 우리가 몰랐던 것이다.

후들거리는 다리로 경찰서까지 달려가면서 만상이 머리를 스쳤다. 데려가라는 것으로 볼 때 큰 문제는 없을 것 같지만, 불안한 마음은 어찌할 수가 없었다. 초조한 마음으로 경찰서 조사실 문을 열고 들어가 보니 아들은 고개를 푹 숙이고 한쪽에 앉아 있고, 담당 형사가 나를 맞았다.

"목사님, 나오셨습니까?"

"수고가 많습니다. 아들이 무슨 일을 저질렀나요? 면목없습니다."

"별일은 아닙니다. 오늘 새벽 1시에 친구하고 번호판 없는 오토바이를 타고 면허도 없이 폭주족처럼 시내를 질주하다가 월명파출소에서 붙잡혀 들어왔습니다. 조사 다 끝나서 훈방조치하는 겁니다. 그러나 며칠 지나면 검찰에서 아들과 함께 출두하라고 통지가 갈 겁니다."

"감사합니다. 검찰에서 다시 부르는 이유를 알 수 있을까요?"

"크게 염려하지 않으셔도 될 겁니다. 어쩌면 반성문 정도 쓰라고 부르지 않을까 싶습니다."

아니나 다를까 10여 일 지난 후에 검찰에서 출두하라는 통지가 왔다. 내가 결혼을 일찍 했으면 아들 정도 되겠다 싶은 젊은 검사 앞에서 반성문을 쓰고 청사를 나오면서 나는 아들에게 말했다.

"훌륭한 아들 덕택으로 평생에 처음으로 검찰에 불려가서 아들 같은 검사 앞에서 창피하게 반성문이나 쓰고 다니고 참으로 처참하다. 아들로서 아버지에게 이렇게 해도 되는 거냐? 언제 정신 차리고 사람 노릇을 할 거니? 제발 부탁한다. 더 이상 너에게 기대 같은 것 하지 않을게. 그저 마음 편하게 살았으면 좋겠다."

나는 서글픈 생각에 나도 모르게 그만 눈시울이 붉어졌다. 이 글을 쓰는 지금도 검찰청 마당을 걸어나오면서 아들과 가슴 아픈 대화를 했던 기억이 떠올라 가슴이 아려온다. 솔직히 자식이 아니라 원수도 그런 원수가 있을까 싶은 생각을 할 때가 한두 번이 아니었다. 속상할 때는 그렇게 생각했다가도 자식이기 때문에 절대로 포기할 수는 없었다. 공부하여 사람다운 사람 되기를 바라다가도 기대를 접고 수없이 단념하기도 했다. 하지만 포기가 안 되는 것은 어쩔 수 없는 일이었다. 특히 새벽에 기도하려고 강단 앞에 엎드리면 나도 모르게 아들을 위한 기도가 앞섰고, 기도하려고 하면 눈물이 먼저 앞을 가려 말이 나오지 않고 가슴속 깊은 곳에서 탄원만 메아리쳤다.

'하나님, 불쌍한 우리 아들 살려주세요. 마음을 잡아주시고 사람답게 만들어주세요. 하나님께서 붙잡아주시면 얼마든지 새사람이 될 수 있습니다.'

그렇다. 부모이기 때문이다. 끝까지 포기할 수 없고, 포기가 되지도 않는 것이 모든 부모의 마음이다. 그때 나는 아들을 포기하지 못하는 내 마음을 통해, 나를 포기하지 않으시는 하나님의 사랑은 비교도 할 수 없는 십자가의 사랑임을 깨닫는 은혜를 경험했다.

그러다 어느 장로님과 오해가 생겨 너무 힘들던 때에 다른 문제까지 엎치고 덮쳐 목회 한평생에 가장 큰 위기를 맞게 되었다. 그런 위기 가운데 하루는 잠이 들었는데, 비몽사몽간에 너무나도 선명하게 환상을 보았다. 내가 푸줏간에서나 사용할 법한 날카로운 큰 식칼의 칼날을 위험천만하게 잡고 있고, 칼자루는 누군가의 보이지 않는 손이 잡고 있었다. 그런데 놀라운 것은 그 날카로운 칼날을 힘껏 잡고 있는데도 아무 상처가 나지 않는 것이었다.

소름이 끼쳐 깨어나 보니 등골에서 식은땀이 흥건히 흐르고 있었다. 부랴부랴 정신을 가다듬고 새벽예배를 드리는데 전기가 합선되어 불꽃이 튀며 정전이 되었다. 놀라서 마이크 줄을 걷어 잡아가며 따라가는 중에 두 번째 불꽃이 튀었다. 또 걷어 잡아당기니 세 번째 불꽃이 튀며 아예 벽 속에 있는 전선까지 모두 타버리고 말았다. 손전등을 켜고 상황을 자세히 살펴보니 지난밤 늦은 시간까지 여름성경학교를 마친 뒤 마이크 줄의 연결부가 망가진 채로 방치된 것이었다. 만약 전기선 두 가닥을 한

꺼번에 거머쥐었더라면 감전 사고를 당할 뻔한 아슬아슬한 순간이었다. 나는 다시 한 번 섬뜩한 기분을 느끼면서 문득 날카로운 칼날을 붙잡고 있는데도 무사했던 환상이 떠올랐다. '아하! 이번에도 하나님이 지켜주셨구나.' 하고 깨닫는 동시에 하나님은 이사야 41장 8-10절 말씀을 떠올리게 하셨다.

> 그러나 나의 종 너 이스라엘아 내가 택한 야곱아 나의 벗 아브라함의 자손아 내가 땅 끝에서부터 너를 붙들며 땅 모퉁이에서부터 너를 부르고 네게 이르기를 너는 나의 종이라 내가 너를 택하고 싫어하여 버리지 아니하였다 하였노라 두려워하지 말라 내가 너와 함께 함이라 놀라지 말라 나는 네 하나님이 됨이라 내가 너를 굳세게 하리라 참으로 너를 도와 주리라 참으로 나의 의로운 오른손으로 너를 붙들리라

하나님께서는 감전 사고의 위험한 순간에도 지켜주실 것을 환상을 통해 미리 보여주셨다. 날카로운 칼날을 쥐고 있는 위험한 순간에도 무사했던 환상처럼, 제아무리 우리 아들이 문제아로 방황할지라도 하나님이 주신 이사야서의 말씀처럼 붙잡아주시고, 함께해주시고, 도와주시면 된다는 확신이 넘쳤다. 그 뒤로는 엎드려 기도할 때뿐 아니라 길을 가거나 잠자리에 들 때에도 "하나님이 우리 아들을 붙잡아주시면 됩니다."라는 확신의 기도가 멈추지 않고 계속 나왔다.

아들은 마침내 고등학교 3학년이 되었다. 대학에 대한 기대는 이미 접었기 때문에 공부하라고 채근하지 않았다. 그런데 여름방학이 되어 교

회 학생회 수련회에 가장 먼저 앞장서는 아들을 보니 공부에 대한 미련이 나도 모르게 일어났다. "3학년인데 보충수업을 해야 하지 않겠느냐?"라고 조심스레 묻자 아들은 "아빠, 그래도 내가 목사 아들인데 학생회 수련회에 빠지면 안 되죠."라고 사기 넘치게 대답하는 것이었다. 나는 더 이상 할 말을 잃고 말았다. 그렇게 수련회에 가더니 밤이면 밤마다 아이들을 선동하여 밖으로 데리고 나가 교사들의 속을 썩였다. 담임목사 아들이라 얼마나 곤란했을지 지금도 교사들에게 미안한 마음이다.

어느덧 여름이 지나고 수능시험 원서를 제출할 때가 다가왔다. 나는 아들에게 "너는 수능시험 볼 일도 없고 매우 심심하겠다."라고 하자 "그래도 시험은 치러야지요."라고 의연하게 대답하는 것이었다. "공부도 하지 않았는데 시험은 봐서 뭐하니?"라고 하니, 아들은 "그래도 봐야지요." 하며 당돌하게도 원서를 접수했다. 수능시험에서 형편없는 점수를 받아오긴 했지만 그래도 아들이라 대학에 대한 기대를 접을 수가 없어서 그 점수로 군산대, 전주대, 한일장신대 세 곳에 원서를 냈다. 말할 것 없이 모두 떨어지고 한일장신대 컴퓨터공학과 예비후보로 그쳤다. 며칠이 지난 뒤, 한일장신대에서 결원이 생겼다며 등록하라는 연락이 왔다. 생각보다 비싼 등록금을 지불하고 학교에 등록했다. 아들은 전주 송천동에 있는 이모님 댁에서 학교를 다니겠다며 전주로 갔다.

중간고사 기간이 되어 나는 이모님 댁에 전화를 했다. 그런데 학교에서 중간고사를 치르고 있어야 할 아들이 직접 전화를 받는 것이었다. 깜짝 놀라서 왜 집에 있느냐고 물었더니 "저 수업 일수가 모자라서 중간고사 자격을 상실했습니다."라고 하는 것이다. 자초지종을 들어보니 아들이 학교를 가지 않고 날마다 전북대에 다니는 친구들을 만나러 그 학교 캠퍼스를 출입했는데, 제 학교와 비교가 됐는지 열등감으로 의욕을 잃었던 것 같았다. 또 학교에 가지 않아 심심할 때마다 이모님 댁의 사촌누나가 보던 책을 보면서 무언가 도전을 받아 나름의 각오를 했던 것 같다. 여름방학이 되자 아들은 상의 한마디 없이 자기 계획대로 학교를 그만두기로 마음먹고 집으로 돌아왔다.

그때는 정말 오만 정이 떨어져서, 아무리 자식이지만 꼴도 보기가 싫었다. 한 상에 앉아서 밥을 먹는 것조차도 싫었다. 한편으로는 아들의 행동에 면역이 되었는지, 그저 담담하기도 했다. 더 이상 기대할 것이 남아 있지 않았기에 실망할 것도 없었다. 그런 두 마음이 교차하던 중, 더 이상은 안 되겠다 싶어서 이번에는 담판을 지어야겠다고 마음을 다잡았다. '더 이상의 미련과 기대를 완전히 접자. 아들 없는 셈 치자.'는 독한 마음을 품고 이렇게 말했다.

"성은아, 내가 이렇게 사정한다. 이제 고등학교까지 졸업을 했고 더 이상 너에게 기대하는 것이 없다. 너는 어차피 가출을 좋아하니, 내게 아들이 없다고 생각할 테니 집을 나가줘라. 이제부터 네가 스스로 갈 길 자유롭게 가면 좋겠다. 나는 교회에서 감당해야 할 사명이 있기 때문에 내가 나갈 수는 없다. 제발 나를 좀 도와주거라. 부탁한다."

절박한 심정으로 이렇게 애원했다. 결코 아들의 속을 떠보는 것도 아니었고, 그냥 지나가는 말도 아니었다. 당시에는 정말 솔직한 심정이었다. 그런데 아들 입장에서 보면 아버지가 막말을 한 것이었으리라. 아들은 진지한 표정으로 이야기를 다 듣더니, "아빠, 이제는 공부를 해야겠어요."라고 심각하게 말하는 것이었다. 나는 호되게 소리치듯 말했다.

"뭐라고? 그 말을 믿으라고? 아니 믿고 말고 할 것도 없다. 공부를 하든지 말든지 나하고는 상관없다. 너는 무조건 집을 나가주면 된다. 더 이상 다른 것 필요 없다. 기대도 할 것 없고, 오늘 부로 부자관계는 끝이다."

그러자 아들은 "한 번만 믿어주세요. 문제지 사다 공부 한번 해보겠습니다."라며 매달렸지만, 더 이상의 대화는 시간 낭비라는 생각만 들 뿐이었다.

그러나 아들은 제 어머니와 무슨 이야기를 어떻게 했는지, 그해 8월 20일부터 공부를 시작한 것 같다. 막상 말로는 나가라고 했지만 자식이기 때문에 역시 포기할 수는 없었다. 새벽기도 시간에 교회에 나가면서 슬그머니 아들 방문을 열어보면, 단열이 전혀 안 되어 찜질방 같은 방에서 웃옷을 홀랑 벗고 책상 앞에 앉아 있는 것이었다. 나는 눈을 의심했다. 중고등학교 시절 공부하라고 하면 만화책을 산더미처럼 쌓아놓고 보았듯이 역시 만화책이나 보고 있으리라고 생각했기 때문이다. 그런데 혹시나 하여 새벽기도를 마치고 조용히 들어가 보면 문제지를 풀다 잠이 들어 있는 것이었다.

나는 '공부하겠다는 말이 거짓이 아니었나 보네. 하나님께서 주신 말씀과 환상대로 우리 아들을 붙잡아주시나 보다.'라는 실낱같은 희망이 생겼다. 그리고 부정적인 생각을 하나씩 지워가며 더욱 간절하게 힘써 기도하기 시작했다. 결국 아들은 밤을 낮 삼아서 만 3개월을 공부한 끝에 수능 총점을 100점이나 올리는 기적을 일으켰다.

당시 아내의 친구 남편이 군고 진학 담당 교사였는데, 아들이 점수를 올렸다는 소식을 듣고 부모인 우리보다 더 좋아하셨다. 그 점수면 전망 있는 군산대 해양대학 생명공학과에 충분히 입학할 수 있으니 원서를 쓰자고 연락을 주시기까지 했다. 그러고는 아예 직접 원서를 써주셨다.

그런데 아들이 이런 제안을 했다.

"일단 군산대 해양대학 생명공학과에 원서를 접수하는 것까지는 괜찮습니다. 그런데 합격하면 군대 문제가 있으니, 휴학을 하고 일 년 동안 본격적으로 다시 공부해보고 싶습니다."

아들에 대한 신뢰가 생긴 우리 부부는 이렇게 물었다.

"네 생각이 그렇다면 좋다. 그러나 그게 얼마나 힘든 일인데, 자신이 있니?"

그러자 아들은 "네, 한번 해보겠습니다."라고 자신감을 비치며 대답하는 것이었다. 우리 부부는 아들을 믿고 동의했고, 아들은 합격통지서를 받아 등록하자마자 휴학 처리를 한 뒤 3수 아닌 3수를 하게 되었다.

이듬해 3월 초가 되어 동생(윤재은)이 전북대학교에 입학하자 교회에서 송천동에 작은 아파트를 마련해주었다. 아들도 함께 전주로 가서 학원에 등록하고 본격적으로 공부를 시작했다. 그런데 학원을 이틀 다니고는 여러 가지가 맞지 않아서 독학하는 것이 좋겠다고 하더니, 학원을 그만두고는 아파트에서 홀로 열심히 공부를 했다. 수학 한 과목만 전북대 의대생에게 일주일에 두 시간씩 과외를 받고 그 외에는 온전히 독학을 했다. 나는 매주 주일 아침 8시쯤 전주 송천역에서 기차를 타고 오는 아들을 마중하러 군산역으로 갔다. 저녁이 되면 예배를 드린 아들과 찬양대 반주와 교사로 봉사한 딸을 다시 전주로 데려다주었다. 그렇게 4개월이 지난 7월 무렵, 군산역에서 교회로 가는 길에 아들이 뜬금없이 이렇게 물었다.

"아빠, 내가 어느 정도의 대학에 들어가면 아빠 체면이 설까요?"

언젠가 내 친구가 우리 아들이 문제아인 것을 잘 알면서도 자기 자녀는 잘나간다고 자랑하면서 "성은이가 어느 대학에 갔지?" 하고 물은 일이 있었다. 그때 나는 쥐구멍이라도 들어가고 싶은 심정이었다. 나중에 아들에게 자극이 되라고 "아빠는 친구 목사님들을 만나면 쥐구멍이라도 들어가고 싶을 정도로 체면이 말이 아니다."라고 한탄한 적이 있는데, 아들이 그 말을 뼛속 깊이 새겨두었던 모양이다. 나는 순간이나마 아들에게 고마움을 느꼈고, 희망이 생겨 이렇게 대답했다.

"그야 전북대에 들어가면 더 이상 바랄 것이 없겠지. 그렇게만 된다면 아빠가 기를 펴며 엄청 자랑할 수 있을 것 같다. 게다가 전북대학교가 국립대학이라 등록금도 저렴하고 얼마나 좋으냐."

그러자 아들은 마치 화를 내듯이 "겨우 전북대 정도 들어가려고 이 고생을 합니까?"라고 하는 것이 아닌가! 나는 내 귀를 의심했다. 아들이 무엇을 믿고 저렇게 큰소리를 치는지 궁금해졌다. 아들은 "아빠, 연고대 정도 가면 체면이 설까요?" 하며 의기양양하게 또 물었다. 나는 허풍이겠거니 생각하고 "야 이 녀석아, 허튼소리하지 말고 어느 대학에 진학할 것인지는 나중에 점수 나오는 대로 하면 될 터이니 최선을 다해서 공부나 해라." 하며 말을 막았다.

나중에 조용히 딸에게 아들이 큰소리치는 이유를 알아보았다. 딸은 "한 달에 한 번씩 모의고사를 보는데, 점점 점수가 올라서 350점 정도가 나오는가 봐요."라며 언질을 주는 것이 아닌가! 나는 화들짝 놀라서 "그래? 그렇다면 큰소리칠 만하다. 이제는 공부의 맛을 보았나 보구나. 공부에 탄력이 붙어서, 열심히 하면 되겠다는 자신감을 갖게 되었나 보다. 들뜬 마음을 가라앉히고 차분하게, 방심하지 말고 끝까지 최선을 다하라고 이야기해줘라." 하고 딸에게 부탁을 했다. 그 말을 하면서도 흥분된 마음은 진정될 줄을 몰랐다.

마침내 만 8개월의 공부를 마치고 수능시험일이 다가왔다. 아들을 시험장에 데려다주고 돌아왔는데 하루 종일 얼마나 긴장이 되는지, 일이 손에 잡히질 않아 온종일 서성이면서 보냈다. 마침 수요일이라 아들을 데리고 온 뒤에 예배를 드려야 했기 때문에 서둘러 가서 초조하게 교문

밖에서 기다리고 있었다. 먼발치에서 아들의 얼굴이 보이는데 그리 밝은 표정이 아니었다. 눈치를 살피느라 한참 후에야 "시험 치르느라 고생했다. 시험 잘 보았냐?" 하고 물을 수 있었다. 아들은 "본다고 보았어요."라고 시무룩하게 대답했다. 나는 애써 담담하게 듣고 표정을 숨기며 더 이상 물어보지 않았다.

그날 밤 예배를 마치고 사택에 들어왔더니, 아들이 천장이 뚫어질 듯이 펄펄 뛰면서 환호성을 질러댔다. 이유를 묻는 나에게 아들은 "아빠, 수능 점수 잘 나왔어요. 400점 만점에 383점 나왔어요."라고 숨이 넘어가듯 외쳤다. 뜻밖의 결과에 나도 놀라 아들을 부둥켜안고 "참 잘했다. 고생했다! 하나님의 은혜다. 하나님이 주신 말씀대로 너를 붙잡아주셨고, 함께해주셨구나. 하나님이 도와주신 것이다." 하며 축하해주었다. 믿을 수 없는 결과에 반신반의하며 "혹시 커닝한 것 아니냐?" 하고 놀리기까지 했다. 한마디로 꿈같은 기적이 일어난 것이다. 하나님이 주신 약속대로 붙잡아주신 것이다. 그때 아들은 8개월 동안 마치 새장에 갇힌 새처럼 자기 자신과 싸우며 얼마나 독하게 공부를 했는지 여동생의 청바지를 입으면 바지가 흘러내릴 정도로 야위어 있었다. 그런 고생을 하며 혹독한 겨울 같았던 문제아 시절을 떠나보내고, 마침내 새 봄날을 맞이한 것이다.

우리 가족은 밤이 깊었는데도 흥분을 가라앉히지 못할 정도로 이야기꽃을 피웠다. 그러다 어느덧 이야기의 주제는 누가 먼저랄 것도 없이 어느 대학에 가야 하는지로 전개되고 있었다. 아들이 선뜻 말을 꺼냈다.

"어느 대학이 되든지 법대를 갈 겁니다."

나는 염려 섞인 어조로 물었다.

"무엇 때문에 그렇게 어려운 공부를 하려고 하느냐?"

아들은 "법조인이 되어 신분 상승을 하렵니다."라고 대답했다. 우리는 대학 진학은 아들의 의사에 따르기로 하고 여기저기 알아보았다. 그 결과 중앙대학교 법과대학을 특차로 갈 수 있다는 것을 알게 되었다. 문제아였던 아들은 내신 성적이 좋지 않다 보니 다른 생각을 할 겨를이 없었다. 그렇게 즉시 학교를 정하고 입학을 했다.

그 뒤로 아들은 법학을 공부하면서 사시에도 몇 차례 도전을 했으나, 시험 때마다 전날 밤 잠을 이루지 못하고 밤을 새운다든지, 응시 중에 배가 아파 곤혹을 치르는 등의 징크스를 겪었다. 그 때문에 법조인의 꿈을 접으려고 하며 방황할 때도 있었다.

하지만 사법고시의 욕심을 접고 법무사 시험에 응시하는 것으로 방향을 바꾸어 마침내 20회 법무사 시험에 합격했다. 지금 아들은 사무실을 개소하여 의젓한 사회의 일원으로서 살아가고 있다. 문제아였던 시절을 생각하면 꿈같은 일이 아닐 수가 없다. 이 모든 일은 오직 살아 계신 하나님께서 하신 일이다. 방황하며 탈선하던 문제아로서 앞길이 막막하기 그지없던 아들을 붙잡아주신 하나님의 기적이요, 은총이다. 나의 아들은 죽었다가 다시 살아난 아들로서 한마디로 현대판 '돌아온 탕아'이다.

아들이 이르되 아버지 내가 하늘과 아버지께 죄를 지었사오니 지금부터는 아버지의 아들이라 일컬음을 감당하지 못하겠나이다 하나 아버지는 종들에게 이르되 제일 좋은 옷을 내어다가 입히고 손에 가락지를 끼우고 발에 신을 신기라 그리고 살진 송아지를 끌어다가 잡으라 우리가 먹고 즐기자 이 내 아들은 죽었다가 다시 살아났으며 내가 잃었다가 다시 얻었노라 하니 그들이 즐거워하더라(눅 15:21-24)

하나님 은혜에 무엇으로도 감사를 다 표현할 수가 없다. 오직 모든 영광을 우리 하나님께 돌려드림이 마땅하다. 나는 문제아 아들을 통하여 기적의 하나님을 만났다. 하나님은 주신 말씀을 반드시 성취하시는 참 좋으신 하나님이시다.

내가 여호와를 기다리고 기다렸더니 귀를 기울이사 나의 부르짖음을 들으셨도다 나를 기가 막힐 웅덩이와 수렁에서 끌어올리시고 내 발을 반석 위에 두사 내 걸음을 견고하게 하셨도다(시 40:1-2)

세번째 장

하나님의 것은 하나님께 드린다

“목사 새로 왔으니 내 돈 갚아라”

1986년 10월 30일, 나는 광성교회에 새로 부임했다. 박금동 장로님과 함께 동네로 인사 심방을 다니다 옥성이라는 마을에 들어섰다. 어르신 한 분을 마주친 박 장로님은 “금번에 새로 오신 목사님이십니다.”라고 나를 소개했다. 그런데 어르신은 인사를 받기는커녕 말이 떨어지자마자 멱살이라도 잡듯이 내 양복 깃을 움켜쥐며 “목사가 새로 왔으니 잘됐네. 내 돈 갚아라!” 하며 달려드는 것이 아닌가. 무슨 사연인지는 몰라도, 흥분하며 화를 내는 모습에 나는 상당히 당황했다. 교회 속사정을 전혀 몰랐던 나는 첫날부터 인사 아닌 항변을 받게 되자 앞으로 광성교회에서 사역할 일이 막막하게만 느껴졌다.

그 걱정은 현실이 되었다. 날이 갈수록 박 장로님과 교인들을 통해 교회의 난제들을 하나씩 알게 되었고, 내 어깨는 점점 무거운 짐으로 짓눌렸다. 내막인즉 내가 부임하기 5년 전에 재정을 관리하던 회계 집사가 교회 재정의 일부와 중직들 다수에게서 2억 원 정도의 돈을 빌렸는데, 어디에 어떻게 썼는지 정확히 모르는 상황이었다. 1980년대 초 시골에서 2억 원은 정말 천문학적인 금액이었다. 그 집사는 논을 구입하는 과정에서 잔금이 모자라서 그랬다는 해명만 하고, 결국 야반도주를 해버렸다.

돈을 빌려준 사람들이 대책위원회를 꾸려서 먼 부산까지 쫓아갔지만, 어찌된 일인지 달동네 단칸방에서 거처하는 그 집사의 모습을 본 순간 너무나 불쌍한 마음에 돈 받을 생각은 포기했다고 한다. 오히려 호주머니를 털어서 돌아올 차비만 남기고 집사의 손에 쥐어주고는 무거운 발걸음으로 교회로 돌아와 '돈 돌려받을 생각은 포기하라.'고 전했다.

문제는, 결정적인 일이 생길 때마다 해결되지 않은 그 사건이 망령처럼 되살아나고 원망과 탄식이 나와 자연스럽게 교회를 욕하게 만드는 것이었다. 그토록 실추된 교회의 평판이 목회사역의 발목을 잡으며 어깨를 짓눌러오는 것은 자연스러운 현상이었다.

그 일 외에 다른 부도 사건도 있었다. 어느 봄날 심방을 위해 이 모 장로님 댁을 방문하였다. 거실에 누렇게 변색된 명함 크기의 작은 종이가 있어서 살펴보니 '보관증'이라는 글자가 눈에 들어왔다. 읽어보니 부도낸 정미소에 벼 100가마를 보관했다는 증명서였다. 오래전에 이른바 정미소 부도 사건이 있었다는 것을 여러 번 들어서 알고 있던 터라, "장로님, 받지도 못할 것, 오래된 이 보관증을 볼 때마다 속상하실 텐데 차라리 없애버리시지요."라고 말했다. 장로님은 "그런 줄 알지만 막상 버리려면 버려지지가 않아요." 하고 말씀하셨다. 해결된 일이 아니라서 쉽게 버릴 수 없는 그 마음에 공감이 갔다.

그 일이 있은 후 지역사회에 피해를 입히는 교회라는 부정적인 이미지를 쇄신하기 전에는 전도며 사역을 도저히 감당할 수 없겠다고 판단하고, 일련의 부도 사건의 타계책을 강구하기 위해 기도하며 몸부림쳤다. 그때 하나님께서 교회 묘지로 '광성 부활동산'을 조성하라는 지혜를 주셨다. 당회의 적극적인 지지로 교인들뿐만 아니라 지역 주민들도 똑같은 조건으로 부활동산에 들어갈 수 있도록 정관을 만들었다. 그것이 획기적인 쇄신의 계기가 되어 전에 교인들로부터 피해를 받은 사람들의 분노를 점점 누그러뜨릴 수 있었다. 그 뒤로부터 지금까지 '부활동산'은 지역사회를 섬기며 하나님께 영광을 돌리고 있다.

성경은 전리품을 몰래 빼돌린 아간의 사건(수 7:1-26), 땅 판 돈을 감추고 속인 아나니아와 삽비라의 사건(행 5:1-11)을 통하여 다른 문제보다도 돈과 물질의 문제를 더 엄격하게 다루고 있다. 물질이 있는 곳에 우리의 마음이 그대로 따라가기 때문일 것이다.

이자를 받으려고 돈을 꾸어 주지 아니하며 뇌물을 받고 무죄한 자를 해하지 아니하는 자이니 이런 일을 행하는 자는 영원히 흔들리지 아니하리이다(시 15:5)

너는 사람과 더불어 손을 잡지 말며 남의 빚에 보증을 서지 말라(잠 22:26)

진심 어린 회개

청년 시절, 내 고향 교회에는 6·25 때 월남한 집사님 가정이 있었다. 부인 집사님은 비록 가난하게 사셨지만 신앙심이 돈독했다. 남편 집사님은 돌산에서 힘들게 일을 하며 생계를 유지하셨고, 인생 말년에 폐병으로 고생하다 돌아가셨다.

집사님이 폐병으로 앓아누워 계실 때였다. 어느 날 가까스로 기운을 차린 집사님은 교회에 오셔서 전도사님께 간증할 수 있는 시간을 달라고 말했고, 하나님과 교회 앞에서 회개하는 심정으로 간증하기 시작했다. 집사님이 젊은 시절 북한의 어느 교회에서 재정을 맡고 있었는데, 교회 돈을 주머니에 넣고 다니며 노름을 해서 탕진해버린 부끄러운 과거가 있다며, 자신은 하나님께 용서받지 못할 죄인이라고 말했다. 집사님의 이런 불미스런 과거를 아는 사람이 전혀 없음에도 불구하고 이제 와서 고백하는 이유는 무엇일까?

그것은 젊은 나이에 저지른 과오를 진실하고도 철저히 회개하여 죄를 용서받고 천국에 가고자 하는 구원에 대한 갈망 때문이었다. 또한 아무도 모르는 자신의 부끄러운 과오를 서슴없이 폭로해서라도 자식 같은 젊은이들에게 반면교사가 되어 살아 있는 교훈을 주기 위함이었으리라.

이에 그 교훈은 모두의 가슴에 좌우명으로 심어졌고, 특히 훗날 목회자가 된 나에게는 교회 재정에 대해 올바른 생각을 갖게 하는 큰 지침이 되었다.

> 돈을 사랑함이 일만 악의 뿌리가 되나니 이것을 탐내는 자들은 미혹을 받아 믿음에서 떠나 많은 근심으로써 자기를 찔렀도다(딤전 6:10)

그렇다. 특별히 하나님의 재정인 교회 재정에 손을 대는 것은 그 누구를 막론하고 '나는 망하고 싶다. 나는 저주받아도 좋다.'라고 말하는 것과 같다. 들리는 말에 의하면, 어느 교회에서는 증축을 위해 교회 건물을 담보로 수억 원을 융자받았다가 증축이 취소되자 모 장로가 돈을 반환하지 않고 사적으로 사용한 일이 있었다고 한다. 만약 그 장로가 잘못을 깨달았다면 지금이라도 회개하고 바로잡아야 할 것이다. 이런 일은 예나 지금이나 절대로 있어서는 안 되는 일이다.

> 그 때에 예수를 판 유다가 그의 정죄됨을 보고 스스로 뉘우쳐 그 은 삼십을 대제사장들과 장로들에게 도로 갖다 주며 이르되 내가 무죄한 피를 팔고 죄를 범하였도다 하니 그들이 이르되 그것이 우리에게 무슨 상관이냐 네가 당하라 하거늘 유다가 은을 성소에 던져 넣고 물러가서 스스로 목매어 죽은지라(마 27:3-5)

십일조를 자의적으로 해석한 어리석음

내가 신학을 공부하고 목사가 된 것은 하나님의 소명에 따른 철저한 응답이었다. 주변 목회자들이 신학을 하라고 권유했지만, 그 때문에 결단한 것이 아니라 하나님께 기도하여 응답받은 확신을 가지고 신학교에 입학한 것이다.

신학교에 들어간 뒤 나는 학비를 마련하기 위해 우유 배달을 했다. 일은 고되었지만, 감사하게도 수입으로 보상받다 보니 더 열심을 내어 일할 수 있었다. 당시 하숙비가 보통 쌀 한 가마니 값인 2만 원 정도였는데, 내 한 달 수입이 적을 때는 22만 원에서 많을 때는 25만 원이었으니 그 돈으로 학비, 하숙비, 생활비를 감당하고 막냇동생의 고등학교 등록금까지 챙겨줄 수 있었다. 하나님께서 공부하는 데 물질적으로 전혀 모자람 없이 공급해주신 것이다.

그러던 어느 날, 빠짐없이 하던 십일조에 대해 의문이 들었다. '하나님께서 나를 목사로 쓰시겠다고 해서 신학교에 왔고, 내가 우유 배달로 버는 돈은 그 학비를 마련하기 위한 것인데 굳이 이 돈에서까지 십일조를 할 필요가 있을까?' 잠시 고민하다 '할 필요가 없다'는 결론을 내렸다.

당시에 우유 대리점에서 판매한 물량은 세무서에 신고가 되었기 때문에, 나도 매월 꼬박꼬박 세금을 내고 있었다. 그런데 십일조를 그만두자 몇 달 뒤부터 세금이 두 배로 나오기 시작했다. 깜짝 놀란 나는 대리점에 문의했지만 모르는 일이라는 답변만 돌아왔다. 그래서 세무서에 달려갔더니 보통 때보다 두 배의 물량을 판매한 것으로 신고가 되어 그에 맞게 세금을 부과한 것이라며 대리점에 가서 자세히 알아보라는 것이다. 자세히 알아보니 옆 구역의 배달원이 새로 왔는데, 아직 영업허가가 떨어지지 않아 한마디 상의 없이 내가 판매한 것으로 신고를 했다는 것이다. 너무나도 억울했지만 옆 구역 판매원의 허가가 떨어질 때까지 기다릴 수밖에 없었다.

그런데 이상하게도 허가가 난 뒤에도 세금은 줄지 않고 종전처럼 부과되었다. 세무서에 가서 부당하다고 항의했지만, 담당 직원은 지난달에 판매한 물량에 비해 이번 달에 그 반절만 판매했다고 신고하면 누가 그것을 믿겠느냐며 받아들이지 않았다. 그렇게 울며 겨자 먹기로 몇 달 동안 터무니없는 세금을 내고 액수를 계산해 보니 정확하게 십일조를 도둑질한 액수만큼 손해가 난 것이 아닌가!

흔히들 "복음을 가지고 신앙생활을 하고 목회할 사람이 하나님의 것인 십일조를 도둑질하면 절대 안 되지!" 하고 말하는데, 그때 그 말을 체험으로 크게 깨달았다. 정신이 든 나는 곧바로 십일조를 꼬박꼬박 고향교회로 보냈다. 그랬더니 하나님께서 신비한 은혜를 체험하게 해주셨다.

내가 우유를 배달하던 구역의 바로 옆 구역에는 연세가 있는 아저씨가 판매를 담당했는데, 가을이 되어 일손이 모자라는 형편에 교통사고로 입원을 하게 된 것이다. 그래서 내가 그 아저씨 담당까지 두 배의 물량을 다섯 달 동안 판매하게 되었다. 그렇게 신학교 1학년을 마치고 겨울방학이 되자, 잘못 부과된 세금으로 손해 본 것을 모두 회복하는 은혜를 체험했다. 철저하게 십일조 훈련을 받은 것이다. 그렇게 평생에 목회를 하며 "확실하게 온전한 십일조를 드리기만 하면 물질적으로 걱정할 일은 없겠구나."라는 확신을 갖게 되었다.

지난날의 목회사역을 돌아보면 물질 때문에 걱정하거나, 돈이 부족하여 힘든 일이 없었다. 특별히 광성교회에서 목회할 때는 놀랍게도 사역의 시작부터 재정적으로 부족함 없이 언제나 바라고 기대한 것보다 더 풍성한 은혜를 주셨다. 그래서 은퇴할 때까지 그 많은 일을 하면서도 모자람이나 부족함을 느껴본 적이 없다. 이런 내 경험은 약속의 말씀이 그대로 이루어진 산 증거이다.

사람이 어찌 하나님의 것을 도둑질하겠느냐 그러나 너희는 나의 것을 도둑질하고도 말하기를 우리가 어떻게 주의 것을 도둑질하였나이까 하는도다 이는 곧 십일조와 봉헌물이라 너희 곧 온 나라가 나의 것을 도둑질하였으므로 너희가 저주를 받았느니라 만군의 여호와가 이르노라 너희의 온전한 십일조를 창고에 들여 나의 집에 양식이 있게 하고 그것으로 나를 시험하여 내가 하늘 문을 열고 너희에게 복을 쌓을 곳이 없도록 붓지 아니하나 보라 만군의 여호와가 이르노라 내가 너희를 위하여 메뚜기를 금하여 너희 토지 소산을 먹어 없애지 못하게 하며 너희 밭의 포도나무 열매가 기한 전에 떨어지지 않게 하리니 너희 땅이 아름다워지므로 모든 이방인들이 너희를 복되다 하리라 만군의 여호와의 말이니라(말 3:8-12)

감히 하나님의 것을 훔치다니

교회를 분립 개척하여 평생을 한 교회에서 사역한 목사님이 있었다. 장기 목회를 하다 보면 교인들 신앙생활의 면면은 물론 가정 형편과 집안 내력, 성격과 성향, 심지어 말투까지 넓고 깊게 알게 되기 마련이다.

그 교회에는 아침 일찍 드리는 1부 예배에 꾸준히 참석하는 교사 부부가 있었는데, 그들의 사정을 깊이 아는 목사님은 어느 날 그들이 드리는 십일조를 보고 무언가 이상하다고 느꼈다. 몇 개월간 드린 십일조를 살펴보니 분명 무언가 잘못된 것이 분명했다. 목사님이 부부를 불러서 혹시 어려운 일이 있는지 조심스럽게 물어보았지만, 그들은 정상적으로 온전한 십일조를 드렸다고 했다. 아무래도 석연치 않았던 목사님은 부목사가 인도하는 1부 예배에 참석하는 믿을 만한 교사에게 봉헌기도 시간에 눈을 뜨고 잘 살펴보라고 귀띔했다.

아니나 다를까, 그 교사는 부목사가 헌금기도를 하면서 십일조 봉투에서 돈 일부를 빼내는 것을 목격하고야 말았다. 그 부목사는 당장에 쫓겨났다. 그 뒤로 쫓겨난 부목사의 목회가 순탄치 않았을 뿐만 아니라, 가정에 말로 다 할 수 없는 어려움을 겪게 되었다는 이야기가 들려왔다.

하나님의 재정에 흑심을 품고 손댄 사람들의 이야기를 더 많이 알고 있지만 덕이 되지 않기 때문에 생략하려 한다. 다만 내가 하고 싶은 말은 하나님의 재정에 손을 대면 큰일난다는 것만 확실히 알면 된다는 것이다. 돈을 사랑함이 일만 가지 악의 뿌리가 된다. 우리의 중심을 보시는 하나님은 하나님 재정에 손을 대고 도둑질하는 탐욕스러운 자를 결코 용납하지 않으신다는 사실을 깨달아야 한다.

> 아나니아라 하는 사람이 그의 아내 삽비라와 더불어 소유를 팔아 그 값에서 얼마를 감추매 그 아내도 알더라 얼마만 가져다가 사도들의 발 앞에 두니 베드로가 이르되 아나니아야 어찌하여 사탄이 네 마음에 가득하여 네가 성령을 속이고 땅 값 얼마를 감추었느냐 땅이 그대로 있을 때에는 네 땅이 아니며 판 후에도 네 마음대로 할 수가 없더냐 어찌하여 이 일을 네 마음에 두었느냐 사람에게 거짓말한 것이 아니요 하나님께로다 아나니아가 이 말을 듣고 엎드러져 혼이 떠나니 이 일을 듣는 사람이 다 크게 두려워하더라 젊은 사람들이 일어나 시신을 싸서 메고 나가 장사하니라 세 시간쯤 지나 그의 아내가 그 일어난 일을 알지 못하고 들어오니 베드로가 이르되 그 땅 판 값이 이것뿐이냐 내게 말하라 하니 이르되 예 이것뿐이라 하더라 베드로가 이르되 너희가 어찌 함께 꾀하여 주의 영을 시험하려 하느냐 보라 네 남편을 장사하고 오는 사람들의 발이 문 앞에 이르렀으니 또 너를 메어 내가리라 하니 곧 그가 베드로의 발 앞에 엎드러져 혼이 떠나는지라 젊은 사람들이 들어와 죽은 것을 보고 메어다가 그의 남편 곁에 장사하니(행 5:1-10)

은혜 위에 은혜, 믿음 위에 믿음

팔십 평생을 오직 믿음과 충성됨으로 사명을 감당하며 주님의 몸 된 교회를 앞장서서 섬기던 이 모 장로님은 뜻하지 않게 암 수술을 받게 되었다. 그러나 암 진단 이후 오히려 더욱 은혜를 사모하며 기도에 매달리셨다. 수술이 끝나고 몇 사람이 심방을 갔을 때도 장로님 미리 자유롭게 예배를 드리고, 충분히 기도할 수 있는 방법을 고심하시다가, 병실이 아닌 병원 예배실로 가서 자유롭게 예배를 드릴 수 있도록 지혜를 내셨다. 기도 시간에도 강단에 올라가서 기도해달라시며 무릎을 꿇기까지 하셨다. 일찍이 그렇게까지 은혜를 사모하는 환자의 모습은 본 적이 없었다. 수술 후에는 얼마나 건강한 모습으로 회복되었는지 암환자처럼 보이지 않았다.

장로님이 항암 치료를 받으러 병원에 다니던 어느 금요일 오전, 부인 권사님께서 의논할 것이 있다며 전화를 걸어왔다. 당회실로 오신 권사님은 두 가지를 물으셨다. 첫째는 자녀들이 주는 용돈을 모아 적금 500만 원을 들었는데 그것을 하나님께 드려야겠다는 감동이 왔다며 어떤 제목의 헌금으로 드려야 좋을지를 물으셨다. 둘째는 남편과 의논을 하고 헌금을 드려야 하는지, 아니면 남편 몰래 조용히 드려야 하는지를 물으셨다. 나는 순간 마땅한 생각이 떠오르지 않아, "선임 장로님과 재정부장 장로님과 의논하여 귀한 헌금을 하나님께서 기뻐하실 일을 위하여 쓰도록 하겠습니다." 하고 말씀을 드렸다. 그런데 갑자기 하나님께서 지혜를 주셔서 나는 가려는 권사님을 붙잡고 말했다.

"권사님, 이렇게 하시지요. 장로님 모르게 하시는 것보다는 말씀을 드리기는 드리는데, 장로님과 상의하는 것이 아니라, '이미 드리기로 결정했으니 그렇게 알고 계십시오.'라고 말씀드리는 것이 좋겠습니다. 그러니까 통보하시는 것으로 말씀드리는 것이 좋겠다는 말입니다."

이렇게 말하자 권사님도 내 의견에 동의하시고 바로 돈을 찾아오겠다고 하셨다.

그러나 그날 저녁때가 되어도 권사님은 오시지 않았다. 다음 날인 토요일에도 오시지 않아 혹시 이야기가 잘못되었나 싶은 생각이 들었다. 그런데 주일 새벽예배에 갔더니, 장로님 부부 이름과 '65주년 기념교회 헌금'이라고 적힌 큰 헌금봉투가 강대상에 놓여 있는 것이 아닌가. 주일 낮 예배가 끝난 뒤에 주일헌금 현황 보고서를 보니, 권사님이 말씀한 500만 원이 아니라 1,000만 원이 들어 있었다.

보고를 받은 나는 '아나니아와 삽비라 부부와는 완전히 다른 영적 일심동체 부부구나. 하나님께 영광을 돌리는 은혜 위에 은혜요, 성령의 역사하심에 순종한 믿음의 역사가 아닐 수가 없다.'고 생각하며 감동을 받았다. 또한 이 일은 장로님과 권사님 내외가 단순히 하나님께 물질을 드린 것이라기보다는 고난을 유익으로 삼아 하나님을 향한 사랑을 담아 드린 것으로서, 하나님께서 기꺼이 아벨의 산 제물과 같이 받으신 줄로 믿어져 길이 전하고 싶다.

믿음으로 아벨은 가인보다 더 나은 제사를 하나님께 드림으로 의로운 자라 하시는 증거를 얻었으니 하나님이 그 예물에 대하여 증언하심이라 그가 죽었으나 그 믿음으로써 지금도 말하느니라(히 11:4)

우리가 다 그의 충만한 데서 받으니 은혜 위에 은혜러라(요 1:16)

교회 재정은 담임목사가 책임지고 개발하고 관리해야

내가 광성교회에 갓 부임한 때였다. 1986년 11월 첫째 주일 밤, 열 달 동안 800만 원을 결산했다는 보고를 받았다. 100여 명이 출석하던 당시 성도 수를 생각하면 그야말로 터무니없이 어려운 재정 상황이었다. 정읍에서 나를 많이 사랑해주신 이기웅 목사님이 나를 위로하고 격려해주실 때마다 해주신 말씀이 있다.

"한 달이 길면 다음 달은 짧다."

어려울 때가 있으면 좋을 때가 돌아온다는 뜻인데, 그와 반대로 현실은 그렇지 않았다. 정읍에서 개척교회를 섬기느라 온갖 고생을 다 했는데, 30년이나 되는 역사를 가진 교회에 부임했는데도 더욱 어려운 형편을 접하고 보니 마음이 착잡했다.

그러나 감사하게도 하나님께서는 점점 교회를 회복시켜 주셨다. 열악한 상황이라는 첫 보고를 받은 지 두 달 만에 600만 원을 결산했다. 그 돈으로 2년 동안 밀린 주보 대금을 갚고, 밀린 상회비 40만 원을 납부했으며, 여타한 빚을 갚았는데도 30년 역사 이래 처음으로 36만 원에 가까운 이월금이 나왔다. 하나님께서는 시간이 지날수록 우리 광성교회를 부족함 없이 풍성하게 채워주셨다.

그 은혜를 경험하는 동안, 나는 담임목사가 재정을 책임져야 한다는 의식을 갖고 항상 노심초사 기도하며 연구했다. 그 결과, 하나님이 주시는 지혜와 은혜로 세 가지 원리를 터득했다. 지금까지도 그 원리가 통했다고 확신한다. 물론 모든 것이 전적으로 하나님의 은혜임을 전제하지만, 사람이 감당해야 할 몫과 역할이 있다는 점을 밝힌다. 양해를 바란다.

첫째 원리는 강단에서 목사에게 부여된 축복권을 마음껏 활용해야 한다는 것이다. 하나님께서 주신 축복권을 가지고 교우들과 그 자녀들에게 마음껏 축복하는 것은 목사의 사명이다. 물론 축복받은 사람이 실제로 복을 받는 것까지 목사가 책임을 지는 것은 아니지만, 목사가 축복했을 때 하나님께서 약속하신 대로 복을 주시는 것이다. 그러므로 목사가 축복에 무관심하거나, 축복을 소홀히하거나, 회피한다면 직무유기라고 감히 말하고 싶다. 그래서 기회를 만들어서라도 마음껏 축복해야 한다는 것이 나의 지론이다. 나아가 이 축복은 교회 재정 발전의 한 방편도 되는 것이다.

> 아론과 그의 아들들에게 말하여 이르기를 너희는 이스라엘 자손을 위하여 이렇게 축복하여 이르되 여호와는 네게 복을 주시고 너를 지키시기를 원하며 여호와는 그의 얼굴을 네게 비추사 은혜 베푸시기를 원하며 여호와는 그 얼굴을 네게로 향하여 드사 평강 주시기를 원하노라 할지니라 하라 그들은 이같이 내 이름으로 이스라엘 자손에게 축복할지니 내가 그들에게 복을 주리라(민 6:23-27)

둘째 원리는 재정 관리가 투명해야 한다는 것이다. 재정이 투명하다는 것을 드러내기 위해 목사는 재정에 아예 손을 대지 말아야 한다. 경조사 외에는(물론 경조사도 정확하게 기록으로 남겨서 회계 담당자에게 보고해야 한다.) 소액이라도 영수증 처리를 원칙으로 해야 한다. 그런 측면에서 현금보다는 카드를 사용하는 것이 좋다. 또한 헌금을 드리는 성도들이 생각할 때 교회가 헌금을 잘 관리하여 헛되이 쓰지 않고 의미 있게 쓴다고 느끼게 해야 하고, 그것을 가시적으로 보여주어야 한다. 그러므로 교회는 헌금을 잘 관리해야 할 뿐만 아니라 선한 일, 뜻있는 일에 사용해서 성도들에게 신뢰를 주어야 하는데, 나는 가장 뜻있는 일은 선교라고 생각한다. 그렇게 헌금이 잘 사용되면 교우들이 헌금생활에 보람과 관심을 갖게 되어 헌금을 드릴 때 자원하는 마음이 한층 커지게 된다. 이렇게 철저한 관리와 선용으로써 재정 관리가 투명해지면 교회 재정은 끊임없이 늘어날 수밖에 없다.

하나님이 능히 모든 은혜를 너희에게 넘치게 하시나니 이는 너희로 모든 일에 항상 모든 것이 넉넉하여 모든 착한 일을 넘치게 하게 하려 하심이라(고후 9:8)

셋째 원리는 목사가 헌금생활에 모범이 되어야 한다는 것이다. 헌금의 기본인 온전한 십일조는 당연한 것이요, 매주일 감사헌금과 절기헌금, 다른 각종 헌금(주정헌금, 월정선교헌금, 특별헌금, 부흥회 시 매시간 드리는 헌금, 특별 별미헌금 등)에 본이 되어야 무언의 교육이 된다. 목회자가 헌금생활에 인색한 모습을 보이면 교인들도 그렇게 따라갈 수밖에 없다.

각각 그 마음에 정한 대로 할 것이요 인색함으로나 억지로 하지 말지니 하나님은 즐겨 내는 자를 사랑하시느니라(고후 9:7)

목사부터 헌금하지 않으면서 헌금을 강조한다면 설득력이 없고 덕이 되지 않을뿐더러 부작용을 초래할 뿐이다. 성도들이 헌금생활에 부담을 갖게 되고 자칫 시험에 들기 쉽다. 만약 담임목사가 본을 보여 성도들이 은혜를 받고 덕을 느끼게 되면, 헌금생활을 굳이 강조하지 않더라도 자원하는 심령으로 하게 된다. 그러면 일반적인 헌금뿐만 아니라 특별헌금에서도 놀라운 일을 경험하게 된다.

결론적으로 교회 재정은 성령의 역사가 있어야만 풍성해질 수 있다. 목사가 책임 의식을 갖고 이 세 가지 원리를 확실하게 실천하면 재정의 안정과 발전을 이루어 선한 사업과 하나님의 나라를 확장해나가리라 확신한다.

철저한 십일조 헌금으로 모범을 보이다

2017년에 소천하신 정읍의 제일교회 이가평 장로님은 교회의 목사와 함께 평신도의 대표로서 지도자로 세움을 받고 책임감 있는 신앙의 삶을 산 장로님이셨다. 그는 정읍에서 '수정약국'을 운영하는 약사이기도 했는데, 아주 오래전에는, '수정약국'이라는 이름은 서울대 약대를 수석 졸업한 사람에게만 서울대에서 하사하는 이름이라는 말이 있었다.

장로님은 조제 실력이 탁월하다고 전국에 소문이 나서 항상 바쁘셨다. 조제실에서 바삐 움직이는 장로님의 손놀림은 빛의 속도에 가까웠다. 그런데 장로님은 그 분주한 상황에서도 한 번 조제가 끝날 때마다 테이블 서랍을 수없이 여닫으셨다. 이유를 물어보니 온전한 십일조를 드리기 위해 서랍 속에 대학 노트를 마련해두고 판매 내역을 일일이 기록하신다는 것이었다. 밤 9시에 약국 문을 닫으면 장로님은 그날 드릴 십일조를 구별하여 주간 십일조를 드렸고, 해마다 예산이 세워지면 전체 교인들의 숫자와 교인들의 생활 정도 등을 감안하여 추수감사헌금을 드렸다. 장로님은 '내가 적어도 이만큼은 책임을 져야 한다.'는 기준을 가지고 최선을 다하여 헌금을 드린다고 하셨다. 교인들의 대표자로 세워진 장로로서 책임지는 헌금생활을 감당하시면서 모범적으로 양 무리의 본이 되신 분이었다.

그러나 당시에는 교회 예산과 각종 헌금에 대해 관심과 의식이 없는 성도들이 많았고, 심지어 교회의 지도자라는 장로들 중에서도 그런 모습을 보이는 분들이 적지 않았다. 어떤 장로는 한 해 동안 단돈 천 원 한 장 드린 일이 없으면서도, 교회에 한 해 동안 들어온 십일조를 몇 억 원씩 결산할 때 누가 그렇게 많은 헌금을 드렸는지 궁금해하지도, 미안해하지도 않았다. 그는 그것을 부끄럽게 여기지도 않고 제직회 때에 말은 가장 많이 하곤 했다. 참 안타깝다. 교회 안에 이가평 장로님과 같이 참으로 귀하고 보배로운 믿음을 가진 참된 지도자가 많으면 얼마나 좋을까 싶다.

이가평 장로님처럼 큰 믿음을 소유하신 분을 주 안에서 만나 깊은 믿음과 사랑의 교제를 행복하게 나눌 수 있었던 것은 하나님의 은총이었다. 이제는 천국에서 영광의 면류관을 상급으로 받으셨을 이 장로님을 상상하면 행복하다. 앞으로도 이런 행복한 만남이 더 풍성해졌으면 좋겠다는 소망을 가져본다. 그리고 나 또한 '내 생애에 당신을 만나 행복했다.'는 말을 누군가로부터 들을 수 있는 삶을 추구하리라고, 또 '누군가에게 행복한 만남으로 다가가리라.'고 새삼 다짐하고 또 다짐한다.

맡은 자들에게 주장하는 자세를 하지 말고 양 무리의 본이 되라 그리하면 목자장이 나타나실 때에 시들지 아니하는 영광의 관을 얻으리라(벧전 5:3-4)

통성기도로 하는, 헌금에 관한 교육

1986년 10월에 부임하여 오랜 기간 한 교회를 섬기면서 아직도 떨치지 못한 아쉬움이 있다. 새벽예배를 마치고 기도할 때 큰 소리로 부르짖는 기도를 하면 좋을 텐데, 그렇게 기도하는 교인이 없었던 것이다. 여러 방법을 시도해도 잘 되지 않아서 고민하다가, 강원도 원주의 영강교회가 통성기도 훈련이 잘 되어 있다고 하여 견학까지 갔다 온 일도 있다. 주일 낮 예배만 빼놓고 되도록 예배의 마지막은 통성기도를 하도록 했지만, 조용히 묵상기도만 하는 교회 분위기는 쉽게 바뀌지 않았다. 알아보니 누군가가 '기도를 크게 하면 마귀가 엿들으니 작은 소리로 하라.'고 가르쳤다고 했다. 터무니없는 말에 기가 막혔지만, 누가 꾸며낸 이야기이거나 핑계인 것으로 생각하고 지나가기로 했다. 그래도 실망하지 않고 수십 년 동안 새벽예배가 끝나면 그날의 말씀을 붙들고 합심하여 통성으로 기도하려고 노력했다. 가정과 자녀를 위해, 환우를 위해, 농사와 사업을 위해, 직장인을 위해, 이웃의 구원을 위해, 나라와 민족을 위해 등 여러 기도 제목으로 기도했다.

그러던 어느 날 하나님은 '헌금을 위해서도 기도하라.'는 음성으로 감동을 주셨다. 그때부터 헌금의 본질이자 대표인 십일조와 감사헌금 생활에 대하여 특별히 기도하기 시작했다. 이 깨달음은 특별한 은혜였다. 헌금생활은 신앙생활의 근간이라 어떻게 교육해야 할지 실로 고민하던 중이었고, 목사가 헌금을 이야기하면 자칫 헌금만을 강조한다고 오해하고, 전혀 이야기하지 않으면 교육이 되지 않아 믿음이 부실하게 되고, 그렇다고 일 년에 한 번 있는 부흥회의 강사에게만 맡길 수는 없었기 때문이다.

특히 우리 교회는 내가 부임했을 때 재정적으로 참 어려웠다. 교회 안팎의 사람들이 모였다 하면 때와 장소를 가리지 않고 '물질적으로 시험에 빠진 교회'라는 이야기를 나누었다. 심지어 전임자가 헌금을 지나치게 강조하여 상처를 받았다는 이야기를 들었는데, 내가 부임했을 때 십일조를 하는 교인도 거의 없었다. 겨우 2-3만 원 정도 하는 성도가 채 다섯 명도 안 되는 것을 보고 마음속으로 안타까운 탄성이 절로 나왔다. 더 이상은 안 되겠다 싶었던 어느 날 중직자에게 "헌금은 많이 할수록 좋습니까? 아니면 적게 할수록 좋습니까?"라고 물었다. 그는 할 말을 잃었는지 아무런 답이 없었다. 그 후로 헌금에 시험 든 교회라는 이야기가 멈췄다.

헌금은 예민한 일이라 이를 교육하며 강조하기가 얼마나 조심스러운지 모른다. 그러나 기도로 하는 교육은 어느 누구도 시비하거나 문제가 되지 않는다. 중요한 것은 그렇게 기도하다 은혜를 받고 감동이 되어 내가 먼저 철저하고도 온전한 십일조를 드리게 되었다는 것이다. 나는 어떤 수입이건 꼬박꼬박 메모를 했다가 드렸는데, 양 무리의 모범이 된 나의 헌금생활이 성도들을 교육한 결과를 낳았다. 할렐루야!

만군의 여호와가 이르노라 너희의 온전한 십일조를 창고에 들여 나의 집에 양식이 있게 하고 그것으로 나를 시험하여 내가 하늘 문을 열고 너희에게 복을 쌓을 곳이 없도록 붓지 아니하나 보라(말 3:10)

십일조에 대한 안타까운 오해

1981년 정읍에서 개척교회 사역을 하던 때였다. 교회의 회계를 담당하신 집사님이 있었는데, 그는 초등학교 앞에서 문구점을 운영하셨다. 운영이 어려워 형편이 넉넉지 못했고, 건강도 좋은 편이 아니라 늘 안타까운 마음이 들었다. 더 마음 아팠던 것은 환경이 그래서인지는 몰라도 집사님은 항상 웃음기가 없고 그늘진 얼굴이었다.

어느 주일에 집사님의 얼굴이 보이지 않았다. 무슨 일이 있는지 걱정되었던 나는 집사님의 집으로 달려가 "집사님, 무슨 일이 있었나요?" 하고 물었다. 집사님은 망설임 없이 "앞으로 교회 안 다니기로 했어요." 하며 너무나 뜻밖의 대답을 하는 것이었다. 깜짝 놀란 내가 "제가 무슨 실수라도 했나요? 아니면 저한테 서운한 일이 있나요?"라고 묻자 집사님은 충격적인 대답을 하셨다.

"그게 아니고요, 제 나름 믿음으로 살아보려고 주일성수 하며 어려운 형편에도 십일조를 꼬박꼬박 드리는데, 왜 하나님께서 저에게 복을 주시지 않는지 실망해서 신앙생활을 그만두려고 합니다."

나는 심호흡을 하고 이렇게 말했다.

"집사님, 사실 우리는 이미 십자가의 그 큰 사랑을 받았기 때문에 오직 그 은혜만을 감사하는 것이 성숙한 신앙이에요. 그리고 십일조를 하나님께 드리는 것은 물질 축복의 씨앗을 심는 것과 같기 때문에 언젠가 때가 되면 하나님께서 약속하신 대로 집사님께 예비하신 복을 반드시 주실 거예요."

그 뒤에도 여러 차례 권면했지만, 집사님은 끝내 받아들이지 않고 얼마 뒤 타지로 이사를 가버렸다. 그 뒤로는 집사님의 소식을 듣지 못했다. 다만 그 집사님을 생각할 때마다 너무나 안타까워서 낙심을 극복하고 말씀을 의지하여 다시 부지런히 축복의 씨를 더 뿌리기를 간절히 바랄 뿐이다.

우리가 선을 행하되 낙심하지 말지니 포기하지 아니하면 때가 이르매 거두리라 그러므로 우리는 기회 있는 대로 모든 이에게 착한 일을 하되 더욱 믿음의 가정들에게 할지니라(갈 6:9-10)

헌금에 대한 목회자의 기도

감사헌금에 대한 기도

감사헌금에 대한 기도에서 핵심은 감사를 넘치게 하는 것이다. 그래서 새벽마다 부르짖어 기도한다. 기도로 교육하는 것은 보통의 교육보다 한 차원 높은 의미가 있다는 확신이 있어서 늘 이렇게 기도하곤 한다.

"하나님, 사랑하는 교우들 모두에게 감사가 넘치는 믿음을 주시옵소서! 감사에 인색하지 않게 해주옵소서. 우리가 우리 힘으로 먹고사는 것이 아니요, 오직 하나님의 은혜로 사는데, 그렇게 한 주를 살고 난 뒤에도 감사할 줄 모르는 죄를 용서해주시고, 주일마다 감사가 넘쳐나게 하옵소서. 심지어 한 달을 살고도 감사하지 않는다면, 그러고도 믿음을 말할 수 있겠습니까. 거짓된 믿음이나 다름없습니다. 먹고, 입고, 놀러 다니며 스스로를 위해서는 아낌없이 쓰고, 헌금을 드릴 때는 아까워서 벌벌 떨면서, 그러고도 믿음이 있다고 거짓말하는 교우들을 용서하여 주옵소서. 제가 잘못 가르쳐서 그러하오니, 바르게 가르치지 못한 저의 죄도 용서하여 주옵소서. 인색함을 용서하여 주시고, 넘치는 감사를 마음의 생각에 그치지 않게 하시고, 아낌없이 드릴 수 있는 큰 믿음을 주옵소서!"

십일조의 가장 본질적인 의미를 강조하는 기도

십일조에 대한 기도는 더 구체적으로 한다. 십일조의 가장 본질적인 의미는 나의 생명과 모든 것이 하나님께로부터 왔음을 고백하는 것이다. 십일조는 세상의 그 무엇보다도 하나님을 가장 사랑한다는 표현이요, 살아 있는 믿음의 증거이기 때문에, 하나님을 진정으로 사랑하는 믿음만 있다면 아낌없이 감사와 기쁨으로 드리고도 늘 아쉬운 마음이 남을 뿐이다.

"하나님, 하나님의 것이라 정한 십 분의 일을 하나님께 드리는 것은 '하나님, 저는 적어도 물질보다 하나님을 더 사랑합니다.'라는 귀하고 보배로운 믿음의 고백이라는 사실을 깨닫게 하옵소서. 기꺼이 하나님의 것이라 정한 십 분의 일을 드려서 물질보다 하나님을 더 사랑한다는 살아 있는 증거를 갖게 하옵소서. 하나님보다 물질을 더 사랑한다면 그 믿음을 믿음이라고 말할 가치가 있겠습니까. 온 교회가 결단코 물질보다 하나님을 더 사랑하는 믿음으로 온전히 서도록 해주옵소서!"

십일조에서 청지기의 태도를 강조하는 기도

하나님의 것을 관리하는 청지기로서, 십일조는 당연한 태도이다.

"하나님, 우리가 세상에 올 때 아무것도 가지지 않은 알몸으로 왔는데, 이 많은 것들을 소유하며 누리고 있음은 하나님의 축복이요 은혜입니다. 이렇게 넘치도록 주신 섭리와 목적은 우리에게 물질을 맡겨 하나님의 선하신 뜻을 이루시려 함이라는 것을 깨닫게 하옵소서. 이 세상을 사는 동안 나는 청지기로서 하나님의 모든 것을 맡아 관리하는 이에 불과할 뿐임을 한 순간이라도 망각하지 않게 하옵소서. 하나님의 것을 내 것으로 착각하지 않게 하옵소서. 하나님의 것을 맡아 관리하다가 하나님께서 필요하여 쓰시려고 하실 때 기꺼이 하나님께 돌려드리오니 받으시옵소서. 마치 원래부터 내 소유였던 것을 드리는 것처럼 거드름을 피운다거나 교만한 마음으로 자랑하지 않게 하옵소서. 겸손함으로 아낌없이 드리게 하옵소서!"

물질 축복의 씨앗인 십일조를 강조하는 기도

십일조는 물질 축복의 씨앗이다. 이는 아무리 강조해도 부족하다.

"하나님, 사랑하는 성도들은 물질 없이는 살 수 없습니다. 물질의 복을 주셔야 합니다. 물질이 궁핍하여 힘들어하거나, 시험에 빠지거나, 하나님의 영광을 가리거나, 믿음을 팔지 않게 하옵소서. 물질이 궁핍하여 전도의 문이 막히는 일이 없게 하옵소서. 성도들의 가정에 물질의 복을 주셔야 헌신도, 봉사도 감당하며, 섬김의 삶을 살 수 있습니다. 그러나 물질 축복의 씨앗인 십일조를 하나님께 드려야 물질 축복을 받을 수 있다는 것을 깨닫지 못하여, 배고픔을 참지 못하고 축복의 씨앗인 십일조까지 먹어버리는 어리석음이 없게 하옵소서. 농부가 땅과 씨앗을 기꺼이 믿고 심듯이 하나님 앞에 물질 축복의 씨앗인 십일조를 오직 믿음으로 심게 하옵소서!"

각각 그 마음에 정한 대로 할 것이요 인색함으로나 억지로 하지 말지니 하나님은 즐겨 내는 자를 사랑하시느니라 하나님이 능히 모든 은혜를 너희에게 넘치게 하시나니 이는 너희로 모든 일에 항상 모든 것이 넉넉하여 모든 착한 일을 넘치게 하게 하려 하심이라(고후 9:7-8)

하나님의 것인 십일조를 도둑질하여

저주를 자초하는 어리석음이 없기를 바라는 기도

이 기도는 말라기의 말씀을 읽듯이 기도한다. 십일조를 드리지 않는 사람들이 가장 두려워해야 할 말씀이다. 하나님의 것이라 정한 십 분의 일을 자원하는 마음으로 드려야 할 가장 근본적인 이유이기 때문이다. '내 것도 내 것, 하나님의 것도 내 것.' 이런 심보로 신앙생활을 한다면 세상의 어떤 도둑보다 악한 도둑이며, 하나님은 반드시 그에 상응하는 대가를 치르게 하실 것이다.

"하나님, 하나님의 것을 자기 것처럼 도둑질하고도 그것을 모르는 자들, 도둑질하면 벌을 받는다는 것을 알지 못하는 저 무지한 자들, 알면서도 믿음이 없어서 드리지 못하는 영혼들을 불쌍히 여겨주옵소서. 하나님의 것인 십일조를 도둑질해서 메뚜기가 소산을 갉아먹는 저주, 익기 전에 떨어지는 열매가 되는 저주가 없게 하옵소서. 이런 저주를 받고 십일조를 드리지 않은 것보다 더 큰 손해를 보는 가정들을 바라볼 때 너무 마음이 아픕니다. 더 마음이 아픈 일은, 그래도 깨닫지 못하여 다시 더 큰 손해를 보는 모습입니다. 깨달음의 은혜를 주옵소서. 십일조를 드려 받게 되는 예비하신 축복, 약속하신 축복이 어떤 것인지를 깨닫게 하여 주옵소서. 쌓을 곳이 없도록 부어주심을 체험하게 하옵소서. 차고 넘치며 모자람이 없도록 풍족하게 부어주심을 체험케 하옵소서!"

스스로 속이지 말라 하나님은 업신여김을 받지 아니하시나니 사람이 무엇으로 심든지 그대로 거두리라 자기의 육체를 위하여 심는 자는 육체로부터 썩어질 것을 거두고 성령을 위하여 심는 자는 성령으로부터 영생을 거두리라(갈 6:7-8)

성도의 한평생 신앙생활에서 초신자 시절을 제외하고는 십일조를 비롯한 헌금이 걸림돌이 되어서는 안 된다. 따라서 말씀에 근거하여 헌금의 의미와 정신, 헌금을 드리는 방법, 헌금을 드린 후에 취해야 할 올바른 태도에 대한 개념을 잘 정립해야 한다. 이는 매우 중요한 과제이지만 평신도 스스로는 결코 쉽지 않기 때문에 목회자의 교육이 필요하며, 기도로 하는 교육은 그런 방법 중의 하나로서 큰 의미가 있다.

이렇게 기도로 성도들을 교육한 결과 처음 부임했을 때는 네다섯 가정만이 십일조를 드렸는데, 37년이 지난 지금은 반대로 네다섯 가정을 빼놓고 모두 십일조를 드리고 있다. 몇 년 전부터 감동 주시는 대로 "제가 은퇴하기 전에 십일조 항목에서만 2억 원 이상의 결산을 이루게 해주시옵소서!"라고 기도드렸더니 만 2년이나 앞당겨서 지난 2019년 말에 2억 1,000만 원을 결산하는 것으로 더 풍성하게 응답해주셨다. 반드시 기도에 응답하시는 참 좋으신 하나님이심을 다시금 체험한 것이다.

만군의 여호와가 이르노라 너희 조상들의 날로부터 너희가 나의 규례를 떠나 지키지 아니하였도다 그런즉 내게로 돌아오라 그리하면 나도 너희에게로 돌아가리라 하였더니 너희가 이르기를 우리가 어떻게 하여야 돌아가리이까 하는도다 사람이 어찌 하나님의 것을 도둑질하겠느냐 그러나 너희는 나의 것을 도둑질하고도 말하기를 우리가 어떻게 주의 것을 도둑질하였나이까 하는도다 이는 곧 십일조와 봉헌물이라 너희 곧 온 나라가 나의 것을 도둑질하였으므로 너희가 저주를 받았느니라(말 3:7-9)

만군의 여호와가 이르노라 너희의 온전한 십일조를 창고에 들여 나의 집에 양식이 있게 하고 그것으로 나를 시험하여 내가 하늘 문을 열고 너희에게 복을 쌓을 곳이 없도록 붓지 아니하나 보라 만군의 여호와가 이르노라 내가 너희를 위하여 메뚜기를 금하여 너희 토지 소산을 먹어 없애지 못하게 하며 너희 밭의 포도나무 열매가 기한 전에 떨어지지 않게 하리니 너희 땅이 아름다워지므로 모든 이방인들이 너희를 복되다 하리라 만군의 여호와의 말이니라(말 3:10-12)

여호와를 경외하며 그의 길을 걷는 자마다 복이 있도다 네가 네 손이 수고한 대로 먹을 것이라 네가 복되고 형통하리로다 네 집 안방에 있는 네 아내는 결실한 포도나무 같으며 네 식탁에 둘러앉은 자식들은 어린 감람나무 같으리로다 여호와를 경외하는 자는 이같이 복을 얻으리로다 여호와께서 시온에서 네게 복을 주실지어다 너는 평생에 예루살렘의 번영을 보며 네 자식의 자식을 볼지어다 이스라엘에게 평강이 있을지로다(시 128:1-6)

네 번째 장

기도하고,
섬기며,
헌신하다

"간단하게나마 이것으로 마칩니다"

나의 고향 교회는 당시 전도사였던 박용기 목사님께서 신앙의 청년 학도를 배출하려는 목적으로 세운 작은 교회였다.(박 목사님은 용문산 출신 나운몽 목사님의 성령 충만함과 복음 전도의 열정을 그대로 닮은 나포교회 박상근 장로님의 아들이기도 하다.) 교회 설립 목적이 특별해서인지 장년들은 몇 분 안 되고 학생과 청년이 중심인 교회였다.

어느 날 박 전도사님은 수요일 밤 예배에 대표로 기도할 사람을 찾다가 교회 근처에 살면서 가끔씩 찾아오는 공무원 시험 준비생 청년에게 기도를 시켰다. 기도할 시간이 되자 그는 연설적으로 몇 마디를 하더니 "간단하게나마 이것으로 마칩니다."라며 기도를 마무리하는 것이었다. 그러자 잠깐 교회 안은 웃음바다가 되었는데, 곧 성도들은 그의 순수한 기도에 또 다른 은혜를 받았다. 기도는 지식으로 하는 것이 아니라 진심 어린 마음으로 최선을 다해 하는 것이기 때문이다.

기도에는 여러 형식이 있겠지만 보통은 기도를 들으시고 응답하실 하나님을 부른 후 감사의 기도를 드리며, 다음으로는 예수님을 영접할 때 회개한 것과 같은 총체적인 회개가 아닌, 하루 또는 한 주 동안을 살며 지은 부분적인 죄를 회개하는 기도를 한다. 총체적인 회개가 아닌 부분적인 회개의 기도는 목욕이 아니라 손발을 씻는 일에 빗댈 수 있다. 그 다음 기도는 간구와 소원의 형식을 갖추어야 하며, 예수님의 이름으로 기도드린다는 말로 끝맺어야 한다. 그런데 더욱 중요한 것은 어떤 형식의 기도이든지, 기도를 잘하든지 못하든지 예수님의 이름을 진심으로 의지하여 드릴 때 기도의 은사가 임하여 기도 응답이 이루어진다는 것이다.

> 너희가 내 이름으로 무엇을 구하든지 내가 행하리니 이는 아버지로 하여금 아들로 말미암아 영광을 받으시게 하려 함이라 내 이름으로 무엇이든지 내게 구하면 내가 행하리라(요 14:13-14)

한나처럼 기도하는 여인

1986년 10월 30일, 내가 광성교회에 부임했을 때 최정애 권사님의 첫 인사는 "목사님, 어떻게 하시려고 답사도 않고 이사를 오세요?"였다. 권사님은 형편이 어려운 교회인지 알아보지도 않고 어떻게 부임했느냐며 염려하는 말씀을 하신 것이다.

그 후로도 최 권사님은 나를 무척이나 사랑해주셨다. 부임할 때 내가 단벌 신사인 것을 어떻게 아셨는지, 남편의 장례를 치른 뒤인데도 거금을 들여 양복을 해주시기까지 하셨다. 최 권사님은 구약성경에 나오는 한나처럼 기도하는 여인이었다. 내가 부임하기 전에도 오직 믿음과 기도로 6남매를 양육하여 모두 훌륭한 신앙인으로 키워내셨다. 세 아들은 모두 장로가 되었고, 큰딸은 목사와 결혼했으며, 둘째 딸도 전도사로 사역하였고, 남편도 장로이다. 막내딸도 전도사로 사역하셨다.

구 본당 강단 양옆으로 기도실이 있었는데, 최 권사님은 언제나 새벽 예배가 끝나면 강단 오른쪽 기도실에 들어가서 기도를 하셨다. 희미하게 들려오던 그 기도 소리는 마치 연인과 속삭이는 소리 같아서 하나님과 깊은 기도의 대화를 나눈 한나를 연상케 했다. 그야말로 최정애 권사님은 이 시대의 한나였다.

그가 여호와 앞에 오래 기도하는 동안에 엘리가 그의 입을 주목한즉 한나가 속으로 말하매 입술만 움직이고 음성은 들리지 아니하므로 엘리는 그가 취한 줄로 생각한지라 엘리가 그에게 이르되 네가 언제까지 취하여 있겠느냐 포도주를 끊으라 하니 한나가 대답하여 이르되 내 주여 그렇지 아니하니이다 나는 마음이 슬픈 여자라 포도주나 독주를 마신 것이 아니요 여호와 앞에 내 심정을 통한 것뿐이오니 당신의 여종을 악한 여자로 여기지 마옵소서 내가 지금까지 말한 것은 나의 원통함과 격분됨이 많기 때문이니이다 하는지라(삼상 1:12-16)

한나가 이르되 내 주여 당신의 사심으로 맹세하나이다 나는 여기서 내 주 당신 곁에 서서 여호와께 기도하던 여자라(삼상 1:26)

기도의 참맛을 알게 하신 신비한 은혜

김재모 집사님은 하나님께서 부르시고 택하셔서 기도의 문을 열어주신 은혜의 주인공이다. 집사님은 호적으로는 104살, 원래 나이로는 100살에 소천하셨다.(그 시절에는 호적의 나이가 더 많은 경우도 있었다.) 소천하시기 약 10여 년 전쯤에는 장녀인 김정자 집사님 댁에 거하셨다. 내가 김재모 집사님을 처음 뵌 것은 댁으로 심방을 간 때였다. 김재모 집사님은 의자에 앉아서 겸손하게 물으셨다.

"내가 몸이 불편하여 의자에 앉아 있는 것을 양해해주세요. 이렇게 의자에 앉아서라도 함께 예배드려도 되겠습니까?"

나는 반색하며 "얼마든지 좋습니다. 감사하고 환영합니다."라고 대답하고 함께 예배를 드렸다. 그렇게 김재모 집사님은 겸손한 어르신으로 내 기억에 남았다.

집사님을 처음 뵌 뒤로 네댓 번 더 뵈었고, 교회에는 한두 번 출석하셨던 것으로 기억한다. 처음 뵙고 몇 년이 지나자 집사님은 노인 요양원으로 거처를 옮기셨다. 심방을 가서 기도를 마치고 돌아오려는데 할 말이 있다고 나를 부르셨다.

"목사님, 여기는 원불교가 세운 시설이라 매주 화요일마다 종교 행사를 하는데, 오라 가라 하는 게 귀찮아요. 나는 교회 다니는 사람이니 나를 더 이상 오라 가라 하지 말라고, 나는 내가 알아서 믿음을 지키겠다고 말해서 그렇게 하기로는 했지만, 내가 이곳에 몸담고 있기 때문에 마음이 좀처럼 편치 않네요. 그래서 기도를 하고 싶은데, 기도는 어떻게 해야 하나요?"

집사님은 신중히 물어오셨다.

"김 집사님, 기도는 하나님께 드리는 것인데요, 먼저 감사할 일을 찾아서 감사를 드리고, 잘못한 것이 있으면 용서를 구하시고, 집사님의 사정을 아뢰시고, 소원이 있으면 이루어주시기를 간구하시고, 마칠 때는 '예수님의 이름으로 기도드립니다.'라고 하시면 됩니다."

그렇게 집사님께 기도를 가르쳐드리고 돌아왔다.

얼마 후 다시 심방을 갔더니, 집사님은 하루에 세 번씩 기도를 하니 마음이 너무나도 편하다는 말씀을 하셨다. 나는 반가운 마음에 물었다.

"하루에 세 번씩이나 어떤 기도를 하세요?"

"주로 자식들과 손자들을 위해 기도해요."

"기도의 내용을 여쭤보아도 될까요?"

"첫째는, 자녀들과 손자들이 다 예수님을 믿고 구원받을 수 있도록 기도하고, 둘째로 건강을 주시라고, 셋째는 잘 살게 해주시라고 기도합니다."

집사님은 소년처럼 미소를 지으며 대답하셨다. 나는 큰 감동을 받아 "집사님, 참으로 훌륭한 기도예요. 자녀들을 만나면 김 집사님께서 자녀들을 위해 하루 세 번씩 기도하신다는 것을 꼭 전해드릴게요."라고 말씀드렸다.

얼마 후 다시 심방을 갔는데, 집사님은 무척 반가운 목소리로 나를 많이 기다렸다고 하시며 그 이유를 말해주셨다.

"어느 날 기도하는데 갑자기 6·25 때가 생각이 났어요. 황해도를 떠나는 피난길, 배를 타려고 부둣가로 가려는데 공습을 받았죠. 수많은 사람들이 갈대밭에 숨어서 폭격이 끝날 때까지 기다렸고, 비행기들은 2차, 3차 폭격을 계속해서 퍼부었어요. 폭격이 잠잠해지고 나니 주변이 이상할 만큼 조용했어요. 몸을 일으켜 보니, 사람들이 전멸해서 그렇게 조용하던 것이었어요. 그야말로 구사일생이었죠. 그런데 그런 일을 전부 까마득히 잊고 있었어요. 나를 살려주신 하나님께 감사기도 한 마디를 못한 것을 깨닫고 기도를 시작하는데 나도 모르게 눈물이 흘러내렸어요."

할렐루야! 이 얼마나 신비한 하나님의 은혜인가! 사실 나는 이전에 김정자 집사님이 김재모 집사님을 요양원으로 모셨다는 이야기를 듣고, 나와 의논하지 않았다며 김정자 집사님을 핀잔 준 일이 있었다. 친구 목사가 들려주기를, 십수 년씩 예수님을 믿은 집사가 그곳에 들어가더니 얼마 못 가 원불교로 개종해버렸다고 한 말이 생각났기 때문이다. 특히 김재모 집사님은 신앙의 연륜이 짧아서 더욱 염려되었다. 그러나 집사님은 원불교 재단이 운영하는 시설에서도 단호하게 유혹을 물리치고 믿음을 지키셨고, 하루에 세 번씩 기도하실 뿐만 아니라, 옛날 일을 떠올리고 감사의 기도를 드리기까지 하셨다. 그렇게 할 수 있도록 기도의 문을 열어주신 신비한 은혜가 얼마나 감사한지 말로 다 할 수 없었다.

간혹 몇십 년씩 교회를 다니며 예수님을 믿어도 기도 한 마디를 못 하는 사람이 있는데, 하나님께서 김 집사님에게는 특별히 기도의 문을 열어주시고 기도의 참맛을 아는 은혜와 은사를 주신 것이다. 이 얼마나 은혜로우며 감동적인가!

예레미야가 아직 시위대 뜰에 갇혀 있을 때에 여호와의 말씀이 그에게 두 번째로 임하니라 이르시되 일을 행하시는 여호와, 그것을 만들며 성취하시는 여호와, 그의 이름을 여호와라 하는 이가 이와 같이 이르시도다 너는 내게 부르짖으라 내가 네게 응답하겠고 네가 알지 못하는 크고 은밀한 일을 네게 보이리라(렘 33:1-3)

이와 같이 성령도 우리의 연약함을 도우시나니 우리는 마땅히 기도할 바를 알지 못하나 오직 성령이 말할 수 없는 탄식으로 우리를 위하여 친히 간구하시느니라(롬 8:26)

엉터리 금식기도에 대한 경고

정읍에서 개척교회를 섬길 때였다. 당시 J 교회를 시무하시던 H 목사님이 어르신 몇 분을 모시고 내장산 관광을 오겠다고 하며 가이드를 부탁했다. 금식기도 중이라 고민이 되었지만, 나는 부탁을 받아들였다.

약속된 날 정읍역에서부터 안내를 시작했다. 어르신들을 모시고 내장산 입장소를 통과하여 경내에 진입하는 순간, 갑자기 양쪽 다리가 무릎 아래부터 형언할 수 없는 통증으로 쑤시기 시작했다. 내장산 관리사무소 앞까지 이르렀을 때에는 도저히 참을 수가 없었다. 나는 체면 불구하고 나머지 관광은 알아서들 하셨으면 좋겠다고 말하며 잔디밭에 드러눕고 말았다.

한참 뒤에 관광을 마친 목사님 일행이 내려와 함께 하산할 때까지도 통증은 지속됐다. 그런데 잠시 후 입장소를 빠져나오는 순간, 언제 그런 통증이 있었나 할 정도로 거짓말처럼 통증이 사라졌다. 신기하고 의아하여 대체 무슨 일일까 생각해보는데, 갑자기 하나님의 큰 음성이 들려오는 듯했다.

“야 이놈아, 금식기도 한다면서 금식만 하면 그만이냐? 기도는 안 하고 관광지나 돌아다니니 참 한심하다.”

나는 갑작스러운 다리의 통증은 하나님이 나의 어리석음을 질책하셨던 것임을 깨달았다.

금식할 때는 기도와 함께 삶의 절제가 필요하다. 금식할 때는 하나님께서 싫어하시는 것은 어떤 모양이라도 버려야 한다는 것을 새삼 깨달은 이야기이다.

범사에 헤아려 좋은 것을 취하고 악은 어떤 모양이라도 버리라 평강의 하나님이 친히 너희를 온전히 거룩하게 하시고 또 너희의 온 영과 혼과 몸이 우리 주 예수 그리스도께서 강림하실 때에 흠 없게 보전되기를 원하노라(살전 5:21-23)

내가 기뻐하는 금식은 흉악의 결박을 풀어 주며 멍에의 줄을 끌러 주며 압제 당하는 자를 자유하게 하며 모든 멍에를 꺾는 것이 아니겠느냐(사 58:6)

금식기도 실패자였던 내가

1981년 9월 15일, 전북노회로부터 교회 설립 허가를 받고 공인 예배를 드리며 교회 개척의 닻을 올렸다. 개척이 얼마나 어렵고 힘든 일인지 모르던 신학교 시절, '평생 사역을 하게 된다면, 적어도 교회 하나쯤은 세워서 개척의 사명을 감당해야 하지 않겠는가?'라는 생각을 했다. 시간이 지나 그 꿈이 싹트고 자라서 나도 모르게 겁도 없이 교회 개척을 시작하게 된 것이다.

개척교회를 섬기며 처음으로 외부 강사를 초빙해온 날이었다. 성남에서 목회하시던 합동 측 L 목사님은 '목사가 교회를 개척하고 그 사역을 감당하려면 10년을 희생할 각오를 해야 한다.'고 말씀하시며 달마다 드리는 십일조와 3일 금식기도를 강조하셨다. 사실 여러 목회자들이 나에게 신학을 하라며 권유할 때 뿌리친 이유는 금식기도에 자신이 없었기 때문이다. 하지만 이제 와서 목사가 되어 사역을 잘 감당하려면 금식기도는 당연한 수순이라고 생각하며, 순수하게 말씀에 순종하여 힘들어도 금식에 도전하기로 다짐했다.

미루고 미루다 처음으로 3일 금식기도를 시작했는데, 그 첫날 오후 바깥 일정으로 잠시 나가자마자 그만 실패하고 말았다. 금식기도 중인 것을 까맣게 잊고 차를 홀짝 마셔버린 것이다. 나는 한참 후에야 내가 금식기도 중이라는 것을 알아차렸지만 창피해서 말도 못 했다. 그 후로도 실패는 세 번이나 반복됐다. 이 얼마나 어리석고 나약한 인격인지, 그러고도 목사라니, 내가 나를 생각해도 참으로 부끄럽고 한심하기 그지없었다.

나는 겨우 3일 동안 금식기도를 하면서도, 골목길에서 풍기는 음식 냄새 때문에 배가 고파 금식을 다음으로 미루는 등 실패를 반복했다. 그러다 하나님께서 긍휼히 여겨주시고 특별한 은혜를 주셔서 마침내 평생 처음으로 금식기도에 성공할 수 있었다.

금식기도를 여러 차례 실패한 뒤 다시 시작한 첫날이었다. 밤에 교회에 나가 기도하고 돌아와 잠자리에 들려 하는데 비몽사몽간에 환상을 보았다. 석비레산을 오르는 내 모습이 보였다. 그런데 내 앞에서 아이 마네킹 두 개가 점점 석비레 흙 속으로 빨려들어가 묻히는 것이었다. 나는 그 모습을 두 눈으로 똑바로 보면서 정상에 올라갔다. 그 높은 산 위에는 어마어마하게 큰 저수지가 있었는데, 그 모습을 보고 깜짝 놀랐다. 그 저수지의 긴 둑이 모두 새파란 잔디로 덮여 있는데, 나는 환상 속에서 그 둑 위를 걷고 있었다.

정신을 차리자 곧바로 내가 본 환상이 무슨 뜻인지를 깨달았다. 목사로서 사역에서 승리하기 위해서는 금식기도를 해야 하는데, 사탄(마네킹)이 가만히 있지를 않고 훼방을 놓겠지만 주님이 동행하심을 믿고 인내하고 기도하며 믿음으로 감당하면, 사탄은 흙에 파묻히듯 사라지고 마침내 정상(파란 잔디가 펼쳐진 둑)으로 올라갈 것이라는 뜻이었다. 흔히 금식기도는 첫날보다 둘째 날이 더 힘들다고 하는데, 신비하게도 다음 날이 되자 배고픔이 사라지고 음식 생각조차 일지 않는 것이었다. 그렇게 나는 생애 처음으로 한 달의 십일조인 3일 동안의 금식기도에 성공했다.

금식기도는 내 의지로 할 수 있는 것이 아니다. 성령의 인도하심이 있어야 가능하다. 평생을 목사로 사역한다고 했지만, 많이 부족한 나를 은퇴하는 날까지 이만큼 써주신 것을 생각하면 할수록 기적의 하나님께 감사할 뿐이다. 그래서 천만 번이라도 고린도전서의 말씀을 고백할 수밖에 없다.

나는 사도 중에 가장 작은 자라 나는 하나님의 교회를 박해하였으므로 사도라 칭함 받기를 감당하지 못할 자니라 그러나 내가 나 된 것은 하나님의 은혜로 된 것이니 내게 주신 그의 은혜가 헛되지 아니하여 내가 모든 사도보다 더 많이 수고하였으나 내가 한 것이 아니요 오직 나와 함께 하신 하나님의 은혜로라(고전 15:9-10)

그리고 사역에 더욱 힘쓰고자 하는 이유도 여기에 있다.

우리 주 예수 그리스도로 말미암아 우리에게 승리를 주시는 하나님께 감사하노니 그러므로 내 사랑하는 형제들아 견실하며 흔들리지 말고 항상 주의 일에 더욱 힘쓰는 자들이 되라 이는 너희 수고가 주 안에서 헛되지 않은 줄 앎이라(고전 15:57-58)

기도는 하고 볼 일이다

집에서 고향 교회로 가는 길은 직선 길과 하천 둑길로 가는 길, 그리고 차가 다니는 비포장도로까지 모두 세 가지 길이 있었다. 나는 할 수 있으면 지름길인 직선 길로 다녔다. 그 길로 다닐 때는 작은 동산을 넘어야 했는데, 교회로 내려가는 길은 경사가 완만했지만 집에서 올라가는 길은 경사가 가파른 편이었다. 겨우내 얼었던 땅이 녹는 봄과 장마가 지는 여름철이 돌아오면, 가파른 동산을 넘는 것은 어린 내게는 무척이나 버거운 일이었다.

황토 흙으로 된 가파른 산과 오솔길은 땅이 녹고 장마철이 되면 아예 미끄럼틀처럼 되어버렸다. 예배를 마치고 집으로 돌아올 때면 나는 번번이 정상에서 미끄러지면서 산 밑까지 굴러떨어지곤 했는데, 옷은 갈래갈래 찢기고 온통 진흙을 뒤집어써 상처투성이 꼴로 집에 가면 한참 동안 심한 꾸지람을 들어야만 했다.

교회 쪽에서 올라오는 동산 주변에는 산소가 있었다. 상가에서 장례를 치를 때면 장지를 향해 가는 상여가 하얀 백지 쪼가리를 간간이 떨어뜨리고 간다. 혼령이 제삿날 제상을 받기 위하여 집으로 올 때 잘 찾아오도록 길을 표시한다는 속설 때문이다. 옛 어른들의 말은 삶의 이치에 맞는 지혜로운 말도 많지만, 근거 없이 그럴듯하게 꾸며낸 말도 참 많은 것 같다. 어쨌든 길에 뿌려진 하얀 종이는 쉽게 삭지도 않고 오래가기 때문에 장례가 끝나고 며칠이 지나도 그대로였다.

한 치 앞이 안 보이는 비 오는 날 밤, 길에서 그 종이를 발견하면 머리카락이 삐죽 설 정도로 어린 나에게는 공포 그 자체였다. 산소 주변을 지날 때는 심지어 내가 가랑잎을 밟아서 나는 바스락 소리에도 놀라곤 했다. '죽기 아니면 살기'라는 각오로 산을 뛰어넘어 동네 쪽 산 아래에 도착하면, 설상가상으로 금방이라도 귀신이 뛰쳐나올 것 같은 상엿집이 기다리고 있었다.

그렇게 공포와 싸우며 산길을 통과하고 나면 온몸은 땀으로 뒤범벅이 되었다. 지금 생각하면 그때 도대체 왜 그렇게도 무서워했는지 도저히 이해가 안 되는데, 그 시절 시골에서 어른들이 틈만 나면 귀신 이야기를 했기에 그런 것인가 싶기도 하다. 나는 그 험한 밤길을 걸어 힘들게 교회를 다니면서, 고향을 벗어나면 교회가 훨씬 많이 있는 줄도 모르고 수없이 마음속으로 기도했다.

"하나님, 언젠가 제가 고향을 떠나 바깥 세상에서 살게 되면 어느 곳보다도 교회와 가까운 곳에서 살게 해주세요."

한동안 그런 기도를 했는지조차 까맣게 잊고 살았는데, 1986년 광성교회에 부임하여 교회 안에 있는 사택에 들어간 뒤 어느 날 문득 어린 시절의 기도가 생각나서 깜짝 놀랐다. 살아 계시는 하나님께서는 그 하찮은 기도까지 응답하신 것이다. 하나님은 교회와 가까운 곳이 아니라, 아예 교회 안에서 살게 해주시는 것으로 응답하셨다. 나는 내가 했던 기도를 잊을지라도 하나님께서는 기억하고 계셨다. 나는 하나님은 가장 좋을 때에 반드시 응답해주시는 분임을 깨달았고, '아하! 기도는 하고 볼 일이구나.'라는 더 큰 진리를 깨닫게 되었다.

> 구하라 그리하면 너희에게 주실 것이요 찾으라 그리하면 찾아낼 것이요 문을 두드리라 그리하면 너희에게 열릴 것이니 구하는 이마다 받을 것이요 찾는 이는 찾아낼 것이요 두드리는 이에게는 열릴 것이니라 너희 중에 누가 아들이 떡을 달라 하는데 돌을 주며 생선을 달라 하는데 뱀을 줄 사람이 있겠느냐 너희가 악한 자라도 좋은 것으로 자식에게 줄 줄 알거든 하물며 하늘에 계신 너희 아버지께서 구하는 자에게 좋은 것으로 주시지 않겠느냐(마 7:7-11)

받은 사랑에 빚을 갚는 심정으로 하는 기도

정읍에서 교회를 개척하던 시절, 교회 가까이에 살며 이웃 교회에 출석하던 모 권사님으로부터 예배당을 신축하고 입당할 때 설교 강대상을 기증받은 일이 있다. 그 권사님은 예수 사랑에 빚졌다며 감사가 넘치는 삶을 사셨다. 오래전에 소천하신 권사님의 그 사랑은 두고두고 잊을 수 없다.

권사님은 기도 욕심이 많으셔서 평생을 오직 기도로 사셨다. 권사님이 아직 예수님을 믿기 전, 권사님의 집은 정읍제일교회 담장 옆에 있었다. 권사님의 남편은 교회가 새벽종을 치는 소리에 잠을 깰 때마다 교회를 향하여 "저놈의 교회, 불이라도 나서 없어졌으면 좋겠다."라며 욕설과 저주를 퍼부었다고 한다. 그 뒤 6·25전쟁이 일어나서 폭탄이 떨어졌는데, 교회에 떨어진 것이 아니라 권사님의 집에 떨어지고 말았다. 권사님의 집은 모두 불타 사라지고 교회를 저주한 남편은 전쟁 통에 행방불명되고 말았다. 저주가 부메랑이 되어 돌아온 것이다.

그러자 오갈 데가 없어진 권사님은 5남매의 자녀와 함께 밤이슬이라도 피하려고 남편이 저주를 퍼부은 교회를 찾아 들어가게 되었다. 권사님은 교회에 들어가서 기도 아닌 기도를 했다.

“하나님, 하나님이 계신다면 우리 아이들을 살려주세요.”

권사님의 신앙생활은 그렇게 시작되었다. 전시에 남편이 행방불명되고 거처할 방 한 칸 없이 어린 다섯 자녀를 키웠으니 그 고생은 말로 다 할 수 없었을 것이다. 권사님은 사시사철 머리에 둥근 모자를 쓰고 다니셨는데, 보따리를 머리에 이고 오랫동안 장사를 하다 보니 머리카락이 빠져 여름에는 뜨겁고, 겨울에는 추워서 모자를 쓸 수밖에 없었던 것이다.

그렇게 자식들을 키우는 일은 엄청난 고생이었지만, 하나님의 놀라운 은혜로 5남매는 잘 성장했다. 장남은 독일에서 유학한 후 모 대학 경제학 교수로 재직했고, 둘째 아들은 육군사관학교 출신으로 미국 참모대학으로 유학을 다녀왔으며, 셋째 아들은 독일에서 산부인과 전문의로, 넷째 아들은 독일에서 신학교 교수로 일하게 되었다. 장녀는 독일에서 간호사로서 살며 의사 겸 변호사인 독일인과 결혼했다. 권사님은 혼자 5남매를 키우며 고생을 마다 않고 오직 기도로 키운 참으로 장하신 어머니였다.

내게도 권사님은 어머니 같은 분이셨다. 권사님은 다른 교회에 출석하셨지만 기도를 부탁할 일이 있으면 가끔씩 나를 불러 식사를 대접해주셨다. 물론 만날 때마다 목회윤리적으로 안 된다는 것을 알고 있었지만, 하나님의 특별한 섭리가 개입된 권사님의 사랑과 정을 멀리할 수는 없었다. 예수 사랑 안에서 권사님을 만날 때마다 참으로 반갑고 행복했다.

하루는 권사님이 기도를 부탁했다.

“윤 목사님, 미국 참모대학 유학을 다녀온 제 둘째 아들 알지요? 대령 진급 시한이 얼마 남지 않았는데 진급이 늦어지고 있네요. 만약 진급하지 못하면 제대를 해야 하는데 목사님께 급하게 기도 좀 부탁합니다.”

“네 권사님, 당연하죠. 사명을 갖고 기도할게요.”라고 대답하고 기도를 시작했다. 3일째 되는 날 하나님께서 환상으로 응답해주셨는데, 아름드리나무에 매미가 날아와 달라붙는 환상이었다. 나는 매미가 진급 계급장을 상징하는 것이라는 확신을 갖고 권사님께 전화를 걸었다.

“권사님, 둘째 아드님 곧 기쁜 소식이 있을 겁니다.”

권사님은 너무나도 기뻐하셨다. 며칠 뒤 권사님은 호흡을 몰아쉬며 한달음에 달려오셨다.

“목사님, 둘째 아들이 대령으로 진급했어요!”

권사님은 탄성을 내뱉으시며 뛸 듯이 기뻐하셨다.

그 둘째 아들은 전두환이 아직 군인이던 시절 공수부대에서 그의 참모였는데, 신앙이 돈독하고 실력도 있어서 신임을 받다가 미국 참모대학으로 유학을 떠나게 되었다. 한국으로 돌아온 뒤 전두환은 그를 곁에 두려 했지만, 그를 시기하고 질투하던 주변 인물들이 그가 제대했다는 거짓말로 전두환이 그를 만나지 못하도록 했다. 전두환이 대통령이 되어서도 둘째 아들은 그를 만나지 못했다. 그런데 지나고 보니 그 일은 전두환의 측근이 되지 않도록 막아주신 하나님의 은혜였다. 주변의 시기 질투까지도 합력하여 선을 이루게 하신 것이다. 둘째 아들은 훗날 중장까지 진급했고 장로로서 교회를 잘 섬기는 충직한 신앙인이 되었다. 할렐루야!

둘째 아들을 위한 기도가 응답받은 지 얼마 안 되어 또 전화가 걸려왔다. 셋째 아들이 산부인과 전문의 시험을 며칠 앞두고 있는데, 합격을 위해 기도를 부탁하는 것이었다. 이번에도 3일째에 하나님께서 환상으로 응답하셨다. 나는 병원에서 수술하는 장면을 보았는데, 수술이 끝나고 수술한 자리가 눈 깜짝할 사이에 완치되는 모습이었다. 하나님께서 수술의 성공은 곧 시험 합격을 뜻한다고 알려주시는 것 같았다. 나는 권사님께 전화를 걸어 곧 독일에서 기쁜 소식이 올 것이라고 말했다. 며칠 뒤 권사님은 셋째 아들의 합격 소식과 함께 선물 꾸러미를 가지고 달려오셨다. 나는 기도에 응답해주신 하나님께 감사를 드리고, 권사님께 아들의 합격을 축하해드렸다. 이 일로 나는 누군가를 위해 기도를 해줄 때 사랑하는 마음으로 간절히 기도하는 것이 중요하다는 것을 깨달았다.

그 권사님은 한마디로 보람과 행복을 가져다주신 천사표 권사님이셨다. 오래전에 천국으로 가셨지만 교회 개척 시절 외롭고 힘든 사역을 하던 나에게 큰 위로와 힘을 주신 동역자이셨기에 늘 그립도록 생각나는 분이다. 훗날 천국에 가면 꼭 만나보고 싶은 한 분이다.

한나가 이르되 내 주여 당신의 사심으로 맹세하나이다 나는 여기서 내 주 당신 곁에 서서 여호와께 기도하던 여자라 이 아이를 위하여 내가 기도하였더니 내가 구하여 기도한 바를 여호와께서 내게 허락하신지라 그러므로 나도 그를 여호와께 드리되 그의 평생을 여호와께 드리나이다 하고 그가 거기서 여호와께 경배하니라 한나가 기도하여 이르되 내 마음이 여호와로 말미암아 즐거워하며 내 뿔이 여호와로 말미암아 높아졌으며 내 입이 내 원수들을 향하여 크게 열렸으니 이는 내가 주의 구원으로 말미암아 기뻐함이니이다 (삼상 1:26-2:1)

아주 작은 섬김

나같이 못나고 부족한 사람이 일평생 목사로 쓰임받은 것은 기적 중의 기적이 아닐 수 없다. 오직 하나님의 은총일 뿐이다. 만분의 일이라도 다른 이유가 있다면, 처음 은혜를 받고 "기왕에 믿을 바에는 잘 믿어야겠다."라고 결심한 것과 "나만을 위하여 살지 않고 이웃과 사회에 필요한 사람이 되어야겠다."라는 결심이 있었기 때문이다. 또 "주를 위한 수고는 헛되지 않을 것이다."라는 약속의 말씀을 믿었기 때문이다.

신학교에 가기 전, 하루는 몸이 아파서 예배에 빠졌더니 전도사님이 심방을 오셨다. 어머니가 전도사님에게 고구마를 대접하셨는데, 너무나 맛있게 드시는 것을 보고 나는 전도사님이 고구마를 좋아하신다고 생각해 교회에 갈 때마다 고구마를 봉지에 담아 날랐다. 그러다 하루는 식사 자리에서 '우리 집에 사람의 탈을 쓴 쥐가 산다.'는 큰형님의 핀잔을 듣기도 했지만, 아랑곳하지 않고 내 할 일을 했다. 어린 마음이지만 작은 섬김은 그렇게 시작되었다.

전도사님의 사택은 초라하기 그지없었는데 한 쪽은 연탄, 한 쪽은 나무를 때는 아궁이로 난방을 했다. 참으로 어설퍼 보였다. 나는 거의 매일 저녁 자전거에 땔감을 싣고 가서 방바닥에 온기가 느껴질 때까지 불을 지펴 난방으로 전도사님을 섬겼다. 그 전도사님이 지금은 일본에서 선교사로 사역하고 계신 이종현 목사님이다. 46년이 지난 2019년 6월, 이종현 목사님은 선교 보고를 하며 아주 오래된 그 시절 이야기를 꺼내셨다. 나는 그 사실을 까마득히 잊고 있었는데 목사님의 말씀에 비로소 기억이 났다. 땔감을 해오는 것은 하찮은 일이었지만 그 작은 섬김마저도 하나님께서 기억하시고 약속대로 나같이 보잘것없는 사람에게도 선지자의 상을 주신 것이 황송할 뿐이다.

> 너희를 영접하는 자는 나를 영접하는 것이요 나를 영접하는 자는 나를 보내신 이를 영접하는 것이니라 선지자의 이름으로 선지자를 영접하는 자는 선지자의 상을 받을 것이요 의인의 이름으로 의인을 영접하는 자는 의인의 상을 받을 것이요 또 누구든지 제자의 이름으로 이 작은 자 중 하나에게 냉수 한 그릇이라도 주는 자는 내가 진실로 너희에게 이르노니 그 사람이 결단코 상을 잃지 아니하리라 하시니라(마 10:40-42)

사명감이 없어서 팔자를 탓하다니

6·25전쟁 때 월남하신 집사님이 있었다. 씨족들이 사는 마을에서 폐질환으로 오래 고생하며 어렵게 사시다가 외롭게 소천하셨는데, 야박하게도 고인이 살던 마을에서는 한 사람도 장례를 돕는 사람이 없었다. 설상가상으로 기독교식으로 장례를 치른다고 하니 마을 사람들은 이를 핑계 삼아 더욱 발길을 돌렸다. 그야말로 '초상같이 가난 타는 것이 없다.'는 말을 실감했다. 어쩔 수 없이 상여는 산 넘어 나포교회에서 빌려오고, 종이로 꽃을 만들어서 덮개를 만들었다. 때마침 내가 청년회장이었고, 나와 청년들은 이틀 밤을 새워가며 꽃으로 상여를 만드는 일에 책임을 졌다.

출상할 때는 상여를 멜 남자 청년들이 모자라 키 큰 여자 청년도 몇 사람이 함께 져야 할 정도로 궁색한 모습이었다. 나 또한 태어나서 처음으로 상여를 메었다. 그런데 메는 띠가 하필이면 어깨의 움푹 파인 곳을 파고들어 중량을 감당하는 데 얼마나 힘이 드는지 어깨가 무너질 것만 같았다. 옛날 어른들이 "상여 메다가 무겁다고 하면 더 무거워진다."라고 말하던 것이 생각나서 무겁다 소리도 못하고 끙끙거리며 참았던 기억이 지금도 생생하다. 게다가 시신 상한 악취를 처음 맡았는데, 그때까지 경험하지 못한 그 괴상한 냄새는 금강에서 불어오는 바람을 타고 코를 찌르며 들어왔다. 최악의 상황이었지만 청년회장이라는 책임감 때문에 상가에서 장지까지 긴긴 거리를 거의 쓰러질 듯하면서도 끝까지 완주했다.

장지에 안장을 마치고 나니 더 큰 난제가 기다리고 있었다. 빌려온 상여를 반납해야 하는데 다른 청년들은 모두 지쳐 뿔뿔이 흩어졌고, 나와 청년부회장만 남은 것이다. 짐을 두 묶음으로 나누어 메고 그 먼 산길을 가는데, 가다가, 쉬다가, 나무에 걸려 넘어지기를 반복하다 보니 땀으로 범벅이 되어버렸다. 소심하게도 넘어질 때마다 상여에 붙은 귀신이 넘어뜨리는 것은 아닌지 소름이 돋기까지 했다. 기진맥진하여 가까스로 도착해 금강을 내려다보니 나도 모르게 팔자 탄식이 나왔다.

"전생(예수 믿는 사람으로서 쓸 용어가 아니지만 그때는 신앙이 성숙하지 못했음을 양해 바란다.)에 무슨 죄가 있어서 이 고생을 할까? 상가의 사위가 될 것도 아닌데, 왜 하필이면 재수 없이 이런 때에 청년회 회장을 맡을 게 뭐람…."

사명감 없이 청년회장이라는 의무감과 책임감에 쫓겨 일을 하다 보니 불만과 불평이 가득할 수밖에 없었던 것이다. 목회자가 되어 지금 돌이켜보니 기왕에 하는 것, 성숙한 믿음을 가지고 사명감으로 했더라면 나도 보람을 느끼고 하나님도 기뻐하시는 봉사가 되어서 더 큰 은혜와 복을 받았을 것이라는 후회가 남는다.

> 내가 달려갈 길과 주 예수께 받은 사명 곧 하나님의 은혜의 복음을 증언하는 일을 마치려 함에는 나의 생명조차 조금도 귀한 것으로 여기지 아니하노라(행 20:24)

결코 잊을 수 없는 사랑의 헌신

정읍에서 개척한 정주상동교회(현재 동산교회)를 계속해서 섬기는 사역은 결코 쉬운 일이 아니었다. 그럼에도 불구하고 감당할 수 있었던 것은 하나님께서 친히 역사하셨고 다만 나는 도구로 사용되었기 때문이다. 5년 2개월이 지난 후에 돌이켜보니 힘들었던 개척교회 사역을 고생으로 받아들였더라면 절대로 감당할 수 없었다는 생각이 들었다. 쉽지 않은 사역을 하면서도 덤으로 은혜와 축복을 받았으니 그 감사를 말로 다 할 수가 없다. 특히 이웃 교회였던 정읍제일교회를 섬기시던 신정례 권사님과 이가평 장로님 내외의 은혜가 기억에 남는다. 교회 개척에 대한 뜨거운 관심과 사랑으로 겸손하게 섬겨주신 헌신은 두고두고 잊을 수가 없다.

1981년 9월에 개척교회 사역을 시작하고 이듬해 1월 11일에 둘째 딸이 태어났을 때, 출산 준비도 제대로 하지 못했고 아이를 감당할 능력조차 없었다. 그때 신정례 권사님께서 병원비 50만 원과 출산용품 일체를 가져다주시며 아낌없이 위로와 격려를 해주고 돌아가셨다. 그 모습이 마치 천사 같아서 지금도 선명하게 떠오른다. 이후로도 물심양면으로 힘껏 도와주신 덕분에 1983년 6월에는 50평 신축 예배당의 기공 예배를 드렸고, 그해 8월 20일에 입당 예배를 드릴 수 있었다. 정말 감사와 감동 그 자체였다.

그 당시 정읍제일교회도 현재의 본당을 신축 중이었는데, 같은 교단 교회가 예배처가 없어서 어렵다는 이야기를 듣고는 담임목사이신 이기웅 목사님을 비롯하여 이동수 장로님, 이가평 장로님이 앞장서서 지원하기로 결의해주셨다. 정읍제일교회의 신축을 중단하더라도 정주상동교회를 문 닫게 할 수는 없다며 제직회에서 350만 원을 지원하기로 한 것이다. 대지는 정읍제일교회 온옥기 집사님께서 107평을 헌납해주셨고, 이동수 장로님은 수시로 공사 현장에 오셔서 감독까지 해주셨다. 이가평 장로님은 정읍제일교회 신축 공사에서 회계를 담당하고 계셨는데, 앞에서 수정약국의 약사로 소개한 분이다.

공사를 진행하는 중 이가평 장로님을 찾아뵈었다. 며칠 전 나에게 되도록 점심시간에 오면 좋겠다고 말씀하셨기 때문이다. 나는 속으로 생각했다. '약 조제를 잘한다고 전국적으로 소문이 나서 항상 바쁘시니까 비교적 한가한 시간에 불러서 말씀하시려고 그러나?' 그런데 막상 가보니, 다른 이유가 있었다. 장로님은 내가 외롭게 혼자 교회를 신축하는 것을 알고는 도와주고 싶지만 약국을 운영하기 때문에 시간을 낼 수 없어서 맛있는 점심이라도 대접하려고 식사시간에 맞추어 오라고 했다는 것이다. 이 얼마나 가슴 뭉클한 감동인가. 그 뒤에 하나님의 기적적인 은혜로 신축을 마치고 입당할 때에도 강단에 필요한 강대상과 강대의자, 성찬상, 사회상 등 일체를 봉헌해주셨다.

이렇게 구체적으로 두 분의 사랑과 섬김을 언급하는 것이 혹 결례가 될지 모른다. 그래도 이가평 장로님과 신정례 권사님 내외분이 베풀어주신 은혜가 특별했기 때문에 감사한 마음으로 그 받은 것들을 기록하여 세상에 알리고 싶을 따름이다.

무엇보다도 뜨겁게 서로 사랑할지니 사랑은 허다한 죄를 덮느니라 서로 대접하기를 원망 없이 하고 각각 은사를 받은 대로 하나님의 여러 가지 은혜를 맡은 선한 청지기 같이 서로 봉사하라(벧전 4:8-10)

젊은 자들아 이와 같이 장로들에게 순종하고 다 서로 겸손으로 허리를 동이라 하나님은 교만한 자를 대적하시되 겸손한 자들에게는 은혜를 주시느니라 그러므로 하나님의 능하신 손 아래에서 겸손하라 때가 되면 너희를 높이시리라(벧전 5:5-6)

믿어지는 믿음으로 믿음의 장수가 되다

장남의 결혼을 하루 앞둔 어느 집사님 가정에서 예배를 인도해달라는 요청이 왔다. 심방을 가서 자리에 앉자 교회를 다니지 않던 집사님의 남편이 종이 한 장을 내어놓는데, 자세히 보니 조상의 이름이 적혀 있는 종이 지방(紙榜)이었다. 알고 보니 자손이 결혼을 하게 되면 그 종이에 적힌 조상에게 제사를 드리며 보고하는 집안의 법이 있었다. 뜻인즉 조상을 위해서도 기도해달라는 것이었다. 나는 그분이 까다롭고 피곤한 사람이라는 생각이 들었다. 그때는 그분이 훗날 사랑과 섬김의 모범이 되는 장로님이 될 줄은 꿈에도 몰랐다. 그분이 바로 조정룡 장로님이시다.

장로님이 꿈에도 생각하지 않던 교회를 난생 처음 나가게 된 것은 병 때문이었다. 위암 때문에 날마다 병원에 다니다가, 며칠 더 살기 위하여 살림을 다 거덜내고 처자식을 힘들게 하느니, 자기 한 사람만 조용히 죽는 편이 낫겠다는 생각을 하고 하나씩 죽음을 준비하는 중이었다는 것이다.

밥 한 숟가락을 맛있게 먹은 때가 언제인지도 모를 정도로 위암 투병은 힘들었다. 설상가상으로 우울증이 왔고, 그로 인해 대인기피증으로 고통을 겪어야 했다. 금강 하굿둑 공사로 가옥과 전답을 포기하고, 중

병에 걸린 몸을 이끌고 조상 대대로 살아오던 정든 고향 산천을 떠나야 할 때 강제로 고향을 떠나 낯선 곳으로 이주하는 과정에서 스트레스를 받으면서 우울증은 더욱 심해졌다. 중학생 딸이 맹장염으로 수술을 받았다고 하여 병원에 심방을 간 적이 있는데, 간병을 하던 장로님은 병실에 들어서는 내 얼굴을 마주치는 순간 창문을 향하여 돌아서더니 예배가 끝나고 내가 나갈 때까지 움직이지 않고 서 있을 정도로 대인기피증이 심각했다.

그러다 1999년 1월 마지막 주일, 죽음을 준비하고 계시던 장로님이 교회에 나오셨다. 난생 처음 교회에 오셨을 때는 이미 죽은 후 묻힐 장지까지 알려주고 난 뒤였다. 장로님은 아내가 교회 집사이기 때문에 자기가 죽으면 분명히 기독교식으로 장례를 치를 것이고 목사가 와서 장례를 집례할 터인데, 교회도 안 다니고 죽은 사람을 두고 기도하기가 매우 곤란할 것이니 등록이라도 하고 죽는 편이 낫겠다고 생각하셨다고 한다. 가족과 교회를 위해 나름 세심한 배려를 한 것이다.

그분은 처음 출석한 그 주일 낮 예배에서 설교를 들으며, 죽어서 장사를 지내 나흘이나 된 나사로의 무덤을 향하여 예수께서 "나사로야 나오너라!"라고 명령하자, 그 한 마디에 나사로가 살아났다는 사실을 알게 되었다. 그 말씀을 듣자, 죽어서 장사 지낸 지 나흘이나 된 사람이 예수님의 명령 한 마디에 살아났다면, 내가 아무리 죽을병에 걸렸다 할지라도 아직 살아 있으니, 나사로보다 훨씬 더 생명을 얻기가 수월하겠다는 깨달음을 얻고, 자신이 반드시 살 수 있다는 확신이 들었다. 설교를 들으며 죽음을 준비할 것이 아니라, 살 것을 소망하고 믿음의 결단을 하게 된 것이다.

나중에 알고 보니 장로님이 이렇게 구원받은 일에는 배경이 있었다.

그 심령에 일찍이 복음의 씨앗이 뿌려져 있었던 것이다. 어린 시절, 예수님을 믿던 작은할아버지가 매주일 집에 들러 “정룡이는 교회 다녀서 예수 믿고 구원받아야 한다.”라고 말씀하시곤 했는데, 손자가 듣거나 말거나 꾸준히 뿌린 복음의 씨앗이 때가 되어 싹이 나고 결실을 맺은 것이다. “죽어서 장사 지낸 지 나흘이나 된 죽은 사람이 어떻게 살아나?” 하며 나사로의 부활을 설교하는 목사를 향해 허황된 사기꾼이라고 생각하고 마음의 문을 닫아버릴 수도 있었을 것이다. 어렵게 교회에 첫발을 디딘 발걸음을 끊을 수도 있었을 것이다. 그러나 교회에 처음 나온 사람이 설교 말씀을 그대로 믿을 수 있었던 것은 믿음을 주시는 하나님의 은총임이 분명하다.

> 너희는 그 은혜에 의하여 믿음으로 말미암아 구원을 받았으니 이것은 너희에게서 난 것이 아니요 하나님의 선물이라(엡 2:8)

> 그들과 같이 우리도 복음 전함을 받은 자이나 들은 바 그 말씀이 그들에게 유익하지 못한 것은 듣는 자가 믿음과 결부시키지 아니함이라(히 4:2)

난생 처음 교회에 가서 희망을 얻게 된 장로님은 다음 날 새벽부터 하루도 새벽예배를 거르지 않고 열심히 출석하기 시작했다. 주일 낮 예배, 밤 예배, 수요예배, 구역예배 등 예배라는 예배는 모두 전심을 다해 드렸음은 물론이고, 심지어 봄 대심방이 시작되자 초신자가 심방대원으로 따라다녀도 되느냐고 물어오기까지 하셨다. 그때 부인 집사님이 대심방 대원은 집사 이상만 다니는 것이라고 만류했는데도 자기에게는 상관없다며 동행하겠다고 하셨다. 그 신앙적 열정이 가상해서 심방대원으로 동행하는 것이 무엇이 그렇게 좋은지 여쭈었더니 교인들의 얼굴과 집을 알게 되어 좋고, 하루 종일 예배드리며 말씀 들어서 좋고, 신앙에 대하여 많은 것을 배워서 좋다고 말씀하시는 것이었다.

그러다 봄이 돌아오면서 점점 입맛이 돌아오고, 혈색이 달라지고, 기력이 회복되는 기적이 일어났다. 배에 돌덩어리같이 잡히던 암 덩어리가 사라졌다고 하셨다. 언제 나은지도 모르게 나은 것이다. 그렇게 장로님은 결혼잔치에 가면 갈비탕에 인절미를 스무 개씩 넣어서 떡 갈비탕을 만들어 식사할 정도로 건강해지셨다. 6월 보리 수확기에 이르러서는 '교회 다니고 예수님을 믿어 암에서 고침을 받았다.'고 간증하고 다녔는데, 이를 증명하기 위해 이웃 집집마다 수확한 보리를 어깨에 메고 나르는 일을 자청하여 하셨다. 이전에는 먹지 못하고, 아프고, 괴로워서 낫자루도 들지 못할 정도로 기운이 없었으나, 완치 후에는 얼마나 사기충천하여 홍겹게 봉사하셨는지 그때를 생각하면 나도 새 힘이 솟아난다.

그때부터 장로님은 말 그대로 예수에 미친 사람이 되었다. 새벽기도를 단 하루도 빠지지 않았다. 농번기에 피곤에 지치면 눈을 감은 채 길을 걸으면서도 꼭 참석했다. 교회학교 교사로, 찬양대원으로 열과 성의를 다하여 섬겼다. 십일조를 드리고 싶은 마음에 작은 호텔에 경비로 취직하기까지 했다. 그러다 만 6년 만에 장로로 선출되어 교회를 섬기는 온갖 일에 앞장서셨다. 장로님은 예수님을 믿기 전에 조 씨 집안 대소사를 총 책임지고 집안일을 도맡아 하셨는데, 특별히 초상이 나면 산소 자리를 잡는 전문 지관이신 데다, 산소 이장하는 일 등 산일에도 전문가이셔서 1999년 교회 묘지가 '광성 부활동산'으로 조성될 때 장의부장으로 임명되어 섬기셨다.

장로님은 언제나 기쁨과 감격과 즐거움으로 맡은 책임을 감당하셨다. 집에서 장례를 치르던 시절, 초신자 때부터 장로님은 입관할 때 무슨 일이 있어도 밤이든, 새벽이든 전화 너머로 "예"라는 짧은 대답을 하시고 한달음에 달려와 팔을 걷어붙이고 도우셨다. 봄가을로 대심방을 하면 특별한 일 외에는 하루도 빠지지 않고 대원으로 협력했을 뿐만 아니라 심방이 끝나면 극구 사양함에도 불구하고 식사를 대접해주셨다. 심방을 따라만 다녀도 힘이 드는데 목사님은 얼마나 더 힘이 들고 고생이 되시겠냐며 소찬이라도 대접해드리고 싶다는 겸손한 마음으로 섬기셨다. 어떤 산해진미도 그 위로의 맛을 대신할 수는 없었다. 또한 평소에 병원 심방이나 경조사가 생기면 누가 되었건 이해관계를 따지지 않고 주머니를 비워가며 앞장서는 천사같이 보배로운 장로님이셨다. 평생 사역 중에 그런 장로님을 만났다는 것은 특별한 하나님의 은혜요 축복이다.

하루는 장로님께서 정년 은퇴를 몇 년 앞두고 신중히 상의를 해오셨다. 들어둔 보험 덕에 80살이 되면 약 2,000만 원을 타게 되는데, 보험금을 탄 후에 200만 원을 들여 전 교인에게 점심 식사를 대접하고 싶다는 것이었다. 나는 의외의 제안에 장로님 용돈으로 쓰시지 왜 그런 마음이 드셨냐고 물었다. 장로님이 대답하기를, 자신이 늦게 예수 믿어 구원받은 것도 감사한데 자신 같은 사람을 장로로 인정해준 성도들에게 그동안 받은 사랑이 너무나 크고 감사하여 그 사랑의 빚을 갚는 심정으로 대접하고 싶다고 하셨다. 장로님의 단호하고 확고한 대답에 나도 동의를 해드렸다.

그런데 장로님은 80살을 일 년 앞둔 봄에 나에게 찾아오셔서, "보험금을 여든 살에 타든지 일 년 앞당겨 타든지 금액은 동일하다고 하니, 올해 대접을 하고 싶어요." 하며 더구나 혹 당신이 언제 죽을지 모르니 한 해를 앞당기고 싶다고 말씀하셨다. 나는 쿵쿵거리는 심장의 고동소리를 느끼며, "일 년 앞당기는 것까지는 좋은데 언제 죽을지 모른다는 이야기는 취소해주세요." 하고 부탁드리며 장로님의 의견에 동의했다. 그해 부활주일에 장로님은 일생을 드리는 마음으로 온 성도에게 점심을 융숭하게 대접하셨다. 이 일로 모두에게 얼마나 감동이 되었는지 모른다.

그것이 천국으로 가시기 전 마지막 섬김이 될 줄은…. 그해 겨울 어느 새벽, 장로님은 새벽기도를 마치고 귀가하시다 확장공사로 어수선한 도로를 달리는 빵소니차에 치여 너무나도 황망하게 소천하셨다. 내 평생에 성도의 장례를 치르면서 그렇게 많이 눈물을 흘린 때는 없었던 것 같다. 온 성도들도 나와 같은 심정이었고 심지어 불신자를 포함한 우리 지역 주민들까지도 눈물을 흘리며 장지까지 장사진을 이루며 따라갔다.

장례를 치르고 한동안은 실감이 나지 않았다. 장로님이 금방이라도 "목사님!" 하고 부르며 오실 것만 같았다. 특별히 다른 성도의 장례를 치를 때, 바쁜 일이 있을 때 장로님의 손길이 그립고 빈자리가 너무나 아쉬웠다. 대심방 때는 "목사님, 심방 같이 가요." 하고 전화가 걸려올 것만 같았다. 이 외에도 말할 수 없이 많은 추억과 감동이 있지만, 지면의 제약으로 다 담아낼 수 없어 안타깝다. 장로님은 온 교회가 길이 큰 본으로 삼아야 할 참으로 보배로운 분이셨음을 확신한다.

그 주인이 이르되 잘하였도다 착하고 충성된 종아 네가 적은 일에 충성하였으매 내가 많은 것을 네게 맡기리니 네 주인의 즐거움에 참여할지어다 하고 (마 25:21)

믿음으로 아벨은 가인보다 더 나은 제사를 하나님께 드림으로 의로운 자라 하시는 증거를 얻었으니 하나님이 그 예물에 대하여 증언하심이라 그가 죽

었으나 그 믿음으로써 지금도 말하느니라(히 11:4)

조 장로님을 언제나 그리워하면서….

"존경하고 사랑하는 조 장로님! 너무나도 그립습니다. 천국에 가면 제일 먼저 찾아뵙겠습니다."

섬김의 은사와 기회를 주신 하나님

나그네 같은 인생길에서 어느 상황과 시점에서 누구를 만나느냐가 참으로 중요하다. 내 인생에서 소중하고 귀한 분들을 만나게 하신 것도 결국 선한 목자이신 하나님의 섭리 가운데에 있었다. 그런 면에서 볼 때 내 인생을 돌아보면 만남의 복을 나만큼 많이 받은 사람도 흔치 않을 것이다. 하나님께서는 내가 인생의 중대한 기로에 설 때마다 나를 도울 많은 사람을 보내주셨다. 그때 그분들을 만나지 않았다면, 그분들의 아낌없는 도움이 없었다면 낭패를 볼 수밖에 없는 일들이 너무나도 많았다. 신학교에 입학시켜 주신 이종현 목사님과 교회 개척을 비롯하여 현장에서 평생 십자가의 길목에 반려자로서 묵묵히 동행해준 사랑하는 아내, 그리고 교회 개척 사역에 이름도 빛도 없이 여러 가지 모습으로 도와주시고 협력해주신 수많은 분들이 그러하다.

특별히 하나님께서는 훌륭한 많은 선배 목사님들을 만나게 해주셨는데, 그중에 길이 존경하고픈 분은 지금은 천국에 가신 손병선 목사님이시다. 손 목사님은 50대 초반에 갑자기 뇌경색으로 쓰러져서 입원을 하셨다. 문병을 하고 돌아오는데 3층 창문을 열고 조심해서 잘 가라고 손을 흔들어주시던 모습이 어찌나 쓸쓸해 보이던지, 지금도 손 목사님을 생각하면 가슴이 먹먹하다. 건강하고 왕성하게 교회와 노회와 총회를 위하여 큰 사역을 하셔야 될 목사님께서 얼마나 답답하실지 생각했다. 건강을 회복하셔서 목회현장으로 돌아오시면, 할 수 있는 데까지 모시고 다니겠노라고 다짐하는데 나도 모르게 울컥하며 마음이 아파왔다.

목사님께서 퇴원하신 뒤, 거동이 불편하신 목사님을 불편한 승합차로나마 열심히 모시고 다녔다. 그러면서 나는 노회 일이며 교회 행사 등의 여러 일정을 미리 살펴서 하루이틀 전에 목사님께 연락을 드렸다. 목사님을 사택 앞으로 모시러 가기로 약속한 날이면 불편하신 몸으로 먼저 나와 나를 기다리시는 일이 없도록 최선을 다했다. 목사님을 기다리다가 거동이 자유롭지 못해 옷을 불편하게 입고 계신 모습이 눈에 띌 때가 간혹 있었다. 그때마다 나는 용수철처럼 사택 2층으로 뛰어올라가 옷을 입혀드리고 모시고 내려오곤 했다. 그렇게 15년 동안, 목회에 지장이 없는 한 때로는 서울까지도 일정이 허락되는 대로 모시고 다녔다.

솔직히 누군가의 부탁이라든가 억지로 시켜서 하는 일이었다면 그렇게 할 수 없었을 것이다. 하나님께서 내 마음에 손 목사님을 긍휼히 여기는 감동을 주시고 은혜로 덧입혀주셔서 이 섬김을 기꺼이 감당할 수 있었다. 그런데 놀라운 것은 그 작은 섬김을 하나님께서 낱낱이 기억하고 계셨고 크게 두 가지로 보상을 해주셨다는 것이다.

그중 하나는, 손 목사님께 많은 사랑을 받고 목회의 모든 노하우를 전수받은 것이다. 목사님은 시간이 날 때마다 교회관, 목회관, 교회법, 목회 행정, 당회 운영, 대인관계 등을 세밀하고 폭넓게 가르쳐주셨는데, 몸이 불편하신데도 아들에게 유업을 맡기는 아버지의 심정으로 가능한 한 하나라도 더 가르쳐주려고 애쓰셨다. 목회현장에서 일어나는 사안의 처리에 필요한 예리한 판단력과 민첩한 감각적 지혜를 일깨워주셨고, 대인

관계와 목회 운영의 묘안 등을 다각도로 가르쳐주셨다. 심지어 설교 준비에 요긴한 참고서까지 알려주셨다. 나는 그 배움을 바탕으로 상담과 질문을 병행해가며 최선을 다해 열심히 배우고 익혔다. 손 목사님과의 보배로운 만남과 가르침 덕택에 이만큼 사역을 감당하게 되었다고 감사한 마음으로 고백한다.

또 하나는 목사라도 섬김의 씨앗을 심지 않으면 받을 복이 없다는 것을 하나님께서 깨닫게 해주신 것이다. 그때의 깨달음이 있었기 때문에 언제 어느 때나 누구에게나 섬길 수 있는 기회가 생기면 지나치지 않으려고 무던히 노력을 했다. 그러면 그때마다 하나님께서는 기꺼이 섬길 수 있는 여건을 만들어주시곤 했다. 시간이 필요하면 시간을 할애해주셨고, 지혜가 필요하면 지혜를 주셨고, 사람이 필요하면 사람을 붙여주셨으며, 결정적으로 누군가 나의 섬김이 필요한 때가 되면 반드시 그 사람을 섬길 수 있는 여건과 기회를 만들어주셨다. 이 얼마나 크고 귀한 은혜이며 축복인지는 섬김을 통해 은혜와 보람을 맛본 사람만이 알 수 있을 것이다.

언젠가 서울에서 운전하며 내려오는데, 급한 전화가 와서 일부러 휴게소에 들러 장시간 여기저기 전화를 하며 도와준 일이 있다. 그 작은 섬김도 보람으로 마음에 남아 소개하려 한다.

어려운 상황에서 목회를 하던 후배 목사에게 아들이 있었다. 그 아들은 사춘기에 난데없이 어느 장로님이 아버지의 멱살을 움켜잡고 흔드는 모습을 보게 되었다. 장남인 아들은 당시 목회현장의 어려운 환경에서 빚어진 불미스러운 그 상황을 목격하고 큰 상처와 충격을 받았다. 제삼자가 보아도 참으로 가슴 아픈 일이었다. 그런 이유로 그 아들은 사춘기를 방황하며 어렵게 보내게 되었다.

그 아들이 나라의 부름을 받고 입대하게 되었다. 다행히 하나님의 은혜로 병역의 의무를 잘 감당하면서 마음을 다잡고 상처를 씻어내어 건장하고 좋은 모습으로 회복이 되던 중에 휴가를 나오게 되었다. 친구들의 연락을 받고 모임 장소에 나가 보니 친구들은 이미 만취 상태였다. 잠시 후 주차해 있던 친구의 차를 빼달라는 전화가 왔는데, 후배 목사의 아들은 모임 장소에 늦게 도착해서 그들 중 술을 가장 적게 마신 상황이었다. 그는 친구의 부탁을 거절하지 못하고 별일 없으리라 생각하며 차를 옮기던 중에 음주 단속에 걸리고 말았다.

그 아들은 군인 신분이었기 때문에, 경찰 조서에 따라서 헌병대의 처리가 달라지는 상황이었다. 그래서 누군가를 통하여 꼭 선처를 부탁해야 했다. 후배 목사가 여기저기 알아본 결과 사람들이 이구동성으로 '윤기원 목사를 통하여 부탁해야 된다.'고 해서 나에게 전화를 했다는 것이다. 그 딱한 이야기를 듣는 순간 나도 내 아들이 문제아로 방황할 때 속썩은 경험이 있었기에 그 부모 심정이 어떠할지 충분히 공감이 갔다. 안쓰러운 마음을 금할 수 없었고, 심지어 내 고통이 다시 반복되는 듯 마음이 아파왔다. 나는 백방으로 알아보고 잘 부탁할 테니 너무 걱정하지 말라며 안심을 시키고 전화를 끊었다.

그리고 지체 없이 도움이 될 만한 곳은 생각나는 대로 모두 전화를 걸었다. 다행히 감사하게도 어느 누구도 귀찮게 여기지 않고 힘껏 도와주겠다고 말하는 것이었다. 개중에는 내 아들도 아닌데 오지랖 넓게 애를 태우는 것 때문에라도 도와줘야겠다는 농까지 섞은 대답도 있었다. 그렇게 한참을 전화를 하고 안도의 숨을 쉰 후에야 비로소 휴게소에서 다시 출발할 수 있었다.

얼마 뒤에 후배 목사에게 자기 아들 일을 마치 내 아들 일처럼 생각하고 도와준 덕택에 일이 잘 해결됐다는 연락을 받았다. 결과를 물어보니 휴가 5일을 반납하는 것으로 종결되었다는 것이다. 자세한 사연을 들어보니 마침 아들의 소속 부대가 한때 세간을 떠들썩하게 한 '윤 일병 사건'이 있던 부대라서 작은 사건 하나라도 세심히 관리하는 실정이었고, 그래서 더더욱 가슴이 타들어갔다고 한다. 그렇기에 내가 여러 지인에게 연락해서 일이 마무리된 것에 대해 고마움이 더 큰 것 같았다. 나는 하나님께 소명을 받은 목사의 자녀를 책임져주시는 하나님의 은혜에 감사하면서 후배 목사와 아들에게 축하와 축복의 말을 심중에 전하며 통화를 마무리했다.

그 일이 있은 후, 그 아들은 군 복무를 무사히 마치고 만기제대를 해서 좋은 직장에 취직했고, 지금은 어엿한 사회의 일원으로 성실하게 살아간다는 소식을 접했다. 비록 작은 섬김이었지만 내가 도울 힘이 있을 때 돕고, 나 또한 언젠가 도움이 필요할 때 누군가로부터 도움을 받게 될 터이다. 하나님께서 보시기에 아름다운 순환의 모습으로 쓰임받은 것이 삶의 의미와 보람임을 또 한 번 고백한다.

노회로부터 S 교회 임시당회장으로 파송을 받아 담임목사 청빙을 위하여 잠시 섬기게 되었다. 이미 내가 임시당회장으로 파송을 받기 전부터 청빙 후보로 모 목사가 거론되었고, 곧바로 당회에서 논의하여 청빙하기로 결정을 하고 인준을 받기 위한 공동의회가 소집되었다. 쉽게 청빙이 이루어지는 듯했는데, 예상치 못하게 1시간 30분 이상 난상토론이 이어졌고 결국 찬성보다 반대가 더 많아 부결되었다.

얼마 뒤 ○○○ 목사님을 청빙하려고 추진하는 일이 난감한 상황에 봉착했다는 말을 들었다. 알아보니 한 장로님이 강력하게 추천하는 분을 대부분의 장로님들이 동의하지 않는다는 것이었다. 나는 청빙을 무마시키면 간단할 것 같다는 생각에 단도직입적으로 "그렇다면 무엇 때문에 고민을 하세요? 청빙하지 않겠다고 하면 되는 것이지요."라고 말했다. 그랬더니 "차마 그럴 수는 없어요. 당회는 하나로 가야 합니다."라고 대답하셨다. 나는 "그렇다면 장로님, 공동의회에서 인준이 될 것으로 확신하세요?"라고 되물었더니 역시 불가능하다고 대답하셨다. 나는 단호하게 "그렇다면 부결이 예상되는 공동의회는 할 수 없어요. 실패는 지난번 한 번으로 충분하지 또 실패할 공동의회를 반복할 수는 없어요." 라고 말했다.

장로님은 어떻게 하면 좋을지 묘안을 물어보셨다. 그 순간 하나님께서 번뜩이는 지혜를 주셔서 확고하게 "장로님, 이렇게 합시다. 당회원들끼리 모여서 논의하실 때 차마 면전에서 확실하게 싫다고 입장을 말하기가 곤란했다면, 이번엔 당회에서 제가 '○○○ 목사님 청빙을 원하십니까?' 라고 개개인의 의사를 물어볼 테니, 그때 책임 있게 대답을 하시는 것으로 정해요."라고 우회적인 방법을 말했다. "그렇게 하는 것이 좋겠네요." 라고 대답하시는 장로님의 표정은 조금 전보다 밝고 희망적으로 바뀌었다.

나는 바로 당회를 소집하여 청빙을 추천한 장로님이 앉은 자리에서 시계 방향으로 다른 일곱 분의 장로님들에게 말했다.

"당회에서 체면 때문에 확신도 없는데 결정을 한다면, 공동의회를 소집했을 때 지난번처럼 또 실패를 되풀이하게 됩니다. 그러니 제가 의사를 물을 때에 정직하게 대답해주세요."

각각의 의향을 물었더니 일곱 분 장로님이 다 반대한다는 의사를 분명히 밝히셨다. 마지막에 추천한 장로님 차례가 되었다. 한동안 적막이 흐른 다음 장로님은 "저 개인적으로는 제가 추천한 목사님을 모셨으면 좋겠다는 확신에는 변함이 없어요. 그러나 모든 장로님의 뜻이 청빙을 원치 않는 것이라면, 제가 추천을 철회하겠습니다. 당회가 하나로 가야 덕이 될 것이고, 공동의회까지 가서 또 부결되어 교회에 혼란을 초래해서는 안 되는 것 아니겠습니까."라고 한 발 물러서서 겸손히 대답하셨다.

내가 한층 고무된 어조로, "장로님, 그렇게 이해해주시고 말씀해주시니 참 고맙고 감사합니다. 당회가 하나 되기를 위한 모습이 참 보기 좋네요. 좀 더 기도하는 가운데 담임목사님을 잘 모시도록 합시다. 앞으로 청빙을 어떻게 진행할까요?"라고 말하자 선임 장로님께서 "수고스럽지만 임시당회장님이 어차피 우리 교회 담임목사 청빙을 위하여 노회로부터 파송을 받으셨으니, 청빙에 전권을 드려서 추천해주시는 분을 모시는 것으로 하는 것이 좋겠네요."라고 망설임 없이 말씀하셨다. 사전에 논의가 있었는지 대부분의 장로님들이 동의를 하고 나왔다. 그러나 나는 "다 좋은데, 전권은 거부하겠습니다. 기도하면서 적합한 분을 백방으로 찾아서 추천만 하겠습니다. 결정은 장로님들이 하시는 것으로 합시다. 제가 열심히 기도하면서 좋은 목회자 찾아서 추천하겠습니다."라고 대답했다.

마침 구두로 추천받은 목사가 있어서 이력서를 먼저 받아 살펴보았더니 좋겠다는 확신이 섰다. 기도하는 중에 하나님께서 지혜를 주셨다. 내가 오해한 것일 수도 있지만, 미묘한 기류가 느껴져서 이력서를 두 장 준비하여 당회 서기와 유력한 한 분, 총 두 분을 각각 같은 시간에 불러냈다.

"조용하게 드릴 말씀이 있으니 우리 교회 당회실에서 만납시다."

조금 늦게 오신 장로님은 다른 장로님 차가 주차된 것을 보고 잘못 알고 왔나 싶어 당회실로 들어오지 않고 "목사님, ○○○ 장로님 차도 있는데 혹 제가 잘못 알고 왔는가요?"라고 전화를 걸어왔다. 내가 두 분 모두 오시기로 했다고 대답하자 두 분은 무거운 표정을 하고 당회실로 들어오셨다. 나는 두 분을 모두 부른 이유를 설명했다.

"두 분을 오시라고 한 것은 제가 추천받은 목사님을 소개하려고 하는데 사전에 두 분의 동의가 필요할 것 같아서 오시라고 했습니다."

그러자 한 장로님이 "목사님, 이것은 반칙이잖아요? 우리 둘 외에 다른 장로들이 알면 기분 나쁘지 않을까요?" 하고 말씀하셨다. 나는 "그렇기도 하지만 지혜이기도 하지요. 그리고 사전에 두 분만 미리 뵙자고 한 것을 아무에게도 말씀하시지 않으면 됩니다. 선한 일을 위한 것이니, 장로님들이 수용하시면 제가 받은 이력서를 공개할 것이고 마땅치 않다고 하시면 없던 일로 할 겁니다."라고 차분히 대답을 하셨다. 장로님들은 기왕에 온 것이니 내 제안을 받아들인다고 하셨다. 나는 "서류 두 부를 준비했으니 각각 받으세요. 10분 동안 보신 후에 '예', '아니오'를 묻겠으니 동시에 답을 해주세요."라고 말했다.

10분 동안 이력서를 읽어보신 두 분은 동시에 "좋아요."라고 대답하셨다. 이어 두 분과의 사전 만남은 불문에 붙이며, 당회를 소집하기로 약속을 하고 헤어졌다. 당회를 소집하여 논의하니 모든 당회원이 만장일치로 결의하여 공동의회의 인준도 은혜롭게 통과하여 하나님께서 주시는 지혜로 임시당회장의 임무를 잘 감당할 수 있었다. 청빙받은 담임목사가 사역을 잘 감당하고 있으니 그 보람과 기쁨이 두 배이다. 두고두고 잊을 수 없는 은혜이다.

그러나 내가 나 된 것은 하나님의 은혜로 된 것이니 내게 주신 그의 은혜가 헛되지 아니하여 내가 모든 사도보다 더 많이 수고하였으나 내가 한 것이 아니요 오직 나와 함께 하신 하나님의 은혜로라(고전 15:10)

너희 중에는 그렇지 않아야 하나니 너희 중에 누구든지 크고자 하는 자는 너희를 섬기는 자가 되고 너희 중에 누구든지 으뜸이 되고자 하는 자는 너희의 종이 되어야 하리라 인자가 온 것은 섬김을 받으려 함이 아니라 도리어 섬기려 하고 자기 목숨을 많은 사람의 대속물로 주려 함이니라(마 20:26-28)

경우에 합당한 말은 아로새긴 은 쟁반에 금 사과니라(잠 25:11)

여호와를 경외하는 것이 지식의 근본이거늘 미련한 자는 지혜와 훈계를 멸시하느니라(잠 1:7)

다섯 번째 장

훈련을 통해 하나님의 사람이 되다

훈련부터 시키시는 하나님

하나님께서는 모든 일에 계획을 가지고 계신다. 특별히 하나님께서 우리를 택하여 쓰실 때는 반드시 광야의 혹독한 훈련을 통과시키신 후 사용하신다. 만약 훈련받기를 싫어한다든지 훈련을 피한다면 목회하기가 힘들다. 다윗은 아둘람 굴에서, 모세는 미디안 광야에서 훈련을 받았다. 성경을 통틀어 하나님께서 사용하신 인물들도 모두 그러하다. 하나님은 나 또한 그렇게 훈련시키셨다.

내게 주어진 훈련은 어려서부터 어머니께 받은 상처였다. 어머니는 속이 상하실 때마다 "네가 태어나면서부터 우리 집안이 기울어지기 시작했어. 너는 우리 집안을 망하게 하려고 태어난 거야."라고 저주에 가까운 말씀을 수없이 반복함으로 나의 자존감에 상처를 주셨다. 오죽하면 우리 어머니가 친어머니가 아닐 수도 있겠다는 생각에 누나와 형에게 내가 친아들이 맞는지 넌지시 물어보기까지 했겠는가! 사람이 받는 상처 중 친어머니로부터 출생 자체를 저주받은 것보다 더 큰 상처는 없을 것이다.

그럴 때마다 어린 마음에 아무리 이해하려고 해도 이해가 되지 않았다. 어머니로부터 이런 상처를 받으면서까지 살아야 하는지 수없이 나

자신에게 물으며 나약해지는 정신을 다잡으려고 애쓴 적이 한두 번이 아니었다. 형제들 중에서조차 나의 맘을 헤아려줄 정신적 지주가 없던 터라, 오랫동안 앞날에 대한 희망과 자신감을 잃고 의기소침할 수밖에 없었다.

그러던 어느 날 나도 모르게 '반드시 윤 씨 집안의 자랑스러운 아들이 될 테니 두고보십시오.' 하고, 오기에 가까운 작심을 하게 되었다. 그 뒤로 나는 결코 내 삶의 시간을 함부로 허비하며 살지 않으려고 노력했다. 인생의 목표를 사랑과 봉사의 정신으로 뜻있고 보람있게 사는 것으로 정하고 내 나름 최선을 다해 살았다. 세월이 지난 뒤에 되돌아보니, 내가 받은 상처들은 하나님께서 나를 목회자로 사용하고자 허락하신 훈련의 도구였음을 깨닫게 되었다. 상처받고 외로운 영혼의 마음을 이해하고 감싸줄 수 있도록 미리 훈련시키신 것이다. 그러한 훈련이 없었다면 한 영혼을 천하보다 귀히 여기시는 하나님의 사랑을 어찌 깨닫고 목회를 해왔으랴. 할렐루야!

고난 당하기 전에는 내가 그릇 행하였더니 이제는 주의 말씀을 지키나이다 주는 선하사 선을 행하시오니 주의 율례들로 나를 가르치소서 교만한 자들이 거짓을 지어 나를 치려 하였사오나 나는 전심으로 주의 법도들을 지키리이다 그들의 마음은 살져서 기름덩이 같으나 나는 주의 법을 즐거워하나이다 고난 당한 것이 내게 유익이라 이로 말미암아 내가 주의 율례들을 배우게 되었나이다 주의 입의 법이 내게는 천천 금은보다 좋으니이다(시 119:67-72)

교회는 참 좋은 곳이었다

내가 영원히 감사할 소중한 은혜는 처음 교회에 나갔을 때 '교회는 참 좋은 곳이구나!'라고 생각하게 되었다는 것이다. 교회에 좋은 이미지를 가지게 된 것이 목사로서 평생의 신앙관과 교회관, 목회관이 생기는 중요한 요인이었기 때문이다.

초등학교 5학년 때, 여름성경학교에 어느 친구의 인도를 받아 교회에 첫발을 내디뎠다. 교회에 들어서자마자 선생님들이 내 이름을 소개하면서 박수를 치며 환영해주셨고, 어쩌면 세상에 태어나서 처음 받은 선물이었을지도 모를 연필 한 자루를 선물로 받았다. 집에서는 환영과 박수는 커녕 투명인간 취급을 당할 뿐이었는데, 교회에 가서 난생처음 파격적인 환대를 받고 보니, 세상에 태어난 보람을 처음 느끼게 되어 날아갈 듯이 기분이 좋았다. 무엇보다도 집에서가 아닌 바깥에서 사람대접을 받게 되니 기쁨을 말로 다 형용할 수 없었다. 그렇게 '교회는 이렇게 좋은 곳이구나!'라는 생각이 나의 마음에 자리잡게 되었다.

그 후 하나님께 부름을 받고 목사가 되어 평생을 주님의 몸 된 교회에 몸담게 되었을 때, 주님의 양무리를 목양하며 섬기는 동안 어릴 때 각인된 교회의 소중한 이미지가 큰 영향을 주었다. '교회는 참 좋은 곳'이라는 생각이 바탕이 되어 나는 이러한 교회관을 정립하게 되었다.

'교회는 반드시 좋은 곳이어야 한다. 교회는 평화로운 곳이어야 한다. 교회는 어머니의 품 같아야 한다. 그래서 세상의 풍파 속에서 일주일 동안 힘들게 시달린 사람들, 피곤하고 지친 사람들, 몸과 마음에 상처를 받은 사람들이 교회에 와서 위로받고, 상처를 싸매고, 지친 몸과 마음과 영혼이 쉼을 얻고 평안을 누리며 소생함을 얻고 돌아갈 수 있어야 한다. 그래야만 비로소 교회의 본질적인 사명을 감당하는 것이 아니겠는가.'

어릴 때 생긴 교회에 대한 이미지대로 나아가는 교회의 모습에 지금도 새삼 놀라곤 한다. 하나님의 계획과 섭리와 은혜의 신비함을 이루 다 표현할 수 없다.

어떤 일이 있더라도 교회는 평안해야 하고, 언제나 누구에게나 '좋은 곳'이어야 한다. 비록 한 교회를 담임하여 사역하는 나에게 상처가 생긴다 할지라도, 내가 불이익을 받는다 해도, 누군가 나를 이유 없이 중상모략할지라도 뭐가 그리 억울하랴. 버림받아 마땅하고, 죽어 마땅하고, 저주받아 마땅하고, 형벌받아 마땅한 나를 위해 우리 주님 예수 그리스도께서는 십자가에 못 박혀 죽기까지 하셨는데, 주님이 십자가에 못 박히신 것에 비하면 나는 아무것도 아니다. 어쩌면 이런 믿음을 주셔서 한 교회에서 37년의 장기 목회가 가능하지 않았나 싶다. 물론 첫째는 하나님의 은혜요, 둘째는 광성교회 교우들의 무한한 사랑 때문이다.

결론적으로, 평생의 사역에서 주님의 몸 된 교회를 섬길 때에 '교회는 좋은 곳이다.'를 모토로 한 것이 이만큼의 결과라고 말하고 싶다. 지구촌 모든 하나님의 교회가 행복한 곳이 되기를, '좋은 곳'인 교회다운 교회이기를 두 손 모아 간절히 기도한다.

우리가 아직 죄인 되었을 때에 그리스도께서 우리를 위하여 죽으심으로 하나님께서 우리에 대한 자기의 사랑을 확증하셨느니라(롬 5:8)

우리가 만일 미쳤어도 하나님을 위한 것이요 정신이 온전하여도 너희를 위한 것이니 그리스도의 사랑이 우리를 강권하시는도다 우리가 생각하건대 한 사람이 모든 사람을 대신하여 죽었은즉 모든 사람이 죽은 것이라(고후 5:13-14)

전도하라는 하나님의 명령

학생 시절 부흥회에서 말씀으로 은혜를 받고 합심기도를 할 때, 불 같은 성령의 기름 부음을 머리와 어깨에 화롯불을 엎어놓은 것처럼 뜨거워서 견딜 수 없을 정도로 체험했다. 그 뒤로 나는 성령으로 기름 부음의 은혜를 받았다는 확신을 변함없이 견지하였고, 말씀이 믿어지는 은혜를 입었으며, 기왕에 믿을 바에는 잘 믿어야겠다는 결단까지 하게 되었다. 그러나 성격이 내성적이고 핍박 속에서 교회를 다녔기 때문인지, 주눅이 들어 전도가 사명이라는 것을 깨닫지 못했고 더욱이 시도할 엄두조차 내지 못하고 있었다. 어쩌면 성격 탓에 '굳이 말로 전도하기보다는 행동으로 보여주겠다. 무언의 전도자가 되겠다.'는 소극적인 마음이 내 생각을 지배했기 때문인지도 모르겠다.

그러다 신학교에 입학했을 때, 삼각산에 있는 한국기도원(삼각산기도원)에서 50일 동안을 통학하게 되었다. 그때 나는 처음으로 '전도지'라는 것을 보았다. 전도지를 보는 순간 느낌이 참 좋았고, 전도지를 이용하면 전도를 잘할 수 있겠다는 생각이 들었다. 어느 날, 전도지를 고향 교회에 가져다줘야겠다는 생각에 가방 한가득 전도지를 담아서 버스를 탔다. 고향에 가기 전에 작은형님 댁에 들르려고 영등포로 가고 있는데 서울역 앞에서 남루한 옷차림의 아낙네가 옆구리에 커다란 양은그릇을 끼고 버스에 올라탔다. 한눈에 봐도 생선장수임을 알 수 있었다. 아낙네는 빈자리가 있는데도 앉질 않고 출입구 쪽에서 서성거리더니, "주 예수를 믿으세요. 예수 믿고 반드시 천국에 가야 합니다."라고 당당하게 외치며 전도하기 시작했다. 그 순간 '너는 지금 무엇하고 있느냐? 저 아낙네보다 네가 전도할 여건이 훨씬 좋지 않느냐. 가방 속에 있는 전도지를 굳이 고향교회에 가져다줄 것이 아니라, 여기서 직접 전도해라.'는 양심의 소리가 들렸다. 아낙네 앞에 앉아 있던 새내기 신학생인 나는 얼굴이 화끈거려 버스에서 당장 내리고만 싶었다.

가까스로 영등포 대방동에 내려서 걷고 있는데, 길 앞쪽 멀리 여든 정도로 보이는 할머니가 곱게 한복을 차려입고 손에 무엇인가를 들고 지나가는 사람마다 나누어주며 내 쪽으로 다가왔다. 나와 마주친 할머니는 내 손을 꼭 잡으며 "젊은이, 교회 다니고 예수 믿어야 해. 반드시 천국 가야 해."라며 전도를 하시는 게 아닌가! 나는 또 한 번 뒤통수를 얻어맞았다. 그날따라 왜 그렇게 전도자들이 내 앞에 나타나는지, 전도를 해야 할 내가 오히려 전도를 받기만 하고 있다니! 무지함으로 합리화시켜 잠재웠던 전도의 사명감이 고개를 들고 나를 책망했다.

작은형님 댁에 들른 뒤 고향으로 가기 위하여 영등포역에서 호남선 열차를 탔다. 열차가 출발하여 속도를 내는가 싶더니 역내를 벗어나기 전에 멈춰 섰다. 한동안 차 안이 웅성웅성하더니 열차에 사람이 치여 사망했다는 소리가 들려왔다. 시신을 수습하기까지 약간의 시간이 걸렸고, 그동안 열차는 계속 멈춰 있었다. 그때 나는 나도 모르게 용수철이 튀어 오르듯 자리에서 일어섰다. 지금이야말로 전도하기 딱 좋은 때라는 생각이 들었기 때문이다. '죽음 앞에서만큼은 누구나 한번쯤 죽음에 대해서,

인생에 대해서 생각할 것이 아닌가!' 마침 전도지도 있으니, 용기를 내어 열차 전체를 다 전도하리라고 다짐했다. 일곱 량이 되는 통일호 열차의 맨 앞 칸으로 가서 한 사람도 빠짐없이 전도지를 주면서 전도를 시작했다. 처음에는 말문이 열리지 않아서 알아듣지도 못할 만큼 작은 소리로 했는데, 점점 용기와 담대함이 생겨서 목소리가 커지고 자신감과 확신을 가지고 외칠 수 있었다.

그러다가 둘째 칸 중간에 이르러 열차 차장과 마주치고 말았다. 하던 일을 멈추지 않으면 하차시키겠다는 차장의 호통과 협박에 못이겨 마지못해 그만두겠다는 약속을 했지만, 차장이 앞 칸으로 이동한 뒤에 마지막 칸까지 담대하게 전도를 마쳤다.

지금 아무리 생각해봐도 그때 열차 안에서 거침없이 담대히 그 많은 승객들에게 예수 믿고 천국에 가야 한다고 외친 것은 결코 내가 한 일이 아니라는 생각이 든다. 나의 소극적인 성격을 너무나 잘 알기 때문이다. 오직 성령께서 하신 일이고, 나는 그분의 도구로 쓰임받았을 뿐이다. 하나님의 말씀 그대로 '나와 함께하신 하나님의 은혜'(고전 15:10)였고 '성령의 권능'(행 1:8)으로 한 것이었다. 그렇게 의도하지 않은 전도의 현장실습과 체험을 통해 담력과 은혜를 경험한 뒤로 나는 언제 어디서든지, 또 누구에게든지 스스럼없이 전도를 하게 되었다. 이것 역시 나의 성정까지 바꾸어 사용하고자 훈련하신 하나님의 놀라운 섭리였음을 고백한다.

오직 성령이 너희에게 임하시면 너희가 권능을 받고 예루살렘과 온 유대와 사마리아와 땅 끝까지 이르러 내 증인이 되리라 하시니라(행 1:8)

죽으면 죽으리이다

한 부흥성회에서 J 권사님은 충만한 은혜를 받았다. 강사 목사님이 누가복음 16장 19절 이하의 말씀을 본문으로 하여 설교하셨는데, "우리 인간은 반드시 구원받지 않으면 안 됩니다."라고 구원의 절대성을 호소하는 그 말씀에 J 권사님은 폭포수 같은 감동과 은혜를 충만하게 받았다. 권사님은 구원받지 못한 시어머니와 남편 그리고 자녀 삼남매의 얼굴을 떠올리며, 사랑하는 가족들이 천국에 가지 못하고 영원한 지옥 형벌에 처해질 것을 상상하니 너무나도 안타까워 눈앞이 캄캄하고 숨이 막혔다. 이에 J 권사님은 "나 혼자만 예수 믿고 천국 갈 것이 아니라 사생결단하고 전도해야겠다."라고 결단했다.

오전 집회가 끝나고 집으로 돌아간 권사님은 진지한 어조로 가족들에게 "오늘밤부터 온 가족이 다 같이 교회에 가서 부흥성회에 참석합시다. 그래서 은혜 받고, 우리 가족이 예수님을 믿어 다 같이 구원받고 천국 갑시다."라고 간청했다. 권사님이 죄인을 구원하기 위해 십자가에서 피 흘리신 예수님의 사랑으로 진지하고 애절하게 전도를 했음에도 불구하고 가족들은 전혀 관심과 반응이 없었을 뿐만 아니라, 심지어 권사님을 무시하기까지 했다. 권사님은 복음을 전하는 자기의 말을 가족들이 이렇게 무시한다면 차라리 죽어야겠다고 생각하고, 죽기를 각오하고 시멘트로 된 방 벽에 자기 머리를 세차게 들이받기 시작했다. 권사님은 이성을 잃은 사람처럼 가족들이 동의하기까지 수차례 벽을 들이받았다. 그 모습이 가족들에게 얼마나 큰 충격이었는지, 모두 달려들어 권사님을 붙잡고 만류하며 지체 없이 교회에 가기로 약속했다.

그리고 바로 그날 밤부터 가족들이 부흥회에 참석하기 시작하여 예수를 믿게 되었다. 그 은혜로 훗날 J 권사님의 시어머니는 집사 직분을 받은 뒤 천국에 가셨고, 현재는 남편과 장녀와 사위 모두가 광성교회 집사로서 중직을 맡아 섬기고 있고, 장남과 차녀 모두 신앙생활을 하고 있다. 그 당시 권사님이 시멘트 벽을 얼마나 세게 들이받았던지, 벽이 움푹 들어갈 정도였다고 한다. 그런데 신기하게도 권사님의 머리에는 상처 하나 나지 않았을 뿐만 아니라, 고질적인 두통이 그 순간부터 깨끗하게 사라졌다.

또 한 가지 감사한 일을 나중에 알게 되었다. J 권사님과 한 울타리 안에서 살던 손아래 친척인 B 권사는 당시 불신자였는데, J 권사님이 벽에 머리를 들이받는 광경을 보고 언젠가는 반드시 자기도 예수님을 믿겠다고 작정했다고 한다. 그러나 교회에 가기를 차일피일 미루던 어느 날, 공사현장에 갔다가 중장비에 치여서 중상을 입고 의식을 잃었는데, 의식을 잃기 직전에 다급하게 이런 절규 같은 기도를 했다고 한다.

"몇 년 전 J 권사가 가족들을 전도하려고 머리로 시멘트 벽을 박았는데도 아무 부상도 입지 않고 오히려 고질적인 두통이 치료되었을 때 저는 마음으로 예수님을 믿기로 작정했으니, 이번에 저를 살려주시면 앞으로는 예수님을 잘 믿을게요. 살려주세요."

성도들이 나를 찾아와 그런 얘기를 전해주며, 그녀는 교회를 다니지 않지만, 위기 상황에서 부르짖은 믿음을 보니 믿음이 흐릿한 교인들보다 더 낫다는 생각이 들었다고 했다. 그러면서 그녀가 퇴원하면 교회에 다닌다고 말했으니, 함께 심방을 가달라는 것이다. 나는 성도들과 함께 한 생명을 구원한다는 기쁜 마음으로 심방을 갔다. 그녀는 나를 얼마나 반가워하는지 얼굴에 화색이 돌면서 '하나님이 자기의 기도를 들으시고 살려주셨으니 두말하지 않고 반드시 교회에 나가겠다.'고 약속을 했다. 약속대로 그녀는 퇴원 직후부터 열심히 신앙생활을 하여 권사 직분까지 받았다. 그 후 B 권사님의 가족도 점차로 신앙생활을 하기 시작했고, 장남 L 집사가 2021년 4월에 광성교회 장로로 임직하여 충직하게 교회를 섬기고 있다.

참으로 하나님의 구원의 은혜는 신비하고도 놀라울 따름이다. 구원은 하나님께 있다. 하나님은 하시고자 하면 못하실 것이 없으신 분이다. 사랑하는 가족과 친척까지도 구원하시려는 하나님의 섭리에 따라 먼저 J 권사를 귀하게 들어 쓰셨듯이 J 권사를 통하여 구원받은 가족과 친척을 또한 들어 쓰셨다. 이처럼 구원의 역사를 무한대로 이어가실 미래를 기대하며 하나님께 영광과 찬양을 돌린다.

> 그들을 데리고 나가 이르되 선생들이여 내가 어떻게 하여야 구원을 받으리이까 하거늘 이르되 주 예수를 믿으라 그리하면 너와 네 집이 구원을 받으리라 하고(행 16:30-31)

> 너희가 나를 택한 것이 아니요 내가 너희를 택하여 세웠나니 이는 너희로 가서 열매를 맺게 하고 또 너희 열매가 항상 있게 하여 내 이름으로 아버지께 무엇을 구하든지 다 받게 하려 함이라(요 15:16)

나의 생명 나의 하나님(문효신 목사의 간증)

목회사역 말년에 하나님의 은혜로 귀한 동역자를 만났다. 정년 은퇴를 6년 앞둔 때, 찬양대 지휘자가 절실하게 필요했다. 음악을 전공했거나 음악에 은사가 있어서 찬양대 사역도 감당할 수 있는 부목사를 보내달라고 기도하던 중에, 2016년 12월 초에 군산연합신학원 종강예배에서 문효신 목사를 만났다. 그는 당시 전도사였고, 학부에서 음악을 전공한 사람이었다. 그는 얼마 안 되어 광성교회의 부교역자로 부임하게 되었다. 그때 이력서와 함께 간증이 담긴 자기소개서를 제출했는데, 그 간증을 나만 읽고 지나가기에는 너무 아쉬워서 여기에 옮기고자 한다.

먼저 부족한 사람의 자기소개서를 올릴 수 있도록 기회를 주신 존경하는 윤기원 목사님께 감사를 드립니다. 자기소개서라기보다는 간증에 가까운 글을 너그러이 수용해주시기를 당부드립니다. 하나님의 선하신 섭리 안에서 살아가는 사람 중의 하나일 뿐인 저를 하나님의 종으로 늦게나마 불러주신 삶을 간략히 소개하며, 귀 교회에서 저를 불러주신다면 저의 삶을 덤으로 허락하신 하나님께서 후회하지 않으시도록 제 온 힘을 다하여 사역에 임하고자 다짐합니다.

1. 사랑을 공급받은 어린 시절

저는 어렸을 때 가족과 친척들로부터 과분할 정도의 사랑을 받고 자랐습니다. 또한 친척들과 이웃들과 아낌없이 나누고 베푸는 어머니의 삶을 배우며 마냥 행복한 어린 시절을 보낼 수 있었는데, 그것이 오늘의 삶을 지탱해주는 자양분이 되었다고 생각합니다. 지금도 어린 시절을 생각하면 친가와 외가 식구들, 이웃의 어른들과 또래 친구들이 하루가 멀다 하고 찾아와 저희 집에서 함께 교제하던 장면들이 떠오르며 행복해지기 때문입니다.

2. 질병과 공포의 잿빛으로 변한 학창 시절과 청년 시절

그러나 고등학교 때 어머니는 세상을 떠나셨고 아버지는 재혼하셨습니다. 그와 함께 저는 삶의 버팀목을 잃어버리고 환경적, 정신적 우울증에 시달렸습니다. 대학에 들어가 간호학을 공부하던 중 두 번째 학기가 시작되면서 원인 모를 전신의 고통을 느끼기 시작했습니다. 하루하루를 가까스로 견디며 학교를 다니던 저는 겨울방학을 하자마자 쓰러져 전북대학교병원에 입원하게 되었습니다.

여러 과를 전전했지만 의사들조차 제 고통의 원인을 찾지 못했습니다. 결국 저는 임상실험 환자가 되어 2주 동안 갖가지 검사를 한 결과, 자가면역질환인 '루푸스'라는 진단을 받았습니다. 저의 경우는 예후가 최악이었고, 3개월 시한부 선고를 받아 주치의 선생님의 권면으로 학업을 중단하게 되었습니다. 제 청년 시절의 날개는 비상하기도 전에 질병과 죽음의 공포로 그렇게 꺾이고 말았습니다.

그나마 희미했던 믿음마저 다 잃고 하나님을 원망하며 절망 가운데 하루하루를 연명하는 중에도 하나님은 저를 사랑하셔서 목사님은 물론 저를 위해 기도하는 권사님들과 선배들을 붙여주셨습니다. 특히 권사님들은 거의 매일 찾아오셔서 기도해주셨고 신앙으로 권면해주셨습니다. "믿음은 들음에서 난다."라는 말씀대로 점차 저는 '하나님 앞에 갈 때 가더라도 지금 내가 할 수 있는 찬양이라도 하다 가겠다.'는 긍정적인 믿음이 싹트기 시작했습니다.

부신피질호르몬제의 부작용으로 얼굴이 달덩이처럼 퉁퉁 부은 상태로 찬양대에 서서, 얼굴이 안 보일 정도로 악보를 높이 추켜들고 '이번이 내 삶의 마지막 찬양이 될지도 모른다.'는 심정으로 온 힘을 다해 찬양을 불렀습니다. 그러다 보니 저의 찬양은 노래 반, 눈물 반이었습니다. 그 눈물의 찬양을 기쁘게 받으셨는지, 하나님께서는 제 생명을 연장해주셨고 점차 일상생활을 할 수 있을 정도로 건강도 회복시켜 주셨습니다. 통원치료를 하면서 교회학교 교사와 찬양대원으로 최선을 다해 봉사하던 중 한 청년(현재 군산 해성교회 장로)의 청혼을 받고 여러 난관을 거쳐 결혼을 하게 되었습니다.

3. 죽음의 문턱에서 만난 하나님

그러나 가정을 가진 기쁨도 잠시, 첫아이를 낳고 저의 건강은 극도로 악화되어 병원에서도 치료를 포기하는 지경에 이르렀습니다. 물론 저 자신도 죽음의 그림자를 느끼게 되었습니다. 그런데 신기하게도 죽음을 느끼는 순간, 두려움 대신 너무나도 고요한 마음이 찾아왔고 평안함이 느껴졌습니다.

아이를 길러야 하니 갓 태어난 아이를 봐서라도 하나님께 살려달라고 애원하고 싶은 생각이 들 만한 상황인데도, 가족들을 포함한 그 누구도 의지하지 않고 죽음을 받아들이며 망설임 없이 하나님께 홀로 죽음을 준비하는 묵상기도를 드렸습니다.

"하나님! 주님의 은혜로 이렇게 10년이라도 제 생명이 연장되고 아이까지 선물로 받았습니다. 그러나 제가 이 아이를 다 기르지 못하고 주님 품으로 가려나 봅니다. 이 아이의 앞날을 인도해주시고…."

아이를 맡기는 기도가 채 끝나기도 전에 갑자기 저의 시야가 환하게 밝아지며 거미줄보다도 더 가는 투명한 실이 하늘의 밝은 빛을 받아 빛나며 내려오는 것이 보였습니다. 제 시선은 어느덧 그 가느다란 줄을 따라 내려가고 있었습니다. 한참을 내려가다 보니 하나님의 커다란 손이 그 줄을 꼭 붙잡고 계셨습니다. 그 손을 본 순간 하나님의 은혜를 깨달았습니다. 입김만 불어도 이미 끊어졌을 저의 생명줄이지만, 하나님께서 지금까지 그 생명줄을 꼭 붙잡고 계셨던 것입니다. 욥과 같이 사탄의 시험은 허락하시되 저의 생명만큼은 꼭 붙들고 계셨던 것입니다. 기운이 없어 감사의 찬송을 입속으로만 읊조리는데 하염없이 눈물이 흘러내렸습니다. 죽음의 문턱에서 일명 '임사체험'을 하게 된 이후로 신기할 정도로 건강하게 회복되어 9년 뒤에는 작은아이까지 얻어 오늘에 이르고 있습니다.

4. 두렵고 떨리는 소명을 향하여

학업을 중단한 것이 저에게는 늘 마음의 숙제였습니다. 그래서 상황이 허락될 때면 유아교육과와 음악과에 두 번이나 문을 두드렸습니다. 하지만 이상하게도 두 번째 학기만 되면 등록금을 낼 수 없게 하나님께서 예금통장을 모두 비우셨습니다. 나이가 들어가기에 30대에 들었던 신학을 하라는 권면을 떠올리며, 모교회인 해성교회 2008년도 여름 부흥회에서 두렵고 떨리는 마음으로 기도하던 중 응답을 받았습니다. 신학대학원을 목표로 결단하고 용기백배하여 음악대학에 복학하였습니다. 신기하게도 들어가기만 하면 턱턱 막히던 학업의 길이 물 흐르듯 다시 열리는데, 대학교의 남은 7학기와 대학원 6학기를 하나님께서 가족들의 아낌없는 희생과 응원으로 넉넉하게 공부할 수 있도록 인도하셨고, 덤으로 영예로운 졸업까지 시켜주셨습니다.

신학대학원 첫 수업인 헬라어 강의 서두에 교수님께서는 이렇게 말씀하셨습니다. "예수님도 공생애 사역은 3년밖에 하지 않으셨다. 사역의 기간보다 어떻게 사역을 하느냐가 중요하다." 이 말씀은 꼭 저를 격려하는 말로 들렸습니다. 저도 모르게 눈물이 고이면서 마음속 깊이 '아멘'을 외치고 사역의 목표를 세웠습니다. 일반 목회자보다 3분의 1밖에 안 되는 짧은 사역 기간이지만, 제 영육간의 열정을 세 배로 농축하여 하나님께 드리리라는 목표를 세웠습니다. 그렇게 졸업한 이후 2015년도에 모교회인 해성교회를 거쳐 2016년도에는 소망교회에서 부족하지만 사역에 최선을 다하고 있습니다.

자기소개서라기보다는 하나의 감동적인 간증이다. 나는 이 글을 읽고 문효신 목사님을 기꺼이 청빙하게 되었다. 문 목사님은 2017년 1월 1일에 전도사로 부임하여 찬양대 지휘, 어린이부(유치부) 담당, 심방 사역 담당으로 있다가 그해 목사고시에 합격하여 8월에 안수를 받고 부목사로 청빙되었다. 하나님께 소명을 받던 때처럼 지금도 변함없이 착하고 충성되게 사역을 감당하고 있어서 내게 얼마나 큰 힘이 되는지 모른다. 목회사역 말년에 귀한 동역자를 보내주셔서 많이 부족한 나의 사역을 감당하도록 해주신 하나님께 감사를 드린다. 결국 목회는 사람이 하는 것이 아니라 하나님께서 하시는 것이다. 사람인 나는 다만 도구로 쓰임받을 뿐이라고 또 한 번 고백한다.

> 내가 달려갈 길과 주 예수께 받은 사명 곧 하나님의 은혜의 복음을 증언하는 일을 마치려 함에는 나의 생명조차 조금도 귀한 것으로 여기지 아니하노라(행 20:24)

믿음은 곧 결단이다

학생 때 전도사님을 따라 학생들을 심방하던 중에 한 친구가 전도사님에게 물었다.

"할머니가 돌아가시고 1주기를 맞이하여 제사를 지낼 텐데, 절을 해도 될까요? 하지 말아야 할까요?"

전도사님이 대답을 하시기도 전에 나는 경솔하게 나서서 "하나님을 향한 믿음은 변함없이 간직하고 형식적으로 절하는 것은 괜찮을 것 같은데, 그렇지요 전도사님?" 하며 다시 물었다. 그런 생각으로 우리 집 제사 때마다 내가 절을 하는 것을 합리화했기 때문에, 그 질문은 나 자신을 변호하기 위한 변명이기도 했다. 그러자 전도사님은 "제사에서 절을 하는 것은 우상숭배이기 때문에 하면 안 된단다. 기원이 말처럼 하나님을 향한 믿음은 변함없이 간직하고 형식적으로 절하는 것이 괜찮다고 한다면, 일제강점기 때 신사참배도 그냥 하지 왜 굳이 순교를 당했겠니? 행함이 없는 믿음은 죽은 믿음이라는 말씀이 있으니 절하면 절대 안 돼."라고 단호하게 대답해주셨다. 전도사님의 말씀을 듣는 즉시 그동안 우상숭배를 하면서도 그것을 죄로 여기지 않았던 내가 부끄러워지면서 앞으로는 모든 제사에 일체 절을 하지 않으리라고 굳게 결심했다.

그 후 아버지 기일이 되었다. 당시 우리 집안의 가장 큰 어른이신 작은할아버지께서 초저녁에 일찍이도 오셨다. 조상의 음덕을 무던히도 강조하셨기 때문에 조카 제삿날에 손자들이 제사를 제대로 잘 지내는지 감독하려고 일찍 오신 것이었다. 할아버지는 제사를 지극정성 신봉했고 제사 때마다 동네 사람들을 양반과 상놈으로 나누어 말씀하셨는데, 그 기준은 오직 제사에 두셨다. 제삿날마다 "아무개 집안은 상것들이라 초저녁에 제사상 차려서 윗목에 밀쳐놓고 잠을 잔단다. 그런 상것들, 절대로 본받지 말거라."라고 하시며 직·간접적으로 제사의식을 교육시키곤 하셨다. 또한 제삿날이면 제복을 차려입으시고 보물단지처럼 여기시는 갓을 반드시 쓰실 뿐만 아니라, 시간 엄수를 강조하셨다. 제사는 반드시 밤 11시에 시작되어 12시에 지방(제사 때에 종이로 쓰는 위패)을 태워야 했다.

그날도 큰형님이 제사를 집례하고, 작은할아버지는 아랫목에 앉아서 지켜보고 계셨다. 그러던 중에 손자들 중에서 내가 절을 하지 않고 우두커니 서 있는 것을 보시고는 "너는 왜 절하지 않고 서 있느냐?" 하시며 눈을 부릅뜨고 꾸짖으셨다. 나는 "예, 저는 교회 다니고 예수님을 믿기 때문에 오늘부터 모든 제사에 절을 하지 않기로 결심했습니다." 하고 담담하게 대답을 했다. 할아버지는 "윤가 양반 집안에 조상 제사에 절을 안 하는 상놈의 돌씨가 태어났구나."라고 화를 내시면서 밖으로 나가셨다. 나는 작은할아버지가 속상하여 당신 집으로 가시는 줄로 알았는데 몽둥이를 가지고 방안으로 들어오시는 것이었다. 그 자리에 그대로 계속 있다가는 몽둥이에 맞아 죽을지도 모르겠다는 생각이 들었다. 나는 재빨리 뒷문을 박차고 뛰쳐나와 그 길로 교회로 달려가서 기도하다 잠이 들었다.

다시 깨어났을 때, 하나님께서는 나에게 "기왕에 믿을 바에는 바르게 잘 믿어서, 믿는 것처럼 믿어야 하겠다."라는 결단을 다시 한 번 하게 하셨다. 놀랍게도 그렇게 결단을 하고 나니 그때까지 느껴보지 못한 마음의 평안이 느껴졌다. 하나님께서는 한 걸음 더 나아가 "앞으로 모든 제삿날에는 아예 제사 자리에 참여도 하지 않고 교회로 달려가서 철야로 기도하리라."라는 결단까지 하게 만드셨다. 그 뒤로 우리 집의 모든 제삿날은 내가 철야 기도하는 날이 되었다.

훗날 목사가 되고 난 뒤에는, 명절이 되면 아침에는 믿는 가족들을 위해 추도예배를 드리고 저녁에는 안 믿는 가족들을 위해 제사를 드리는 두 가지 방식을 썼다. 아버지 기일이면 믿는 가족들이 저녁 식사 전에 추도예배를 드리고, 저녁 식사가 끝나면 각자 집으로 돌아갔다. 한밤중에 남아서 제사를 지내는 안 믿는 가족들의 분위기가 파장(罷場)처럼 느껴졌는지, 어느 제삿날 큰형님은 "이중으로 제사를 드리다가는 집안이 둘로 나뉘겠다." 하고 염려하시며 예수님을 믿기로 결심하셨다. 참으로 꿈만 같은 일이 일어난 것이다. 큰형님은 우리 집안의 모든 제사를 폐지하고, 목사 동생의 주관하에 추도예배로 바꾸겠다는 선언까지 하셨다. 아무리 생각해도 성령의 역사였다. 그 뒤로 큰형님은 올곧은 성격대로 신실하게 신앙생활하시며 집사 직분까지 받고 천국에 가셨다.

참 좋으신 하나님께서는, 어린 나이에 더 잘 믿기 위하여 '하나님께서 기뻐하시지 않는 일은 하지 않으리라.'는 지극히 작은 결단이었음에도 불구하고 가족의 구원을 책임져 주시는 은혜를 베푸셨다. 그야말로 조상 대대로 유교와 미신으로 찌들어 있었고 특별히 제사를 신봉하던 집안의 장손인 큰형님이 그런 결단을 한 것은 기적 중의 기적이며, 어린 시절 믿음의 결단을 기쁘게 받으신 하나님께서 주신 상급이었다. 평생 신앙의 길에 잊지 못할 감격과 은혜가 아닐 수 없다.

그러므로 이제는 여호와를 경외하며 온전함과 진실함으로 그를 섬기라 너희의 조상들이 강 저쪽과 애굽에서 섬기던 신들을 치워 버리고 여호와만 섬기라 만일 여호와를 섬기는 것이 너희에게 좋지 않게 보이거든 너희 조상들이 강 저쪽에서 섬기던 신들이든지 또는 너희가 거주하는 땅에 있는 아모리 족속의 신들이든지 너희가 섬길 자를 오늘 택하라 오직 나와 내 집은 여호와를 섬기겠노라 하니(수 24:14-15)

믿음으로 에녹은 죽음을 보지 않고 옮겨졌으니 하나님이 그를 옮기심으로 다시 보이지 아니하였느니라 그는 옮겨지기 전에 하나님을 기쁘시게 하는 자라 하는 증거를 받았느니라(히 11:5)

교회 개척의 꿈을 주시고 이루어주신 은혜

신학교에 다니면서 목회 진로를 위하여 기도하던 중에 두 가지 비전이 생겼다. 첫 번째는 담임목사님이 계신 사역 현장에서 목회실습이 필요하겠다는 생각이었고, 두 번째는 다른 사람들이 세운 교회에서만 목회할 것이 아니라 반드시 교회를 개척하여 하나라도 교회를 세워야겠다는 생각이었다. 훗날 그 비전은 내 생각에서 비롯된 것이 아니라, 하나님께서 주신 감동으로 생긴 것임을 깨닫게 되었다.

그렇게 하나님께서 주신 감동으로 목회 방향을 설정하고 결단했더니, 졸업반이 되었을 때 너무나 감사하게도 옥산교회(충남 서천 마서, 윤복현 목사님 시무)에 가게 되었다.(1979. 07.-1980. 09. 15.) 성자라고 불리던 윤 목사님께서 목회에 대하여 아무것도 모르는 나에게 너무나도 큰 사랑을 베풀어주셔서 얼마나 많은 것을 배웠는지 모른다. 농사에 비유하자면 벼의 모를 못자리에서 충실하게 싹을 틔워 논에 이양하고 정성스레 가꾸는 농부의 심정처럼 지극한 정성과 사랑으로 많은 것을 가르쳐주시며 길러주셨다. 그때 나는 그 사랑에 보답하기 위해 아무것도 가리지 않고 무조건 주님의 교회를 위해 충성해야겠다는 생각밖에 들지 않았다.

또 옥산교회에서 만난 한 장로님의 사랑과 은혜를 영원토록 잊을 수가 없다. 이춘희 장로님(당시에는 권사이셨던, 윤교희 목사님의 어머님)은 많이 부족하고 여러 가지로 미숙한 젊은 전도사인 나를 사랑으로 감싸주셨다. 그곳에는 윤 씨 씨족들이 많이 살았고, 항렬이 높으신 이춘희 장로님은 대모님으로 통했다. 당시 부교역자 사택이 없어서 나는 이 장로님 댁 사랑채에서 지냈는데, 가끔씩 새벽기도 시간에 못 일어나면 깨우러 오셨다가 '젊은 전도사가 얼마나 피곤하면 못 일어날까. 그리고 담임목사님이 계신데 하루쯤이야 어쩌랴.'라는 넓은 마음으로 방문 앞에서 발길을 돌리시곤 하셨다. 교인들 중에 전도사가 잠만 자고 새벽기도에 빠진다고 흉을 보는 사람이 있으면 "그런 너희들은 새벽기도 하느냐?"라고 책망하시며 부족한 전도사의 수많은 허물을 예수님의 사랑으로 감싸주셨다.

그렇게 윤 목사님과 이 장로님의 특별한 사랑을 받으면서 1년을 섬기다가 하나님께서 전북 익산의 삼광교회로 인도해주셨다. 익산 동련교회와 멀리 떨어져 있는 지역을 찾아 익산 황등면 죽촌 마을을 중심으로 하여 큰 3개 마을의 중앙에 삼광교회를 세웠을 때, 초대 목회자로 부임하여 담임목회자로서 첫 출발을 하였다.(1980. 09. 15.-1981. 09. 10.)

그때 하나님께서는 개척을 위해 정읍으로 떠날 때까지 만 1년 동안 놀라운 부흥의 경험을 주셨다. 처음에는 동련교회에서 청·장년 25명과, 동련교회와는 반대편에 위치해 있던 대성교회의 교인 10명 정도를 합하여 35명으로 출발했는데, 떠날 때는 주일 낮 예배 출석 교인이 청·장년만 95명이 모일 정도로 부흥시켜 주신 것이다.

이렇게 사역에 원숙한 목사님 밑에서 목회를 배우게 하시고, 분립한 교회에서 부흥의 맛을 보게 해주신 하나님은 나를 목회 초년에 개척의 길로 인도하셨다. 훗날에야 하나님께서 마음 약한 내가 개척 목회의 어려움을 미리 맛보게 되면 교회 개척을 하지 못할 것이라고 생각하셔서 그리 인도하셨다는 사실이 깨달아졌다. 1981년 9월 15일, 정주상동교회가 처음 세워져 설립 공인 예배를 드림으로써 내 생애에 첫 '개척 사역'이 역사적인 출발을 하게 되었다.

부족한 나를 통하여 세워주신 정주상동교회(현재는 동산교회로 개명)는 여러 고마운 분들의 도움으로 성장할 수 있었다. 1983년 6월 31일, 정주상동교회 예배당은 사택 일부를 포함해 연건평 50평으로 신축을 시작했고 그해 8월 21일 입당하게 되었다. 그 과정에서 정읍제일교회 온옥기 집사님께서 107평의 대지를 봉헌해주셨고, 정읍제일교회가 본당을 신축 중이었는데도 350만 원의 헌금을 해주셨다. 전북노회에 속한 모든 교회들은 정주상동교회를 도우려고 물질을 기꺼이 헌납해주셨고, 그 외에도 예수병원선교회를 비롯한 수많은 개인과 교회, 단체의 도움으로 빚을 지지 않고 예배당을 신축하여 봉헌할 수 있었다.

교회 개척 시절에는 금식이 아닌 일명 '굶식'을 밥 먹듯이 하며 수많은 훈련과 연단을 받았다. '굶식'의 은혜는 단순히 교회 개척의 성공뿐만 아니라 교회를 보다 진실하게 섬기게 하는 원동력이 되었다.

개척교회 시절의 훈련과 연단은 내 평생 목회의 귀한 자양분이 되어 오늘의 목회사역을 가능케 했다. 하나님께서 주님의 몸 된 교회를 세우기 위해 부족하기 그지없는 나를 들어 쓰시려고 고된 훈련을 시키실 때, 그것을 마다하지 않고 감당할 수 있도록 매순간 힘 주시고 채워주신 은혜에 한없이 감사할 뿐이다.

너희 안에서 행하시는 이는 하나님이시니 자기의 기쁘신 뜻을 위하여 너희에게 소원을 두고 행하게 하시나니(빌 2:13)

우유 배달로 새벽기도 훈련을 받다

우리 고향 교회에 부임하시는 목사님이나 전도사님들은 가족들에게조차 환영받지 못하고 한없이 부족한 나에게 언제나 이구동성으로 "기원이는 신학을 하고 목회를 했으면 좋겠다."라고 말씀해주셨다. 나는 그때마다 "그렇게 잘 보아주셔서 감사합니다."라고 인사를 했지만, 속으로는 '저를 얼마나 아신다고 그렇게 말씀하십니까?' 하고 반문했다. 그 이유는 두 가지인데, 첫째로 나는 당시에 목회자는 새벽기도를 하고 평신도는 하지 않는다고 생각했기 때문에 새벽마다 일어나는 일에 자신이 없었다. 둘째로 나는 한 끼니도 거르지 못할 뿐 아니라, 때가 조금만 늦으면 시장기로 괴로운 체질이다. 그런 내가 금식을 밥 먹듯 해야 하는 목회자가 됐으면 좋겠다는 말이 믿기지 않았기 때문이다. 다만 기왕에 신앙생활을 하려면 잘해야겠다는 생각을 하면서, 막연하게나마 '훗날 돈을 많이 벌어서 교회와 목사님을 열심히 잘 섬기겠다.'는 나름의 비전을 가지고 있었을 뿐이다.

그런데 신학을 권면하던 분들 가운데 현재 바울선교회 소속 선교사로 일본에서 사역 중인 이종현 목사님(당시 전도사)이라는 분이 계셨다. 취업 준비로 어려워하고 있을 때 그분은 나에게 끊임없이 권면을 하셨다.

나는 나를 인정해주는 그 마음이 너무나 감사하여 "전도사님, 그러면 제가 두 달간 새벽에 기도하고 하나님께서 응답하시면 결단하겠습니다."라고 대답했다. 새벽기도를 시작하는 첫날, 알람시계가 없던 시절인데도 마치 누군가 나를 깨우는 것처럼 정확한 시간에 성령께서 새벽잠을 깨워주셨다. 첫날부터 은혜를 체험한 것이다. 그 뒤 하루도 거르지 않고 기도한 결과, '목회자의 길을 가는 것이 하나님의 뜻이라면 순종해야 하겠다. 그리고 비록 나는 부족하지만 하나님께서 함께해주시면 감당할 수 있으리라.'는 마음이 들었다.

그 당시 나는 신학을 할 수 없는 환경이었지만, 진로를 결정하고 나니 말로 형용할 수 없는 평안이 찾아왔다. 더욱 놀라운 것은 믿음이 없는 큰형님이 신학교에 가는 것을 크게 반대하실 줄 알았는데, 가을까지 대식구가 먹어야 할 쌀까지 팔아서 학비를 마련해주신 것이다. 이런 일들은 내가 신학을 공부할 수 있도록 모든 것을 예비해놓은 성령의 기적적인 역사라고밖에 이해할 수가 없다.

신학교에 입학했지만 기숙사에 들어가지 못하는 바람에 지인의 도움으로 50일 동안 삼각산기도원에서 지내며 학교를 다녔다. 그러던 중 가지고 간 용돈이 바닥났고, 학교를 계속 다니려면 아르바이트를 하는 길밖에 없었다. 그래서 지인의 도움으로 양평동에서 우유 배달을 시작했다. 2년 동안 새벽 3시 30분에 일어나 준비하고, 통금이 해제되는 4시에 자전거를 타고 대리점으로 갔다. 매일 배당되는 물량을 처리하느라 만 2년 동안 단 하루도 거를 수가 없었다. 그러다 보니 새벽에 일어나는 것에 자신이 없어서 목회의 길을 피했던 내가 자연스럽게 새벽에 일어나게 되었다. 만 2년 동안의 우유 배달은 학비조달을 위한 아르바이트였을 뿐 아니라, 하나님께서 계획하신 철저한 새벽기도 훈련이었다. 그때 그 훈련을 감당할 수 있었던 것은 오직 나를 사용하시려고 지팡이와 막대기로 함께하신 임마누엘 하나님의 은혜가 있었기 때문이다. 그 훈련 때문에 피곤하고 힘들다는 생각 없이 평생 새벽기도를 하루도 거르지 않고 있다. 오직 하나님의 은혜이다.

하나님께서 우리를 훈련하실 때, 우리 사역자들은 거부하거나 피하지 말고 기도하며 말씀을 붙잡고 인내와 소망을 가지고 어떤 훈련이라도 달게 받고 통과해야 한다. 그렇게 훈련을 받아놓아야만 목회현장에서 겪게 될 그 어떤 어려움도 기쁨과 즐거움으로 감당할 수가 있다. 다윗은 아둘람 굴에서, 모세는 미디안 광야에서 힘들고 어려운 훈련을 받았기 때문에 크고 위대한 사역을 감당한 것 아니겠는가.

너희 믿음의 확실함은 불로 연단하여도 없어질 금보다 더 귀하여 예수 그리스도께서 나타나실 때에 칭찬과 영광과 존귀를 얻게 할 것이니라(벧전 1:7)

육체의 연단은 약간의 유익이 있으나 경건은 범사에 유익하니 금생과 내생에 약속이 있느니라(딤전 4:8)

두려움을 이기는 믿음

나의 실질적인 초임지는 충남 서천 마서면 옥산교회였다. 당시 담임 목사이신 윤복현 목사님은 지역사회에서 성자로 인정받는 인자한 어른이셨다. 목회 초년에 그런 윤 목사님을 만난 것은 하나님의 은혜요, 큰 축복이었다. 신학교 졸업반 여름방학 때에 부임하여 만 1년을 섬기는 동안 비록 짧은 시간이었으나 윤 목사님은 교회와 목회가 어떤 것인지를 몸소 모범을 보이며 가르쳐주셨다. 너무나도 유익한 경험과 수련 과정이었다. 특히 그곳에서 사역하면서 총 일곱 번의 장례를 치르며 장례식에 대하여 훈련하신 일은 두고두고 잊을 수가 없다.

담력이 없어서 그랬는지 옥산교회의 새내기 전도사였던 내게 사역의 가장 큰 난관은 다름 아닌 '무서움'이었다. 옥산교회에는 객지에서 직장 생활을 하다가 위암 수술을 받고 요양차 시골집에 내려온 20대 초반의 남자 청년이 있었다. 그런데 안타깝게도 병이 점점 악화되었고, 어느 날 오후에는 위독하다는 연락을 받고 윤 목사님을 모시고 달려갔다. 뼈만 앙상히 남은 몸이 얼마나 많이 부었던지 참으로 안타까웠다. 결국 그 청년은 저녁 무렵에 세상을 떠났는데, 유난히 퉁퉁 부은 청년의 시신을 보는 순간, 밀려오는 무서움을 감당할 길이 없었다.

유족들과 다음 날 장례를 치르기로 결정하고 장례 준비를 위해 교회로 돌아오는 길에 윤 목사님께서 밤 8시에 입관하자고 말씀하시는 순간 나는 말문이 막혔다.

그때까지 여러 차례 장례를 치르며 입관할 때 윤 목사님 옆에서 도우미 역할을 했지만, 이번에는 유난히도 무서움이 덮쳐왔다. 어떤 핑계를 대서라도 이번만은 그의 주검으로 인한 공포로부터 벗어나야겠다는 생각으로 나는 얄팍한 꾀를 냈다. 옥산교회는 초상이 나면 청년과 학생들이 총동원되어 밤에 종이꽃으로 상여를 만드는 전통이 있었는데, 그것을 빌미로 꾀를 내어 이렇게 말한 것이다.

"목사님, 오늘밤에 청년과 학생들을 총동원하여 상여를 만들어야 하는데, 아무리 생각해도 제가 감독을 해야 할 것 같습니다. 그러니 이번만은 다른 장로님을 모시고 입관을 하시는 것이 좋겠습니다." 그랬더니 의외로 쉽게 허락해주셨다. 허락의 말씀이 떨어지자마자 나의 마음속은 반사적으로 환호를 외쳤다.

그러나 얄팍한 꾀를 내어 한참 어른인 윤 목사님을 속인 것이 두고두고 후회되어 언젠가는 이 일을 고백하고 용서를 구해야겠다고 생각했는데, 기회를 얻지 못하고 끝내 윤 목사님은 천국에 가셨다. 훗날 나도 천국에 가면 윤 목사님을 찾아뵙고 용서부터 구해야 할 것 같다.

무서움 때문에 어려움을 겪은 일은 또 있다. 그 당시 내가 머물던 곳은 L 권사님 댁의 사랑채였다. 그래서 나는 화장실에 갈 때는 교회 화장실로 가곤 했다. 교회 화장실 앞에는 작은 대나무 밭이 있었고, 화장실 천장을 가로지른 보에는 상여를 멜 때 필요한 어깨끈이 담긴 허름한 상자가 올라가 있었다. 바람이 부는 날이면 그 하얀 끈이 흘러내려와 얼굴 앞에서 흔들거렸는데, 대나무 사이로 부는 바람과 하얀 끈이 뒤섞여 이

상야릇한 소리가 나곤 했다. 그 소리와 모습은 금방이라도 귀신이 나타날 것만 같은 공포심을 자아내고도 남았다. 밤중에 화장실 용무가 생길 때마다 사지로 내몰리는 병사가 된 기분으로 다녀왔는데, 결혼한 후에는 아내가 동행해주어 그나마 공포심을 누그러뜨릴 수 있었다.

당시에 나는 두 곳의 구역예배 인도를 담당했는데, 거리가 먼 동네는 낮에 자전거를 빌려 타고 다녔고, 가까운 '발동'이라는 동네는 밤에 다녔다. 발동은 차도를 지나 논둑길을 거치고 동산을 지나야만 갈 수 있는 곳이었다. 문제는 그 동산에 묘지가 있다는 것이었다. 갈 때는 그런대로 괜찮았지만, 예배를 마친 뒤에는 돌아갈 일이 항상 걱정이었다. 그래서 나는 해가 지기 전에 구역예배를 드릴 가정에 미리 가서 기다렸다가, 예배가 끝나고 그 집 학생들이 귀가할 때까지 또 기다렸다가, 그 학생들을 내 앞에 둘, 뒤에 둘을 세워 찻길까지 호위하게 했다. 학생들을 보호해야 할 전도사가 학생들에게 호위를 받던 장면을 생각하면 너무 미안하고 부끄럽기 그지없다. 그만큼 어두운 밤 화장실의 상여 끈과 바람 소리, 그리고 묘지는 새내기 전도사에게 넘을 수 없는 공포의 산이었다.

그러다 1년 뒤인 1980년 9월 15일, 옥산교회를 떠나 익산 삼광교회에서 단독으로 목회하는 전도사로 부임하게 되었다. 그곳에서 준목 인허를 받기까지 1년 동안 시무하면서 직접 입관에 참여할 일이 한 차례 있었다. 그런데 신기하게도 그때부터 주검이나 밤중에 만나는 묘지의 무서움 따위가 거짓말처럼 사라졌다. 이전에는 시신을 다루며 입관을 한다는 것은 엄두조차 낼 수 없는 일이었는데 말이다. 오히려 전에 왜 그렇게 무서워했는지 내가 나를 생각해도 낯설게 느껴질 정도였다. 목회와 사역을 책임져주시는 하나님의 은혜요, 은사가 아닐까.

두려워하지 말라 내가 너와 함께 함이라 놀라지 말라 나는 네 하나님이 됨이라 내가 너를 굳세게 하리라 참으로 너를 도와 주리라 참으로 나의 의로운 오른손으로 너를 붙들리라(사 41:10)

인자야 너는 비록 가시와 찔레와 함께 있으며 전갈 가운데에 거주할지라도 그들을 두려워하지 말고 그들의 말을 두려워하지 말지어다 그들은 패역한 족속이라도 그 말을 두려워하지 말며 그 얼굴을 무서워하지 말지어다(겔 2:6)

가난을 통해서도 목회자로 훈련시켜 주신 은혜

어렸을 적 우리 집안에서 제일 큰 어른은 작은할아버지셨다. 나중에 알고 보니 삼대독자였던 할아버지가 일찍 돌아가셔서 양자를 데려온 것이었다. 작은할아버지는 집안에서 가장 어른임을 앞세워 큰집의 조카며느리인 우리 어머니와, 손자인 나와 형제들에게 괴팍한 성격대로 경우 없이 대하셨다. 한마디로 사랑도 덕도 없는, 집안의 짐이 되는 분이셨다.

특히 작은할아버지는 제사를 신봉했는데, 그것 때문에 가난하고 불쌍한 우리 어머니를 얼마나 힘들게 했는지 모른다. 우리 집 앞에는 7대조 할아버지의 큰 산소가 있었는데, 조선 시대에 오늘날로 따지면 경호관 정도의 벼슬을 하셨다고 한다. 그래서 작은할아버지는 7대조 할아버지의 벼슬 이야기로부터 시작하여 우리가 조상의 음덕으로 산다는 말씀을 귀가 따갑도록 하셨다. 그러면서 가난한 살림이지만 제사를 목숨처럼 여겨 격식을 갖추어 지내야 한다고 입버릇처럼 강조하셨다.

제사를 지낼 때면 우리는 시간을 엄격하게 지켜야 했다. 제례를 다 지내고 지방을 불태우는 시간은 정확하게 밤 12시에 맞아떨어져야 했다. 그렇지 않으면 그날은 어머니에게 불벼락이 떨어졌다. 또한 우리 집안의 제사는 산에서 지내는 제사를 비롯하여 밤에 집에서 지내는 제사까지 합하여 일 년에 스무 번에 가까웠는데, 그 많은 제사 모두에 빚을 내서라도 격식을 갖춘 제물을 준비해야만 했다.

당시 시골이었던 그 마을에 부잣집의 상징과도 같은 기와집이 우리 집밖에는 없었다. 그런데 제사와 같은 허례허식이 계속되고, 오랜 세월 노동력과 생산성이 떨어지는 집안에 부잣집이라고 모여드는 사람이 많다 보니 집안 사정은 점점 어려워질 수밖에 없었다. 내가 태어나기 직전에 본격적으로 가세가 기울기 시작했다. 기와집은 전부 불에 타버리고, 사람을 두고 부리던 말은 병들어 죽고, 소는 도둑을 맞은 상황에서 설상가상 6·25전쟁까지 일어나 가세는 바닥을 치게 되었다. 이 때문에 어머니는 속상할 때마다 걸핏하면 나를 향하여 "네놈 태어나면서부터 우리 집안이 망하게 되었어. 너는 재수 없는 놈이여." 하며 저주에 가까운 악담을 하셨다.

남에게 베풀기를 좋아하신 아버지는 지역에서 호인이라 정평이 났지만, 일하기를 싫어하고 생활력이 없는 사람이었다. 그래서 우리 집은 얼마나 가난했는지 여름에 쌀 한 톨도 구경할 수 없을 정도였다. 꽁보리밥을 얼마나 먹었던지 지금도 보리밥을 보면 그 시절이 떠올라 입에 대지 않는다. 하루는 밖에 나가서 놀다가 저녁때가 되어서 집에 돌아왔더니 어머니가 부엌에서 눈물을 흘리며 아궁이에 불을 때고 계셨다. 언뜻 연기 때문이라 생각했는데, 나중에 알고 보니 저녁밥 지을 양식이 떨어져서 빈 솥에 물만 붓고 나무를 태우며 자식들 생각에 울고 계셨던 것이다.

그런 가난 속에서 나는 정신력을 다졌다. 궁핍한 생활의 경험은 신학 공부를 할 때 아르바이트를 거뜬히 감당할 수 있게 했고, 개척교회를 섬길 때에 굶기를 밥 먹듯 하면서도 "굶음으로써 금식하는 '굶식'을 한다."

라고 스스로 위로하면서 비참한 생각을 뒤로할 수 있었다. 어린 시절의 궁핍한 생활이 훗날 목사의 사역을 위한 귀한 훈련이 된 것이다.

단 한번도 목회현장에서 가난 때문에 하나님을 원망하거나 불평해본 일이 없다. 다만 두고두고 미안한 것은 아내와 자녀들을 고생시켰다는 점이다. 가난으로 한참 고생할 때는 아들이 어렸을 때였다. 수제비를 빗어 먹던 그 시절을 추억하며 아들에게 신학을 해서 목사가 되었으면 좋겠다고 두 번 권면했더니, 아들이 집게손가락을 세워 입을 가리는 제스처를 취하며 "쉬~" 하는 소리를 냈다. 목사 되라는 말은 하지 말라는 뜻이었다. 비록 어렸지만 그 가난을 생생하게 기억하기 때문이었을 것이다. 그럼에도 불구하고 아내와 아이들은 가난밖에 줄 것이 없는 부족한 내가 사역을 감당할 수 있도록 현실을 받아들이며 헌신적으로 협력했다. 영원 전부터 예비하신 섭리와 계획 가운데 합력하여 선을 이루시는 하나님의 놀랍고도 신비한 은혜가 감사할 뿐이다.

> 내가 궁핍하므로 말하는 것이 아니니라 어떠한 형편에든지 나는 자족하기를 배웠노니 나는 비천에 처할 줄도 알고 풍부에 처할 줄도 알아 모든 일 곧 배부름과 배고픔과 풍부와 궁핍에도 처할 줄 아는 일체의 비결을 배웠노라 내게 능력 주시는 자 안에서 내가 모든 것을 할 수 있느니라(빌 4:11-13)

직분의 은퇴는 있으나 사명의 은퇴는 없다

장로, 권사, 집사 등 직분자들 중에는 은퇴한 다음 날부터 섬김, 봉사, 헌신 등은 두말할 것도 없고, 심지어 새벽기도까지 발걸음을 끊어버리는 사람들이 있다. 이 얼마나 안타까운 일인가! 그러면 안 되는 일이다. 사실 예배와 사명의 감당은 직분의 유무와 상관이 없기 때문이다.

이 문제로 며칠을 고민하고 기도할 때에 하나님께서 어느 날 "직분의 은퇴는 있으나, 사명의 은퇴는 없다."라는 간단명료한 지혜를 주셨다. 아하! 바로 이것이구나! 직분은 교회의 질서와 건전한 덕을 위해 책임을 가지고 사명을 감당하며 섬기라고 세운 제도일 뿐이고, 하나님께서 주신 사명을 감당하는 일에는 선을 그어 정해놓은 것이 없다. 우리가 존재하는 이유 중의 이유는 사명 때문이다. 따라서 직분이 있든지 없든지, 은퇴를 했든지 안 했든지 주어진 사명을 감당하는 일에는 변함이 없어야 한다.

그렇다면 사명은 언제 끝나는가? 그것은 바로 천국 가는 날이다.

너는 장차 받을 고난을 두려워하지 말라 볼지어다 마귀가 장차 너희 가운데에서 몇 사람을 옥에 던져 시험을 받게 하리니 너희가 십 일 동안 환난을 받

으리라 네가 죽도록 충성하라 그리하면 내가 생명의 관을 네게 주리라.(계 2:10)

그래서 나는 "사명을 감당하지 않는다면 밥도 먹지 말아야 한다."라고 주장하는 사람이다. 극단적인 표현일지는 몰라도 사명에 관심이 없고, 사명을 감당하지 않으려고 한다면 살아야 할 이유가 없다고 생각하기 때문이다. 밥을 먹었으면 밥값을 해야 하고, 그 밥값은 바로 사명을 감당하는 것이라는 논지로 평생 '밥값 철학'을 가지고 살며 사역을 감당해왔다.

생애 마지막 순간까지 사명을 위하여 사는 삶이야말로 가장 보람된 삶이 아니겠는가. 존재의 의미와 삶의 이유는 오직 사명이기에, 사명을 끝까지, 또한 죽도록 감당하고자 나의 발걸음은 오늘도 어둠을 헤치고 주의 전을 향한다.

내가 네 말대로 하여 네게 지혜롭고 총명한 마음을 주노니 네 앞에도 너와 같은 자가 없었거니와 네 뒤에도 너와 같은 자가 일어남이 없으리라 내가 또 네가 구하지 아니한 부귀와 영광도 네게 주노니 네 평생에 왕들 중에 너와 같은 자가 없을 것이라(왕상 3:12-13)

내가 달려갈 길과 주 예수께 받은 사명 곧 하나님의 은혜의 복음을 증언하는 일을 마치려 함에는 나의 생명조차 조금도 귀한 것으로 여기지 아니하노라(행 20:24)

송건성 목사

충남노회 대천서부교회 담임목사

2부

하나님이 친히 일하시는 교회

첫 번째 장

하나님이 기뻐하시는 사람들

알코올중독자의 잊지 못할 선물

목회를 하다 보면 교인들의 사랑으로 선물을 받는 일이 많다. 그런데 유독 지금까지도 잊지 못하는 선물이 있다.

1983년 설 명절, 장항에 있는 옥남교회에서 시무할 때였다. 그 교회에서 가장 열심히 기도하시던 김해운 권사님의 아들 J 씨가 전화국에 근무하고 있었다. 그는 사실 알코올중독자였다. 일찍 전화국에 취직해서 기술은 인정받고 있었지만, 나이가 마흔이 다 되었는데 장가도 못 가고 술을 너무 심하게 마시니 어머니는 자나깨나 그 아들이 걱정이었다.

어느 설날 아침, 어머니는 아들에게 "술은 그만 마시고, 오늘은 설날이니 전도사님 댁에 선물을 하나 사서 가져다 드리고 와라."라고 당부에 당부를 거듭했다. 오후 6시경 김 권사님의 아들이 나를 찾아왔다. 역시나 그는 만취 상태였는데, 혀가 꼬인 소리로 이렇게 말했다.

"전도사님, 우리 엄마가 설 명절 선물을 사다 드리고 인사하고 오라고 해서 왔어요."

내가 "어서 오세요. 그냥 오셔도 되는데…."라고 대답하고 있는데, J 씨는 거실에 들어서자마자 나에게 큰절을 하였다. 나도 당황해서 같이 맞절을 하고는, 사온 선물을 감사히 받았다.

선물을 열어보고 아내와 나는 한참을 웃을 수밖에 없었다. 선물은 정종 한 병, 담배 한 보루, 쇠고기 한 근이었다. J 씨는 어머니가 선물을 하라고 하셨으니 하기는 해야 하는데, 무엇을 해야 할지 난감했을 것이다. 40년 목회를 하며 이런 명절 선물을 받기는 처음이었다. 생각해보면 그가 가져온 명절 선물은 어머니의 눈물이었다. 아무것도 모른 채 어머니의 간곡한 부탁을 듣고 순진하게 선물을 들고 찾아온 J 씨를 붙잡고 간절히 기도해주었다. 그 어머니의 간절한 기도를 하나님께서 들어주시라고 부르짖으며 기도하자 술에 취해 있던 그는 영문도 모르는 눈물을 흘리고 있었다.

그리고 하나님께서는 이 선물을 기억하셨고, 그 가정에 복음의 씨앗이 뿌리내리게 하셨다. 어머니 권사님의 눈물의 기도가 있었고, 나 역시 명절 선물 생각이 나서 그를 위해 기도하지 않을 수 없었다. 그래서인지 J 씨는 그 뒤에 간경화 진단을 받아 술을 끊고, 우연한 기회에 교회를 다니게 되었다. 그 후에 20여 년을 살다가 60대 초반에 간암으로 천국으로 가게 되었는데, 동생 J 씨가 변화되는 모습을 보고 그의 형이 예수님을 믿기 시작했다. 그 형은 지금은 옥남교회 원로장로가 되었고, 부부가 얼마나 열심히 섬기는지 모른다.

안타까운 것은 아들 J 씨가 술을 끊고 결혼하는 것을 보지 못한 채 권사님이 세상을 떠나신 것이다. 이제 그의 어머니도, J 씨도 하나님 나라에 갔지만, 하나님은 그 집안에 복음의 씨를 뿌리셨고, 그 형은 장로, 그 조카가 목사가 되어 주의 일을 하고 있다. 하나님은 그가 부지중에 주의 종을 대접한 것을 기억하고 계시지 않았을까 생각해본다.

전도사님이 상주예요

내가 처음 목회를 한 곳은 부여군 임천면에 있는 비정교회이다. 그 교회의 장만용 목사님께서 내게 교회를 지키고 청소하라고 하셔서, 신학도 하지 않은 내가 무작정 어느 집사님 경운기에 성경책과 이불 보따리, 옷가방 하나만 가지고 가서 목회를 시작하게 되었다. 교인은 12분이었는데 전부 집사님이었다. 남자 집사 3분과 여자 집사 9분이었다.

목회를 시작한 지 몇 달이 지났을까, 그 동네에 살고 있는 거지 할머니가 교회에 나오셨다. 내가 거지 할머니라고 한 이유는, 실제로 그 할머니가 가족이 아무도 없고 동네 빈집에서 혼자 살고 계셨는데 장날이 되면 장에 가서 동냥을 했기 때문이다. 그 할머니가 교회에 처음으로 나오게 된 것은, 옆집에 사는 집사님이 그분이 다리가 아프다고 말하는 것을 듣고 "우리 교회에 전도사님이 오셨는데, 기도를 받으면 나을 수 있어요."라고 말한 덕택이었다. 그렇게 그분은 다리도 조금씩 나아졌고, 나중에는 세례도 받게 되었다.

그러던 초가을 어느 날에 그 할머니가 우리 집을 방문하셨다. 할머니는 속바지의 주머니 속에서 찐 고구마 두 개를 꺼내주시며 먹으라고 하셨다. 그때만 해도 나는 비위가 조금 약해서 낯선 음식은 잘 먹지 못했는데, 할머니의 주머니 속에서 하루 종일 찡어져서 껍질이 벗겨졌을 것을 생각하니 도저히 그것을 먹을 자신이 없었다. 할머니는 햇고구마이니 맛있을 거라면서 '전도사님 드리려고 아침에 얻었는데 안 먹고 가져왔다.' 고 말하는 것이다. 아무리 사양을 해도 막무가내여서 받아들고 어쩔 줄 몰라 하자 그때 신혼인 내 아내가 "할머니 가신 다음에 먹을 테니 차 한 잔 하세요."라고 말해서 그 위기(?)를 벗어날 수 있었다.

그리고 두 달 후에 할머니는 주무시던 중 갑자기 돌아가셨다. 참으로 난감하게도 할머니는 가족이 없었고, 살고 계시던 집도 남의 집인 탓에 책임지고 초상을 치를 사람도 없었다. 동네 이장을 만났더니 이장님은 그냥 장례를 치르지 말고 면사무소에 신고만 한 뒤에 공동묘지 한쪽에 할머니를 묻어드리자고 하셨다. 그런데 그때 문득 할머니가 나를 위해 챙겨오신 고구마 두 개가 생각이 나서 이렇게 말했다.

"이장님! 수의와 상여는 제가 장만할 테니, 동네 분들에게 상여 좀 메어 달라고 할 수 있나요? 그러면 제가 막걸리 한 말과 돼지고기 몇 근 삶아놓겠습니다. 그러니 장례를 치르는 걸로 하지요."

그렇게 합의가 되어 교인들과 부랴부랴 수의와 상여 꽃을 만드느라 거의 밤을 새우고 김 씨 할머니의 장례를 치르게 되었다. 상여를 메주시던 동네 분들이 "상주는 누구여?" 하고 묻자, 상여를 메던 이장님은 힘도 들지 않는지 웃으시며 "전도사님이 상주여!" 하셨다.

그 뒤에 그 동네에서 여러 가정이 교회에 나오게 되었고, 우리보다도 더 작은 이웃 교회와 합병을 하게 되었다. 할머니께서는 돌아가시면서도 전도를 하시고, 교회를 합치게 하신 셈이다.

나중에 든 생각이지만, 그 할머니는 아침에 얻은 따뜻한 햇고구마를 얼마나 먹고 싶으셨을까? 그런데 그것을 전도사에게 대접하고 싶어서 껍질이 다 벗겨지기까지 하루종일 속바지 안에 넣고 다니셨다. 그 과정을 생각하면 정말 내가 받은 사랑이 크다는 생각을 한다. 그 할머니의 무덤은 최근까지도 공동묘지의 양지바른 쪽에 있었는데, 지금은 아마도 공동묘지 쪽으로 도로가 나며 무연고 묘지로 정리되었을 것이다. 그러나 할머니는 예수님을 믿었고, 세례를 받았으며, 주의 종을 섬기며 대접했고, 주의 종의 집례로 장례도 치렀으니 교인들이 만든 수의를 입고, 교인들이 만든 꽃상여를 타고서 천국에 가셨을 것이다.

전도사님! 제가 도울게요

목회 초년 시절 내가 두 번째로 시무한 교회가 도화담교회이다. '복숭아 도'(桃) 자에 '꽃 화'(花) 자, '못 담'(潭) 자를 써서, 정말 아름다운 이름의 동네인 보령시 미산면 도화담리에 있는 교회였다. 도화담리는 석탄이 나오는 광산 지대여서 본래 그 고장에 살던 사람들보다는 외부에서 들어와 광업에 취업하신 분들이 많이 살고 있었다. 캄캄한 석탄 광산 갱도 속에서 하루하루 사투를 벌이며 사는 사람들이다 보니 교인 중에는 성격이 거친 분도 많았고, 어떻게 말하면 '막장 인생'을 사는 분들도 있었다.

도화담교회는 역사가 90년이나 되는 오래된 교회였지만, 변변한 사택도 없고 전임자가 어렵게 건축한 교회당도 완성이 되었다고 할 수는 없었다. 그리고 내가 도화담교회에 부임한 때에 정부에서는 석탄 산업 합리화 정책을 시작할 때라 많은 탄광이 문을 닫고 있었고 이 동네도 어려운 상황이었다.나는 교회를 일으켜보고자 먼저 사택을 지으려고 했지만 재정이 없어서 진행하기가 심히 어려웠다.

하루는 강단에서 울면서 기도하고 있는데 누가 뒤에서 나를 꼭 안아주는 것이었다. 뒤를 돌아보니 천 장로님이셨다. 천 장로님은 믿음도 있고 마음도 좋은 분이지만 가난했다. 직업은 약초꾼이었다. 작은 농토에 약초를 심어 가꾸고, 산에 다니며 약초를 캐고 말려 약재상들에게 팔아 생활하셨는데, 자녀가 자그마치 12명이었다. 12남매를 기르자니 허리가 휘게 일을 해도 가난을 벗어날 수 없었다. 그런 중에도 새벽마다 나와서 교회와 주의 종을 위해, 자녀들을 위해 기도하셨는데, 나를 안아주신 그 날도 기도하러 나오신 것이었다.

장로님은 전도사가 왜 우는지는 모르지만 울고 있는 자식 같은 나를 뒤에서 안아주시면서, "전도사님, 제가 있잖아요. 제가 도울게요." 하시는데 왠지 모를 자신감이 내 안에 생기고 힘이 나는 것이었다. 장로님 댁 사정을 잘 알고 있어 재정적으로 크게 도움이 안 될 것이란 사실은 알지만, 기도로 돕고 교인들을 잘 독려하실 것 같았다.

얼마 뒤에 사택 공사를 시작했는데, 교회는 다니지 않지만 모래자갈을 만드는 일을 하시는 이사장님이 사택을 짓는 데 필요한 모래자갈은 얼마든지 가져다 쓰라고 하시고, 동네 위에 있는 레미콘 공장에서 레미콘 둘을 빌려주겠다며 힘을 보탰다. 사택을 지으려고 교인 전체가 헌금을 했는데 97만 원이 모였다. 그때 전도사 사례비가 15만 원이었으니 지금으로 치면 1,000만 원쯤 되는 돈이었을 것이다. 1987년 수해가 나서 도화담리에 엄청난 피해가 있었지만, 도화담교회는 수해가 오히려 기회가 되어서 사택 공사를 마무리할 수 있었다. 사택을 짓기에는 부족한 금액이었지만, 갑작스런 물난리로 냇가에 자연석이 지천이 되었고, 아는 분의 도움을 받아 그 돌들을 외부로 반출할 수 있도록 허가를 받고 서천교육청과 대전교육청에 납품하여 재정이 풍족하게 되었다. 그 돈으로 사택과 교육관을 합해 60평 건물을 지을 수 있었다.

지금 생각해보면 어찌할 바 모르고 울던 29살의 젊은 전도사를 뒤에서 안아주며 "전도사님, 제가 도울게요." 하며 위로하던 그 장로님의 마음이 주님을 감동시킨 것 같다. 사택과 교육관을 건축하고 나자 교인들은 힘을 얻어 교회에 더 열심히 나오게 되었고, 전도의 문도 열려서 처음 1983년 부임 당시 20여 명이던 성도 수가 50여 명으로 늘고 부흥의 불길이 일어나게 되었다. 한 마디의 위로, 그것은 그 어떤 헌금보다 힘이 되었다.

회개하면 딸꾹질도 고침받을 수 있나요

1989년 5월 나는 월전교회에 부임하였다. 그때 월전교회는 교회가 셋으로 나뉘어서 세 곳에서 예배를 드리고 있었다. 나는 어떻게 하든 교회를 하나로 만들어야 한다는 사명감에 열심히 목회를 했다.

그 무렵 나는 이상하게도 음식만 먹으면 토하는 증상이 생겼다. 아버지께서 1989년 3월에 천국에 가시고 얼마 안 되었을 때 도화담교회를 떠나면서 정든 교인들을 울리며 월전으로 온 일 때문인지, 아버지가 돌아가실 때 너무도 가난해서 제대로 치료도 못 해드린 것 때문인지 가슴에 상처가 생겨서 음식을 거부하는 것 같았다. 병원에 갔더니 처음에는 신경성 위염이라고 했는데, 다른 병원에서는 역류성식도염이라고 했고, 또 다른 병원에서는 위하수라고 하였다. 지금 생각하면 그 위장질환 세 가지가 겹쳤던 것 같다. 그 결과 안 그래도 55kg 정도 나가던 작은 체구가 나중에는 49kg까지 마르게 되었다.

그런데 신기한 것은 그렇게 먹은 것을 다 토하고도 강단에 서면 어디에서 힘이 나오는지 정말 힘차게 말씀을 전했다. 1986년경부터 이곳저곳에서 부흥회 초청이 있었고, 그렇게 10년 정도 꽤 오랫동안 부흥회 인도를 하였다. 내 몸은 형편없이 야위어 가는데도 성도들에게 손을 얹어 기도하면 교인들이 고침을 받았고, 근처에 소문이 나자 이웃교회 교인들까지 기도를 받으러 왔다. 아기를 임신해 아무것도 못 먹고 토하기만 하던 임산부들이 안수를 받으면 그 자리에서 밥을 먹고 과일을 먹으니 기도하는 나도 신기했다.

그러던 어느 날 산 너머 마을에 몸이 불편해서 교회에 나오지 못하는 집사님이 계셔서 교인들과 심방을 가게 되었다. 심방을 하고 나오는데 그 집 아들 N 씨가 목사 일행을 보고 인사도 하지 않고 눈을 흘기며 나가는 것이었다. 그래서 나는 "저런 나쁜 놈이 다 있나. 어머니 문병 차 심방 온 목사와 교인들에게 저렇게 무례하게 행동하다니…." 하며 분개했다. 그러자 교인 중 한 분이 "심방만 하면 되지, 젊은 사람을 가르치려고 하지는 마세요." 하고 말려서 그냥 집으로 돌아왔다.

일주일 정도 지난 어느 날, 산 너머 집사님 아들 N 씨가 갑자기 딸꾹질을 시작했다는 소식을 들었다. 딸국질 때문에 밤낮으로 잠도 못 자서 대학병원을 두 군데나 가보았지만 효과가 없었고, 결국 절에 가서 불공을 드리고 왔다고 했다. 사람들은 저러다 죽게 생겼다며 걱정을 했다. 그런데 며칠 있으니 N 씨의 외사촌누나인 월전교회 집사님이 "목사님, 한 번만 용서하시고 사촌동생에게 기도를 해주시면 안 될까요?"라고 하길래, "아니, 본인이 회개한 뒤에 나한테 와서 용서를 빌고 기도를 받아야지, 나보고 가서 그런 사람에게 기도해주라니 안 될 말입니다." 하고 거절하였다.

다음 날이 되자 N 씨가 절에 가서 300만 원을 내고 불공을 드리다가 아무 효과가 없어서 시루를 깨버리고 집으로 왔다는 소문이 들렸다. 그 집사님이 우리 사촌동생 좀 살려달라고 울기에 "가서 회개하고 내 앞에 와서 기도받으라고 전하세요."라고 말만 하고 내가 움직이지 않으니,

집사님이 산 너머 마을에 가서 사촌동생 내외에게 내 말을 전한 것 같다. 그랬더니 N 씨가 "회개하면 딸꾹질도 고칠 수 있어요?" 하더라며 사촌누나와 함께 교회를 찾아왔다. 같이 예배를 드리고 나서 안수기도를 하고 주기도로 예배를 마쳤는데, 정말 신기하게도 열흘째 잠도 못 자고 밥도 못 먹을 만큼 계속되던 딸꾹질이 거짓말처럼 멈추었다.

나에게 연거푸 감사하다고 하는 N 씨에게 차 한 잔 마시고 집에 가서 잠을 자라고 했다. 열흘이나 잠을 자지 못해 사람 몰골이 말이 아니었기에, 잠부터 자라고 한 것이다. 그런데 12시간 넘게 잠을 자고 일어난 N 씨가 한다는 말이, "나을 때가 돼서 나은 것이지, 회개하고 기도한다고 딸꾹질이 낫겠어?" 하며 부인을 보고 이야기하자 거짓말처럼 딸꾹질이 다시 시작되었다. 그 즉시 N 씨의 부인은 나에게 전화했다. 나는 당장 다시 오라고 하여 "왜 하나님께서 주시는 은혜를 부정하세요?"라며 야단을 쳤고, 다시 기도하자 딸꾹질이 멈추었다. 지금 생각해도 신기한 일이고 하나님의 은혜가 감사하다.

그 일 후에 그 가정은 신앙생활을 열심히 하고 지금은 부부 집사가 되어 교회에서 충성하고 있다. 이제는 하나님 은혜를 부정하거나 하는 일은 없다. "회개하면 딸꾹질도 낫나요?" 그렇다. 몇 년 전 그 부부를 다시 보았을 때 그때 일이 생각나서 나는 속으로 웃었다. 그때 월전교회가 너무 어려웠으므로 하나님께서 가장 부족한 종을 사용하신 것이라고 생각하고 하나님께 감사하고 있다.

열 번만 기도해봅시다

내가 첫 목회를 할 때 회계를 보던 구영순 집사님이 있었다. 집사님의 남편은 가난한 살림을 벗어나기 위해 사우디아라비아에 건설공으로 나가 일하고 있었다. 그때 구 집사는 30대 후반의 여인으로 시어머니를 모시고 두 아들과 딸 하나를 키우며 살고 있었다. 30대 여인이 남편과 생활고 때문에 헤어져 있었으니 얼마나 힘들었을까. 집사님은 가끔 스트레스가 지나치게 쌓여서인지 전도사인 나에게 말을 함부로 하기도 했다.

그러나 남편이 한 달에 보내오는 70만 원에서 100만 원의 돈은 1981년 당시 시골에서는 일반 노동자 임금의 5배가 넘는 거금이었다. 그중에서 7만 원에서 10만 원 십일조를 했으니, 그 당시 전도사 사례비가 6만 원이던 것을 생각하면 지금 돈으로 200만 원 정도의 헌금이었던 셈이다.

그런데 어느 날, 구 집사님의 둘째아들이 갑자기 얼굴이 퉁퉁 부어오르고 얼굴색이 샛노래지는 것이었다. 그때 당시 부여, 서천 간에는 장항에 구세의원(조용근 장로님)이 유명한 병원이기도 했고, 같은 교단의 장로님이 계신 곳이기도 해서 아이를 데리고 그곳으로 갔다. 조 장로님은 자세히 진찰을 하고 소변을 살피더니 "신우신염인 듯한데, 큰 병원에 가서 사진을 한번 찍어봐요."라고 했다. 지금이야 초음파나 엑스레이는 개인

병원에서도 다 갖추고 있는 장비이지만, 1981년 당시에는 엑스레이도 대학병원에 가야만 찍을 수 있었다. 아마도 충남대학병원에 가서 진찰을 받은 듯한데, 거기서도 조 장로님 말씀처럼 신우신염이라고 하며 한 달 분량의 약을 처방해주었다.

약을 먹는 동안은 괜찮은 듯하더니, 약을 다 먹자 다시 신우신염이 재발했다. 그렇게 약을 먹고 재발하기를 서너 번 반복하고 나니, 아이는 제대로 성장하지 못했다. 남편이 먼 타지에 가 있는데 아이가 아프니 집사님은 어쩔 줄 모르고 당황했다. 나에게 와서 상의를 했지만 아무 경험도 없는 병아리 전도사가 무슨 재주가 있다고 아이를 고치겠는가. 뭐라 말할 수 없는 상황이었다.

그날도 구 집사님이 사택에 와서 울며 "이러다 저 아이 잘못되면 나는 죽을 거예요." 하고 야단을 했다. 나는 난감하기 그지없었다. 그래서 나도 모르게 한다는 말이, "일주일에 한 번씩 수요일마다 열 번 기도해봅시다. 내가 열 번 안수기도 해줄게요."라고 말했다. 그리고 그날부터 고민이 시작되었다. '만약 열 번 기도하고도 안 나으면 어떻게 하지?' 하는 걱정이 들었다. 지금이야 목회 경험이 쌓였고 마음에 여유가 생겨 '기도하고 나을 수도 있고 안 나을 수도 있지.' 하겠지만, 병아리 전도사였던 나는 기도했는데 낫질 않으면 내가 무능한 사람처럼 보일 것 같았다. 그러나 입 밖으로 한번 나온 말을 주워 담을 수도 없어서 기도를 시작했다.

일주일에 한 번씩 총 10주를 기도하기로 정해놓고, 첫 번째 수요일에 하나님께 간절히 기도하였다. 아이는 아무 변화도 없이 여전히 얼굴이 부어 있었다. 두 번째, 세 번째, 네 번째, 시간이 지날수록 나는 겁이 났다. 그렇게 8주를 기도했는데 아무 차도가 없었다. 구 집사는 "전도사님, 여덟 번이나 기도했는데 아무 차도도 없어요." 하면서 따지듯이 말하는데 약속하기도 하였다. 그러나 어찌하랴. 이미 시작한 기도이니 열 번은 채우고 하나님의 뜻을 구할 수밖에 없어서 아홉 번째 기도를 했다. 아이는 그대로인데 내가 애가 탔다. 또 구 집사님은 "전도사님, 이번이 벌써 아홉 번째예요."라고 했고, 나는 "하나님께 열 번 기도한다 했잖아요." 하고 얼버무렸다.

이제 마지막 열 번째 기도를 했다. 그런데 하나님은 참 신기하신 분이다. 대학병원에서도 안 나은 아이가, 그리고 아홉 번째까지 기도해도 그대로이던 아이가 열 번째 기도 후에 깨끗이 고침을 받았다. 하나님께서 '안 되겠다!' 하시고 부족한 종을 불쌍히 여기신 듯하다. 아이는 그 후로 건강하게 잘 자라서 나중에 들리는 소식에 서울 명문대학에 진학하고 공부하여 좋은 회사에 취직을 했다고 한다.

그 후로 20여 년이 지난 어느 날 우연히 비정교회 앞을 지나갔는데 구영순 집사님이 서 있기에 인사를 했다. 내가 묻지도 않는데 자기 둘째 아들 서울 명문대에 진학했다며 그때 목사님이 우리 아이 살리셨다고 거듭 감사 인사를 했다. 지금 생각해보아도 아무 대책 없는 병아리 전도사의 기도이지만 주의 종으로 세워놓으셨으니 하나님께서 긍휼히 여기신 것이다. 하나님 은혜가 감사할 뿐이다.

땅 좀 내어놓으세요

월전교회에서 목회할 때였다. 셋으로 분립된 교회는 아직 어수선하기만 하였다. 사택은 지은 지 30년은 되어 보이는 15평 정도의 허름한 벽돌집이었다. 도화담교회에서는 사택을 새로 지었는데, 이곳에서는 집이 너무 좁아 살기가 불편했다.

어느 날 아침, 마당에 나가서 왔다갔다 하는데 주국자 권사님과 이종수 집사님이 교회 앞에 있는 밭에서 일을 하고 계셨다. 젊은 시절 엄청 고생하신 두 분은 하나님의 은혜로 소 한 마리 판 돈과 나머지 외상으로 교회 앞에 있는 밭 2,500평을 살 수 있었다. 그리고 그 밭 값을 갚느라고 피땀을 흘려가며 일을 하고 소를 키워 지난해에 땅값을 다 갚았다고 자랑을 하셨다.

두 분이 밭에서 일을 하고 계시는데, 내가 느닷없이 말했다.

"집사님, 하우스 묶는 줄 좀 가지고 이리 와보세요."

그러자 이종수 집사님이 "왜요? 줄은 뭐 하시려고?" 하면서 가지고 오셨다.

"여기다 말뚝을 박고, 저기까지 줄을 띄우고, 저쪽 끝에 말뚝을 박으세요."

“아니 남의 밭에다 왜 말뚝은 박으라 하시고 줄은 왜 띄우라 하세요?”

그러자 나는 아무렇지도 않게, 맡겨놓은 것을 달라는 듯이 “예, 사택 짓고 교육관 지으려고 하는데, 교회가 땅이 좁아서 집사님 땅 50평만 빌려주셔야겠어요.”라고 말했다. 그러자 집사님이 기가 막혔는지 나를 한참 쳐다보시더니, “땅값은 언제 주시려고요?”라고 물으셨다. 나는 “몰라요. 아무때고 생기면 드려야지.” 했는데, 뜻밖에도 부인 주 권사님과 이 집사님이 동시에 “그렇게 하세요. 하나님이 쓰신다면 드려야지. 이 땅 하나님이 주신 거예요.”라고 하셨다.

지금 생각해보아도 무모하기 짝이 없는 일이었다. 두 분이 기가 막히게 고생을 해서 지난해에 겨우 땅값을 다 갚았다고 말씀하신 때인데, 그 땅 50평을 그냥 달라고 하는 것이나 같은 말이었다. 돈이 생기면 언젠가 땅값을 주겠다고 말했는데도, 두 분은 합창하듯 그렇게 하라는 것이다. 나는 그 말이 너무도 고마웠다. 재산이 많은 가정도 아니었다. 두 분은 땅 다섯 마지기와 그 밭이 전 재산인데도 너무 쉽게 허락을 하셔서, 말하고 나서 나도 놀랐다. 나중에 대충 재어보니 그 땅은 60평은 족히 넘을 듯했다.

그다음 주에 당회와 제직회에서 사택과 교육관 짓는 문제를 논의하는데 아무도 반대하지 않았다. 사택과 교육관을 짓기로 하고 공사를 시작했는데, 교회에 재정이 없으니 교인들이 전부 나와 일을 하게 되었다. 여자 집사님들과 아내는 밥을 하고, 남자들은 경운기와 리어카를 가지고 와서 교회 옆 언덕을 깎아 이종수 집사님네 밭을 교회 마당과 같은 높이로 메웠다. 교회에 나오지 않는 동네 분들까지 나와서 며칠씩 일을 해주었다.

그때가 1989년으로 기억하는데, 그때는 바다에서 모래를 가져오는 것을 심하게 단속하지 않던 때라 바다에 나가 자갈과 모래를 경운기로 실어왔다. 어떤 날은 '오늘은 자갈이 필요한데…' 하고 바닷가에 가보면 파도에 자갈이 밀려와 있고, 모래가 필요한 어떤 날은 굵은 모래와 가는 모래가 있었다. 그래서 60평 정도 되는 건물을 짓는 데 쓸 모래를 바다에서 다 실어왔다.

그때는 레미콘이나 펌프카를 부를 여력이 없어서 꼭 필요한 때가 아니면 교인들이 직접 일을 했다. 물론 나도 흙지게를 지고 모래를 나르고, 자갈도 나르고, 시멘트를 섞어 콘크리트를 치기도 했다. 집을 짓는 기술이 있던 박광기 장로님과 손재주가 좋고 경운기 운전도 잘하시던 백장현 집사님(현재는 장로) 등등 여러 성도들의 땀과 눈물이 사택과 교육관을 완성하는 동력이 되었다. 그렇게 6개월이 채 걸리지 않아서 준공을 했다. 그동안 교인들은 쌀을 가져오고, 채소를 가져오고, 돼지를 잡아 찌개를 끓여 먹으며 감사한 마음으로 사택과 교육관을 지었다.

지금까지 그 사택과 교육관을 잘 사용하고 있다. 생각해보면 참으로 하나님의 크신 은혜이고 그 일 후에 교회는 빠르게 합심이 되어 셋으로 갈라졌던 교회가 4년 만에 하나가 되었다. 지금까지 은혜로운 교회로 서 있으니 하나님께 영광을 돌린다.

순순히 땅을 내어주신 주국자 권사님과 이종수 집사님께 너무도 감사하다. 그 뒤로 20년이 지나 내가 장항 은평교회에서 시무할 때 들려온 이야기로는 그 땅값을 교회에서 지불을 했고, 이종수 집사님은 돌아가시기 전에 당신의 논 다섯 마지기를 교회에 바쳐서 교회당과 사택을 완전히 새 건물로 만드는 데 썼다고 들었다.

교인 출입 금지

1994년 3월에 장항은평교회에 부임을 하고 교인 가정 대심방을 했다. 어떤 집사님 댁에 갔더니 대문에 "교인 출입 금지"라고 붙어 있었다. 그래서 사연을 물어보니 집사님의 남편 되시는 분이 아내가 교회 다니는 것을 반대하는데, 아내 되는 집사님은 죽으면 죽었지 교회 안 다니고는 못 산다고 하자 남편은 "그래? 그러면 교회는 가는데 교인들(목사님 포함)은 우리 집에 출입하지 못하게 해."라면서 이렇게 대문에다가 "교인 출입 금지"라고 붙이게 되었다는 것이다. 그래서 이 집은 구역예배도, 심방도 할 수 없다는 것이다.

나는 생전 처음 당하는 일이라 당황스럽기도 하고 약간은 웃기기도 해서 어떻게 할까 잠시 망설였다. 그러다 곧바로 심방대원들에게 "내가 먼저 들어갈테니 따라 들어오세요."라고 말했다. 대문을 열고 들어가자 약간 당황한 듯 집사님 남편이 나오시기에 정중히 인사를 했더니 어쩔 수 없이 인사를 받으셨다. 나는 "선생님 댁에서 예배를 드리려 하는데 허락해주실 수 있을까요?" 했다. 그는 나를 한참 쳐다보다가 "그렇게 하세요." 하며 나가려고 했다. 같이 예배를 드리자고 하자 어쩔 줄을 몰라 하기에 앉으시라고 하고 함께 예배를 드렸다. 그 후에도 그분은 교회에 나오지는 않았지만, 집 앞에 "교인 출입 금지"라는 종이는 떼어내었고, 구역 예배도 드리게 되었다.

그리고 1년이 지난 후에 우리 교회에서 총동원주일을 지키게 되었는데, 나는 그분께 특별히 초청하는 것이니 그날 교회에 꼭 나오시라고 부탁을 했다. 그리고 구역장을 통해 다시 말씀을 드리고 총동원주일 한 번만 오셔도 되니까 꼭 오시라고 말씀을 드렸다. 그런데 정말 그분이 총동원주일에 교회에 오셨고, 그 외에도 많은 분들이 그날 등록을 하게 되었다.

그분은 그 후에 집사가 되어서 열심히 신앙생활을 하셨다. 사실 그분의 사촌 형제 중에는 목사님도 있고, 장로님도 있었다. 그런데 그들이 하는 일이 마음에 들지 않았던 것 같다. 장항은평교회에서 18년 넘게 목회하면서 그 집사님은 내게 잊을 수 없는 분이 되었다. 그 집사님은 열심히 신앙생활을 하셨고, 나중에 권사가 되신 아내분과 함께 봉사도 열심히 하셨다.

한번은 이 권사님이 웃으면서 집에서 남편과 말다툼을 했는데 남편이 "우리 목사님이 불쌍하지. 저렇게 말 안 듣는 권사를 '권사님, 권사님' 하시니 얼마나 힘이 들겠어."라고 말했다는 것이다. 이 권사님은 싸우다 그만 웃고 말았다고 하셨다. 아마도 가정의 달 설교를 듣고 그분이 마음에 새기고 있는 내용이 생각났던 것 같다.

"교인 출입 금지"라고 집 대문에 써붙이던 분이 집사가 되어서 주일 설교에 은혜를 받고 아내 되는 권사님께 "설교를 들었으면 실천을 해야지."라고 말씀하신 것을 생각하면, '하나님은 참으로 귀한 은혜로 사람을 감동시키고 믿음을 키워가고 계시는구나.'라는 생각이 들어 따라 웃게 된다.

집사님은 지금은 하늘나라에 가셨는데 가끔 그 집사님 생각이 난다. 자녀들이 열심히 신앙생활을 잘하고 있고, 하나님께서 권사님의 기도를 들어주셔서 응답을 받았다고 생각한다. 지금은 이 세상에 계시지 않고 천국에 가신 집사님의 모습이 보고 싶어지기도 한다. 천국에서 만나기를 소망해본다.

목사님이 되고 싶어요

도화담교회에서 시무할 때 중학교 2학년 학생이 있었다. 집은 몹시 가난하고, 약간의 장애가 있는 어머니와 동생이 둘이나 있는데 성 씨가 다른 아버지는 생활 능력이 별로 없었다. 권 씨 성을 가진 이 학생은 언제나 학교 가기 전에 교회에 들러 기도하고, 학교가 끝나고 돌아오는 길에도 교회에 들러 기도를 했다. 세월이 흘러서 고등학교 2학년이 되었는데도 집안 형편은 전혀 나아지지를 않았다. 한번은 나와 함께 이야기하던 중 자기는 한신대에 가서 꼭 목사가 되고 싶다고 했다. 집안 형편으로는 대학에 진학할 수 없는 처지였지만 나는 그 학생에게 "그래, 할 수 있어. 하나님이 함께하실 거야."라고 격려했다.

그리고 1년이 지나 수능시험을 보게 되었다. 학생은 상당히 좋은 성적을 받았다. 한신대 신학과에 진학할 수 있을 것 같았다. 그런데 문제는 대학에 갈 돈이 없었다. 나 역시 시골의 50명도 안 되는 교회에서 목사안수를 1년 남겨놓은 전도사였기에 도울 여력이 없었다.

그런데 더한 시련이 닥쳐왔다. 갑자기 이 아이가 아프다는 것이다. 허리가 너무 아프다고 하는데 대천외과에 입원해 치료를 받아보니 디스크라는 것이다. 걱정이 되어서 몇 번 문병을 가보았는데 병에 차도가 없었다. 아무래도 느낌이 안 좋아서 원장을 만나 항의를 하자 다른 병원으로 가라고 했다.

나는 급하게 충남대병원 수련의 과정을 마친 사촌동생에게 전화를 걸어 자초지종을 이야기했다. 사촌동생은 그 학생을 당장 데리고 오라는 것이다. 그러나 그때는 지금처럼 차편이 좋지 않았다. 어렵게 봉고차 한 대로 우리를 데려다줄 사람을 구했지만 오늘은 안 되고 내일 아침에나 일찍 출발하자고 했다. 그날 밤 그 학생을 우리 집에서 재우는데, 학생이 너무 고통스러워해서 정말 보기가 안타까웠다.

거의 뜬눈으로 밤을 새우고 충남대병원에 도착하니 의료진이 기다리고 있었다. 병원에 도착한 후에 바로 수술에 들어갔는데, 허리와 엉덩이 사이에 괴사가 일어나 그 고름이 가슴까지 영향을 주어서 밤새 피를 흘린 거라고 했다. 학생이 중학교 3학년 때 산에 나무를 하러 가서 엉덩이 부분을 다쳤는데, 그때 제대로 치료를 받지 못해 3년이 지나 염증이 커져서 괴사가 진행되었다는 것이다. 그런데 대천외과에서는 디스크라고 오진을 내린 것이다.

수술은 성공적이었으나 그 시절에는 의료보험이 정착되지 못한 때라 엄청난 수술비와 치료비가 문제였다. 사촌동생이 보증을 서서 수술은 하였는데 그 후의 치료비를 감당할 수 없었다. 나는 수술비가 걱정되어 잠을 이루지 못하고 있는데 사촌동생에게서 전화가 왔다. 충남대학병원 기독신우회에서는 월요일 오전 8시에 예배를 드리고 헌금을 하는데, 그 헌금은 어려운 이웃의 치료비로 1년에 한 명씩 지급하게 되어 있다는 것이다. 그런데 이번에는 이 학생에게 지급하기로 했다는 것이 아닌가. 더욱 감사한 것은 약 6개월 동안 치료를 해야 하는데, 학생의 어머니를 병원 청소부로 고용해서 그동안의 치료비와 입원비를 지급하게 하기로 병원

측에서 배려해주겠다는 것이다.

나는 할렐루야를 외치지 않을 수 없었다. 그 후 학생은 치료를 마치고 어느 회사에 취업해서 2년간 성실히 돈을 모아 다시 한신대에 입학을 했고, 교회에서 성실함을 인정받아 장학금을 받으면서 어렵게 대학원까지 마치고 지금은 훌륭한 목사가 되었다. 그는 지금도 열심히 목회하고 있다.

이 일을 생각할 때마다 나는 하나님이 우리의 기도를 들으시는 분임을 잊을 수가 없다. 환난 날에 나를 부르라 하시는 하나님께서 그 학생에게 하나님이 계심을 알게 하셨다. 지금도 개척교회를 하고 있지만 하나님께서 힘을 주신다고 믿으며 성실히 목회하게 하시는 것을 보면 우리 하나님은 기도를 외면하지 않으시는 좋으신 하나님이시다.

팔을 고쳐주세요

비정교회에서 시무할 때 나는 약관 27살의 젊은이였고, 신학도 제대로 공부하지 않은 그야말로 신출내기 전도사였다. 학력도 안 되고, 경험도 없고, 실력은 더더욱 안 되는, 전도사라는 이름만 가지고 열두 명의 교인과 함께 이제 막 목회를 시작했다. 교회는 목조로 지은 9평짜리 건물이었다. 비가 오면 지붕이 새서 그릇을 가져다 놓으면 열두 명 교인이 앉을 자리조차 없었다. 하나님은 그런 내가 참으로 안돼 보였는지 내가 기도하며 울부짖으면 응답해주셨던 기억이 난다.

교인들 중에 정말 가난하고 불쌍한 할머니 한 분이 할아버지와 함께 살고 계셨다. 가난한 살림이기에 산에서 나무를 해다가 땔감으로 썼고, 빨랫감을 머리에 이고 나가 동네 공동 우물에 가서 빨래를 하셨다. 자녀가 하나도 없이 할아버지, 할머니 두 분만 사셨는데, 어느 날 갑자기 할머니의 오른팔이 마비가 되었다. 돈이 없어서 큰 병원에는 가지 못하고 부여에 있는 어느 병원에 갔는데, 원인을 못 찾고 물리치료와 진통제만 여러 번 처방받을 뿐이었다. 한 달이 되어도, 두 달이 되어도 팔이 낫지 않아서 나무도 못 하고, 빨래도 할 수 없고, 왼손으로 겨우 식사 준비만 하셨는데 그것도 여간 힘든 일이 아니었다.

어느 날 할머니가 찾아와 “전도사님, 제 팔 좀 고쳐주세요.” 하며 눈물을 흘리시는데, 정말 너무 마음이 아프고 딱하였다. 나는 “할머니, 제가 기도해드릴 테니까 할머니도 ‘하나님, 제 팔 고쳐주세요.’ 하고 기도하세요.”라고 말씀드리고 안수기도를 했다. 하지만 안수기도를 한 후에도 아무 차도가 보이지 않았다. 며칠 지나 또 안수기도를 하는데, 나도 모르게 할머니의 팔을 번쩍 들어올렸다. 할머니가 죽겠다고 소리를 지르며 눈물을 흘리시는데, 그 후로 팔이 움직이기 시작했다. 무식하면 용감하다 했던가? 하나님은 나의 무지함을 아시기에 오히려 응답해주신 듯했다. 할머니가 팔을 쓰지 못해 불쌍하게 되었다는 것은 그 근방 사람들이 다 아는 이야기였는데, 할머니가 “내 팔 보세요. 하나님은 살아 계세요. 우리 전도사님은 신령한 분이에요.”라고 얼마나 전도를 했는지 모른다. 그 후로 할머니는 그 팔을 잘 쓰시면서 할아버지와 살다가 지금은 두 분 다 천국에 가셨다.

만약 나에게 지금 그런 할머니가 기도를 받으러 온다면 그때처럼 기도 후에 팔을 들어올리는 무모한 짓은 하지 않을 것이다. 당시에는 의료보험도 없었고, 할머니는 병원에 자주 갈 형편도 아니었고, 나 역시 할머니를 도울 다른 방법이 없었다. 베드로와 요한이 성전 미문의 앉은뱅이에게 “금과 은은 내게 없거니와 내게 있는 것으로 네게 주노니” 하며 “일어나 걸으라”라고 말하던 심정이었다. 나에게는 금과 은이 없었고, 할머니에게 줄 수 있는 것은 예수님의 이름밖에 없었다.

그 후에 할머니가 몇 년이 지나 내가 목사가 되었다는 말을 듣고 나를 한 번 보고 싶어 하셔서 찾아간 적이 있다. 할머니는 너무 반가워 눈물을 보이시며 “내가 목사님 은혜를 갚을 길이 없어요.” 하고 말씀하셨다. 나는 할머니 집사님께 “그것은 제가 한 일이 아니고 우리 예수님이 주신 은혜예요. 예수님 잘 믿고 천국 가셔야 합니다."라고 대답하고, 기도 해 드린 뒤 그 집을 나섰다. 하나님은 그 옛날 베드로와 요한의 기도만 들으시는 분이 아니라 오늘 우리의 기도도 들으시는 분임을 믿는다. 좋으신 하나님께 영광을 돌린다.

초복날 하루만 빠질게요

은평교회에서 시무할 때, 식당을 하는 부부가 다른 교회에서 우리 교회로 옮기겠다며 찾아왔다. 나는 처음에는 안 된다고 하였다. 목회자들 사이의 관계도 있으니 다니던 교회에 다니시라고 말하였다. 그러자 그분들은 "저희는 서울에 이사 갔다가 다시 고향에 온 것이니, 교회를 옮기는 것이 아니예요."라고 말했다. 서울에서 얼마나 사셨냐고 물으니 3년이 넘었다고 했다. "그러면 우리 교회로 오셔도 좋은데, 조건이 있어요. 우리 교회에 나오면 철저한 주일성수와 십일조를 하셔야 돼요."라고 하자 당연히 그러겠다고 하고 우리 교회에 출석하게 되었다.

그 부부는 삼계탕을 주메뉴로 식당을 운영했는데, 장사가 잘되었다. 그분들이 우리 교회에 나온 그다음 해에는 초복날이 주일이었다. 그 집사님 내외가 주일을 며칠 앞두고 나에게 찾아왔다. "목사님, 초복이 주일인데 그날 한 번만 주일을 빠지면 안 될까요?" 하는 물음에 나는 초복날 삼계탕이 몇 그릇 정도 팔리는지 물었다. 그때 1만 원 정도 하던 삼계탕이 200인분 정도 팔린다고 했으니 주일에 장사를 못 하면 100만 원 이상 손해를 보게 되는 것이었다. 주님을 위해 100만 원 손해 볼 각오가 없느냐고 했더니 두 분은 대답을 하지 못했다. 그분들은 나의 간절한 기도를 받고 돌아가 식당 문을 여는 대신 주일날 새벽부터 밤까지 충성을 다해 교회에서 섬김의 본을 보였다.

삼계탕을 파는 어려운 형편의 부부가 초복날이 주일이라 식당 문을 닫는다고 하니 반응은 두 가지였다. "예수님을 믿으려면 그렇게 믿어야지." 하는 반응과 "미쳤구먼. 초복날 하루 매출이 얼마인데 문을 닫아?" 하는 반응이었다. 그러나 하나님은 어려운 결단을 하고 주의 종의 말에 순종하여 최선을 다해 봉사하는 그 가정에 복을 주시기 시작했다.

식당은 그 후에도 꾸준히 잘되었고, 자녀들은 성공하여 대학 진학도 뜻대로 되었다. 많은 사람들은 그 가정이 예수님 잘 믿고 복 받은 가정이 되었다고 칭찬했다. 나는 그때 내 말에 따라준 집사님 내외분에게 지금도 감사하는 마음이 크다. 목사가 말해도 듣지 않는 성도가 많은 세상인데, 그 집사님 가정은 어려움 중에도 교회 봉사를 게을리하지 않았고, 세 번이나 일천 번제 헌금을 드렸는데 그 정성도 대단한 것이었다.

하나님은 당신께 드리며 부르짖어 기도하고 충성하는 그 가정을 사랑하셔서 지금도 계속해서 그 가정을 복 주시고 있다. 그 바쁜 와중에 부인 집사님은 하고 싶었던 대학 공부도 하게 되었고, 부인을 학교에 보내놓고 혼자서 바깥 집사님이 동분서주하면서도 식당이 지금까지 성업 중인 것을 보면 하나님은 우리를 도우시는 분이심이 분명하다. "너는 내게 부르짖으라 내가 응답하겠고 크고 비밀한 일을 보이리라" 하시는 주님의 약속은 지금도 순종하여 충성하는 주님의 백성과 함께하고 있다.

우리 아들 살려주세요

옥남교회에서 목회할 때, 한 고등학교 3학년 학생이 달리기를 하다가 넘어졌는데 그 뒤로 일어나지를 못했다. 서울대병원까지 가서 검사를 했지만 치료할 길이 없다고 했다. 그 뒤로 침을 맞기 위해 전국을 다녔고, 서울의 큰 병원을 전전했지만 차도는 없었다.

어느 날 소문을 들으니 그 아이를 위해 큰 굿을 한다는 것이다. 전국의 유명한 무당들이 왔다. 일주일간 굿을 하는데 동네 사람들이 구경을 가기도 하였다. 유명한 무당들이 큰 굿을 했지만 아이의 상태는 점점 더 심해져서 이제는 일어나 앉지도 못하고 기저귀를 차고 있어야 하는 지경에까지 이르렀다. 그때 그 아이의 사촌 형수인 옥남교회 여신도 회장이 나에게 와서 눈물을 흘리면서 우리 도련님을 살려달라고 애원했다.

나는 "그 아이와 부모들이 와서 기도를 해달라고 해야지, 집사님이 와서 이런다고 될 일이 아닙니다."라고 말했다. 여신도 회장은 사촌네 집으로 달려가서 우리 전도사님이 예수 믿으면 기도해준다고 했으니 교회 가자고 애원을 했다. 그 아이의 아버지는 '남묘호렌게쿄'라는 종교의 충남 대표를 맡고 있었는데, 아이가 중학교에 입학할 때 교회에 가지 말라고 막는 것이 그만 고3 때 그런 병에 걸렸다는 것이다. 그러나 여신도 회장이 "애를 살리려면 교회 가서 예수님 믿고 전도사님께 기도받아야 해요." 라며 얼마나 애원을 했는지, 어느 날 그 가족이 교회에 나오겠다는 연락이 왔다. 나는 이때다 싶어서, 온 가족이 다 나와야 하고 '남묘호렌게쿄'라는 종교는 버려야 한다고 하자 가족들은 망설였다. 하지만 이내 그 아들이 "아버지, 나 교회 가고 싶어요." 하자 아버지와 어머니가 결단을 했다.

어느 날 그 아버지가 음료수 한 박스를 들고 나를 찾아와서 무릎을 꿇고 "전도사님, 우리 아들 살려주세요." 하더니 눈물을 흘렸다. 그 당시 60살 가까이 되는 분이 자식을 위해 눈물을 흘리는 것이 너무 안타까워 나도 같이 눈물을 흘렸다. "제가 40년 믿어온 내 종교를 버릴 수 없는데, 자식을 살리는 길이라 하니 어쩌겠어요? 우리 아들 좀 살려주세요."라고 했다. 나는 마음에 감동이 있어서 그 아이를 끌어안고 안수기도를 했다. 날마다 그 가정에서 예배를 드리고 안수기도를 하는데, 하루는 그 청년의 아버지가 "평생 남묘호렌게쿄를 섬기면서 쓰던 책자와 주문을 외우던 궤짝을 어찌할까요?" 하길래, "태워 없애야지요." 하고 대답했다. 그러자 그는 마당에 짚을 갖다놓고 불을 피워서 궤짝과 책자를 태웠다. 그는 눈물을 흘리기도 하고 두려워하기도 하였다.

그 뒤에 그 아들은 병세가 호전되기 시작했다. 지금 생각해도 하나님은 좋은 분이시다. 아무 경험 없는 어린 종을 담대하게 하셔서 귀한 일을 하게 하신 것이니 감사하지 않을 수 없다. 나는 그 후 몇 달이 못 되어 수원 D교회로 가게 되어 그 청년과 헤어지게 되었지만 하나님께서 그 인연을 아름답게 하셔서 그 후에도 몇 번 그 청년을 만날 수 있었다.

나는 지금도 "우리 아들 살려주세요." 하시며 울던 그 아버지의 모습을 잊을 수가 없다. 하나님은 아마도 그 아버지의 눈물을 보시고 응답하신 것 같다. 할렐루야! 감사합니다!

나는 권사 자격이 없어요

장항은평교회에서 10여 년 목회를 하던 중, 장로와 권사를 선출해야 하는 때가 있었다. 장로 임직은 노회의 시험을 보고 당회의 지도를 거친 분이 장로가 되는 것이니 문제가 없었는데, 권사 임직은 대상자 숫자도 많고, 교육을 어떻게 해야 하며, 어떤 과정을 거쳐야 할지 참으로 막연했다. 사실 당시에는 목회하면서 장로 임직, 권사 임직을 처음 해보는 것도 아니었고 목회도 30년 가까이 했을 때이니 경험이 없다고 말하기 어색한 나이였다. 하지만 나는 지금도 권사 임직자를 선택할 때 정확한 기준을 정하기가 어렵다. 교육의 방법도, 교육 후 임직 과정에도 자신이 없는 게 사실이다.

나는 우선 권사 임직 대상자 명단을 뽑아서 한 사람씩 전화 또는 심방으로 본인의 의사를 물어보기로 하였다. 그런데 거의 대부분의 집사님들은 그저 교회에서 권사로 임직할 기회를 주면 충성을 다하겠다고 했는데, P 집사님 한 분만이 "나는 권사 될 자격이 없어요."라고 하셨다. 그 말씀은 그냥 예의상 사양하는 말이 아니고 정말 본인은 자격이 안 되어서 이번에는 권사 임직을 안 받겠다고 하시는 것이었다. 내가 "왜 집사님이 자격이 없어요?" 하자 "아들 하나도 전도하지 못했는데 무슨 권사예요." 하시며 눈물을 지었다. 그 아들은 동네 일을 보는 분이었는데 사람은 좋지만 예수님을 믿지 않았다. 아무리 권해도 그 집사님은 권사 임직을 받지 않으셨고, 몇 년 후에 하나님의 부름을 받으셨다.

임종 예배를 드릴 때 나는 집사님의 말을 전했다. "어머니께서는 아들이 예수 안 믿어서 권사님 되실 기회가 있었는데도 권사 임직을 안 받으셨어요."라고 하자 아들은 통곡을 하면서 어머니 생전에 예수 믿으라 하여도 순종하지 못했다고 하며 다음 주부터 교회에 나오겠다고 했다.

나는 사실 그 약속을 꼭 믿지는 않았는데 그분은 약속대로 그다음 주부터 교회에 나와서 열심히 신앙생활을 했다. 그리고 6개월 후에 세례를 받고 지금은 은평교회 집사로, 남신도회 임원으로 봉사하고 있다. 더욱이 지역에서도 인정을 받아 서천군 이장단협의회 회장이 되어서 지역을 섬기고 있다. 그분은 매일 "진작 예수 믿었으면 우리 어머니가 얼마나 좋아하셨을까."라며, 그게 제일 큰 효도라는 것을 돌아가신 뒤에야 알았다며 후회한다. 그러나 나는 어머니 집사님의 장례식 때 이제라도 아들이 예수 믿으면 천국은 편히 가실 것이라고 말씀을 드렸다. 비록 살아생전에 아들을 전도하지 못했지만 돌아가셔서 아들을 전도했으니 그 상급이 적다 할 수는 없을 것이다.

하나님께 부르짖는 기도는 하나님이 반드시 들으신다는 것을 나는 그 집사님을 통해 배웠다. 내가 은평교회를 사임하고 대천으로 간다고 할 때 그 아들 집사님은 눈물을 보이며 섭섭해하시고 "목사님을 보며 어머니 생각을 했는데 이제 서운해서 어쩌면 좋습니까."라고 하였다. 그 후로 나는 기회가 있으면 그 집사님이 신앙생활을 잘하고 있는지 묻곤 하는데 지금도 열심이라고 한다. "아들이 예수님 믿게 해주세요." 라는 어머니의 소원이 이루어지게 하신 하나님께 영광을 돌린다.

아빠, 나도 목사 될까요

1983년 음력 8월 15일에 우리 아들이 태어났다. 제 엄마가 죽을 고비를 넘기면서 겨우 낳은 아들인데, 처음 낳았을 때 몸무게가 2.3kg이었으니 정말 조그마한 모습으로 태어났다. 아이를 임신했을 때 아내는 너무도 가난한 신학생과 결혼한 탓에 못 먹어서 그만 결핵에 걸리고 말았다. 지나간 이야기이지만 갈비탕 한 그릇을 먹고 싶은데 돈이 없어 못 사먹고, 가난한 살림에 날마다 빚이 늘어가니 영양제 한 번 못 맞고, 제대로 된 음식 한 번 못 먹던 시절이었다. 감기가 심해졌는데도 아이가 뱃속에 있어서 제대로 된 치료도 못 받고, 영양실조까지 겹쳐 결핵이 된 것이었다.

아들은 엄마 젖을 한번도 먹어보지 못하고 분유와 쌀죽을 먹으며 성장했다. 사실 분유도 마음대로 사 먹일 형편이 아니어서 쌀죽을 쑤어 그 물을 먹였다. 교회에서 식량을 주지 않을 때여서 쌀을 사다 먹을 때는 쌀 5kg 한 포대를 사오면 그 쌀을 쳐다만 보고 있어도 줄어드는 것 같았다. 그렇게 어려운 형편이었는데도 아이는 하루가 다르게 잘 자라주었다. 낳을 때 2.3kg의 작은 모습은 사라지고 건강하고 야무지게 성장했다.

그렇게 아이는 초등학교를 마치고 중학교에 들어갔다. 아들은 축구를 비롯한 태권도 등 운동을 너무 좋아하고, 사람을 좋아해 동네 아이들을 몰고 다니며 노는 일에 열심이었다. 아이 엄마가 시간 날 때마다 "공부해서 너도 아빠처럼 목사님이 되어야지." 하면 "나는 목사는 정말 싫어요. 나는 운동선수가 될 거야."라며 공부에는 아예 취미를 붙이지 못했다. 그러나 사람 만나기를 좋아하고 운동을 잘하니 아이들에게는 인기가 있어서, 초등학교 3학년부터는 계속 반장을 했다. 대개 반장을 하는 아이들은 공부도 잘하는데 우리 아이는 공부는 못해도 아이들이 투표로 뽑아주어 반장은 계속했다. 아들은 고등학교에 들어갔는데, 아이들이 철든 다음에는 나는 가난한 목사의 생활수준은 벗어나 있어서 아이들 교육하고 먹이는 것은 부족하지 않았다.

아들이 고등학교 2학년 여름수련회를 "경배와 찬양"이라는 청소년 연합캠프에 다녀오게 되었는데 거기서 큰 은혜를 체험했는지 캠프에 다녀와서는 평소에 듣던 대중음악 가수의 테이프와 CD 음반을 모두 쓰레기장에서 태워버렸다. 한 달쯤 지났는데 갑자기 "아빠, 나도 목사 될까요?"라고 했다. 제 엄마는 아이가 목사가 되기를 소원했지만 나는 사실 자신이 없었다. 나도 힘든 이 길을 자식에게 가라고 하는 것이 허락이 안 되었다.

그런데 그 해에 아들과 같은 학년인 남자아이 셋이 신학대학에 가겠다고 하여서 청소년 캠프의 은혜가 대단하다는 생각을 하게 되었다. 아들은 하나님의 은혜로 어렵게 한신대 신학과에 입학하였다. 신학교에 입학한 이후로 지금까지 18년이 지나는 동안 한번도 신학의 길, 목회자의 길을 선택한 것을 후회한 적이 없다고 해서 '아비보다 낫구나.' 하는 생각을 했다. 그 아들이 결혼을 해서 손자들을 안겨주고 지금도 목회자의 길을 잘 걸어준 것을 생각하면 하나님의 은혜가 분에 넘치는 것을 고백하게 된다. 나는 지금도 청소년들이 신앙으로 거듭나는 것이 얼마나 중요한지를 실감한다. 그런 의미에서 내 아들이 목사가 된 것을, 이제 목회를 정리해야 하는 시점에서 하나님께 다시 한 번 감사드린다.

신발이 먼저 왔어요

장항에서 목회할 때 하루는 어떤 부흥강사의 예화가 재미있어서 인용을 한 적이 있다.

어떤 여 집사님이 자기 남편이 예수를 믿었으면 하는 소원이 있어서 남편에게 “여보, 당신도 예수님 믿고 후일에 천국 가야지. 나만 예수님 믿고 천국 가면 당신은 어떻게 하려고 해.” 하며 교회에 가자고 하자, 남편은 “당신이나 열심히 다녀. 나는 죽을 때 당신 치마 붙잡고 천국에 가면 되지.” 하며 교회 가기를 거부했다. 하루는 새벽예배 시간에 남편 신발을 가방에 넣어 가지고 와서는 “하나님, 우리 남편 신발이 먼저 교회 왔네요. 하나님, 제 소원을 들어주셔서 우리 남편이 이 신발 신고 교회 오게 해주세요.” 하고 기도를 했는데, 얼마 지나지 않아 정말 남편이 그 신발을 신고 교회에 나왔다는 이야기였다.

그러고 한참 시간이 지난 어느날, 어느 집사님이 정말 자기 남편의 구두를 가지고 새벽예배에 나와서 강단 앞에다 놓고 얼마나 울면서 기도를 하는지, 그것을 바라보는 나는 웃을 수도 울 수도 없었다. 기도하는 모습을 한참 보다가 안수기도를 해주고 사택으로 돌아왔다.

장로님들과 점심식사를 마친 후에 차를 마시면서 오늘 새벽에 J 집사님이 남편 되시는 J 씨 구두를 가지고 와서 한 시간 동안 울며 기도하고 그 신발을 가지고 가셨다고 하자, "목사님, 그 남편은 교회 안 나와요. 해병대 출신에다 고집이 대단하고, 수틀리면 아내도 구타하는 사람인데 그 사람이 어떻게 교회를 와요." 하며 J 집사님이 푼수 없는 행동을 했다는 것이다. 나는 '아니, 정말 교회 나오면 어쩌려고 그렇게 말을 할까?' 하고 속으로 생각했지만 정말 안 나올 수도 있으니 무어라고 반박할 수도 없이 그날은 헤어지게 되었다.

그 후에 우리 교회에서는 총동원주일을 계획하여 안 믿는 남편들에게 따로 초청장을 보내고, 총동원주일에 한번만 교회 오시고 안 나오셔도 되니까 그날 꼭 교회에 오시라고 전화를 따로 드리게 되었다. 나는 J 집사님의 남편 되시는 J 씨에게도 전화를 했다. 내가 하도 간곡히 말을 하자 그분은 "목사님이 그렇게 말씀하시니 한 번만 교회에 가보겠습니다."라고 하였다. 할렐루야!

드디어 총동원주일이 되었다. 그때 우리 교회는 주일 낮 예배 출석 교인이 140명 정도였는데 총동원주일에 420명 정도가 출석했다. 나는 하나님께 감사와 영광을 돌렸고, 교인들도 '하면 된다'라는 생각을 가지게 되었다. 그때 안 믿던 남편들이 10여 명 교회에 나오게 되었다. 250명이 넘는 사람들이 총동원주일에 새롭게 참석했는데 그중 결신자는 30명 정도였다. 그때부터 주일 낮 예배 인원은 160명 이상이 되어서 교회성장의 발판이 되었다.

총동원주일에 J 집사님 남편도 교회에 나오게 되었고 그 후에 1년이 못 되어서 세례를 받았다. 그는 3년 후에 집사가 되었고 남신도회 회장까지 하면서 정말 열심히 교회를 섬겼으며 다른 사람을 전도하기도 하였다. 교회 나오기 전까지 그의 가정은 평탄하지 못한 편이었지만 J 씨가 교회에 나오면서 가정은 화목하게 되었고, 자녀들이 다 예수님을 믿게 되어서 많은 사람들에게 귀감이 되었다.

목사가 하는 주일예배의 예화를 귀담아들었다가 실천에 옮겨서 새벽예배 때 남편 구두를 가지고 와서 울며 기도하던 J 집사님. 다른 사람들은 푼수 없는 짓이라 흉보았는지 모르지만 하나님은 집사님의 그 진실함을 기억하셨고, 드디어 남편이 예수님 믿고 집사까지 되어 교회에서 충성하며 봉사하다가 천국에 가셨으니 나는 그 집사님께 하나님 나라 상급이 있으리라 생각한다.

농기구 수리센터를 해보세요

내가 월전교회에서 목회를 하게 된 것이 1989년도이다. 당시 우리 농촌은 농기계가 보급되기 시작하는 때였다. 그전까지는 모내기도 전부 인력으로 못줄을 띄워서 사람의 손으로 심었다. 그래서 모 심을 때가 되면 온 들판에 사람이 가득하고 못줄 옮기는 호각 소리가 요란한 때였다. 나는 농사를 직접 지어본 경험이 많지 않기 때문에 농사에 대해서는 아는 것이 별로 없어 그저 논밭으로 다니며 농사 짓는 교인들을 격려하는 것이 전부였다.

그러던 농촌에 기계화의 바람이 불기 시작했다. 농기계는 계속 늘어나는데 농기계를 수리하는 곳은 거의 없어서 고장이 나면 P 집사님(후에 장로가 됨)에게 많은 사람들이 부탁을 해서 농기계를 수리하였다. P 집사님은 농기계 수리를 전문으로 공부한 적이 없지만 자기 집에서 쓰는 기계를 수리하면서 경험에 의해 하나하나 하다 보니, 손재주가 있고 지혜로워 웬만한 농기계는 수리할 수 있게 되었다. 그래서 일주일에 한두 번은 동네 농기계가 고장 나면 수리해주게 되었고, 자연스레 P 집사님네 마당은 수리를 맡기려는 사람들로 가득 찼다.

나는 어느 날 P 집사님께 농기계 수리센터를 해보면 어떻겠느냐고 제안했다. 집사님은 "목사님, 저는 농기계 수리를 배운 적이 없어요. 다만 경험에 의해 수리하는 거예요." 하기에 "지금처럼만 하면 되는데, 정식으로 허가를 내어서 농기계 부속을 가지고 시작하면 되지 않을까요?"라고 했다. 내 조언에 용기를 얻은 집사님은 그때부터 이것저것 알아보기 시작하더니 1991년에 "관당공업사"라는 이름으로 농기계 수리센터를 시작하게 되었다.

수리센터는 농촌의 기계화 바람을 타고 제법 운영이 잘 되어서 P 집사님 가정은 상당한 기반을 다지게 되었다. 타고난 부지런함과 기계를 만지는 재능이 더해져 도로변에 있던 수리센터는 지나가는 자동차의 경정비 및 타이어 수리도 해주며 기반을 잡아갔다. 그동안 P 집사님은 장로가 되었다.

사실 P 장로님의 가정이 그렇게 잘된 것은 그 어머니 K 권사님의 기도와 아내 되는 Y 권사의 내조 때문이다. 젊어서 혼자가 되어 가난한 살림에 6남매를 데리고 남포에 자리를 잡은 K 권사님은 정말 무섭게 기도하는 분이었다. 저녁에 기도하러 오시면 어떨 때는 밤을 새워 기도를 하는데, '저 조그마한 체구로 어떻게 저렇게 힘차게 기도를 하실 수 있을까?' 하고 매번 궁금해졌다. 내가 "K 권사님의 기도 소리는 산에서 호랑이 우는 소리 같아요."라고 표현한 적도 있다. Y 권사는 정말 성실하게 남편을 내조하고 기도하며 목회자 입장을 이해하는 착한 사람이었다. 조그마한 문구점을 하며 일정한 돈벌이가 없는 남편을 묵묵히 내조하던 권사님을 보신 것인지, 하나님은 그 가정을 축복하셨다.

사람이 아무리 재주가 많다 하여도 하나님께서 도와주시지 않으면 어떻게 복을 받을 수 있을까? 농기계 수리를 잘하는 P 장로님과 그 가정은 사실 장로님의 재능이 아니라 하나님께서 복을 주셔서 잘될 수 있었던 것이다. 가끔 P 장로님의 집에 가보면 언제나 부부가 웃으며 맞이하고 열심히 일하는 모습을 볼 수 있다. 모두가 하나님의 은혜요 감사할 뿐이다.

우리 딸 죽을 것 같아요

월전교회에서 시무할 때 헌신적으로 교회를 보살피고 목회를 돕던 집사님 부부가 있었다. 나는 아버님이 돌아가신 후 한 달 만에 월전교회에 부임했고, 마음의 고통이 있어서였는지 위장병으로 심히 아팠다. 정말 별의별 약을 다 먹었는데도 효과가 없었다.

그때 교회 옆에 살던 J 집사님(후에 권사가 됨)은 저의 아내를 위로해주며 내가 먹을 만한 음식을 너무도 많이 챙겨주셨다. 남편 집사님은 밭농사를 지었는데, 가장 좋은 밭을 가리키며 이쪽은 목사님이 마음대로 따 잡수시라고 말해주었고, 아이들을 위해서 참외를 심어 먹을 수 있게 해주셨다. 지금 생각해도 눈물 나게 고마운 분들이다.

그 집사님 부부는 교회 일도 안과 밖으로 살피며 봉사하셔서 목회자가 교회의 사소한 일에 신경 쓰지 않게 해주셨으며, 철마다 크고 작은 선물로 목사를 위로해주셨다. 내가 목회하는 동안만 그런 것이 아니고, 내가 그 교회를 떠난 뒤 다른 목사들이 시무할 때도 시샘이 날 정도로 한결같이 봉사하셨다.

이렇게 열심히 봉사하다 보니 자녀들도 모두 열심히 신앙생활을 하여 아들은 신학대학에 가서 지금은 미국에서 목사로 충성을 다하고 있고, 딸들도 모두 신앙생활을 잘해서 장로로, 권사로, 집사로 충성을 다하고 있다.

그런데 어느 날, 1992년이었던 것 같다. J 집사님이 급하게 찾아와서 딸이 사고가 나서 병원에 있다는 것이다. 나와 아내 그리고 집사님 부부가 병원에 가보니 따님이 길을 걷다가 맨홀에 빠져서 허리와 다리를 다쳐 병원에 입원하게 된 것이다. 나는 '젊은 사람이니 며칠 치료하면 낫겠지.' 하고 생각했다.

그런데 한 주, 두 주가 지나도 나아지기는커녕 약의 부작용으로 얼굴이 붓고 입안이 해져 아무것도 먹을 수 없다고 했다. 심지어 그 딸은 결혼을 앞두고 있었다. 지금은 그 딸이 남편은 장로로, 본인은 권사로 미국 한인교회에서 봉사하고 있고 사업도 번창하였지만, 당시 결혼식 날을 정해놓은 신부가 병이 낫지를 않으니 답답한 일이었다.

그런데 어느 날 그 집사님께서 나에게 전화를 해서 "목사님, 우리 큰딸 죽을 것 같아요." 하며 울먹이길래 자초지종을 물었다. 딸이 엄마에게 전화해서 "나 죽을 것 같은데 엄마 얼굴 좀 보여주세요." 해서 새벽에 기차를 타고 딸이 입원한 병원에 왔다는 것이다. 와서 보니 딸의 상태가 너무 심각해서 죽을 것 같다고 울면서 내게 전화를 거신 것이었다.

나는 그때 "집사님, 당장 택시 대절해서 딸을 데리고 집으로 가세요." 하고는 걱정이 되어서 교회 가서 기도를 하고 나왔다. 그러자 아내가 J 집사님이 서울에서 택시 불러서 딸을 데리고 오고 계신다고 전해주었다. 나는 속으로 걱정을 했다. '데리고 오라고는 했지만 병원에서 못 고치는 사람을 내가 어떻게 하나.' 하며 걱정하고 있는데 J 집사님이 딸을 데리고 집에 도착했다는 것이다. 나는 집사님 댁에 가 예배를 드리고 간절히 안수기도를 해주었다.

나는 그때 위장병으로 약을 먹고 있었는데, 하나님은 약할 때 강함 주시는 분이라 믿고 아픔을 참고 한 달에 한두 번은 부흥회를 인도하기 위해 나가던 때였다. 남들은 나를 보고 죽게 생겼다고 했지만 이상하게 강단에 서기만 하면 하나님이 힘을 주시고 전할 말씀을 주시는 것 같았다. 나는 전능하신 하나님께서 그 딸도 나처럼 고쳐주시리라 확신하며 기도했다. 그런데 하루하루 조금씩 딸의 건강이 회복되더니, 어느 날은 "다 나은 것 같으니 서울에 가서 직장에도 나가고, 얼마 남지 않은 결혼식을 준비할게요."라고 말할 정도가 되었다.

지금 J 권사님 딸은 건강한 자녀를 낳고 미국에서 남편 장로님과 함께 행복하게 살고 있다. 하나님은 J 권사님의 충성과 눈물의 기도를 들어주셔서 복된 결과를 허락해주신 것이다.

너는 내게 부르짖으라 내가 네게 응답하겠고 네가 알지 못하는 크고 은밀한 일을 네게 보이리라(렘 33:3)

두 번째 장

하나님이 일하시다

우리나라 산에 맹수는 없다

어린 시절 우리 노회에는 무서운 장로님이 몇 분 계셨다. 그분들은 그 시절 유식하기도 하고 돈도 있고 집안도 대단한 분들이었는데 그들이 예수님을 믿고 장로가 된 것은 정말 감사한 일이다. 이분들은 일제 치하 식민지 시대나 6·25전쟁 때에도 교회를 지키고 신앙을 지킨 훌륭한 분들이셨다. 하지만 그 뒤로 나라가 안정을 찾고 교회도 안정을 찾게 되자, 교회를 지키겠다는 생각에 교회에서 맘에 안 드는 목회자나 나약한 성도에게는 상당한 압력을 가했던 것도 사실이다.

처음 목회를 시작하던 1981년 봄이었다. 그때는 시찰회마다 연합제직회가 있었고 한 시찰회에 목사님은 두 분이나 세 분 정도밖에 안 계셨다. 연합제직회로 모이면 목사님들이 돌아가며 설교를 했는데, 그때는 젊은 목사님이 설교를 맡았다. 그 목사님의 설교는 '목사'라는 말은 '목자'에서 어원을 찾을 수 있고, 성경에서 '목자'는 원어로 '셰파트'(영어로는 셰퍼드), 즉 '지키는 자'라는 뜻이라는 내용이었다.

연합제직회가 끝나고 교회에서 주는 점심을 먹고 감사한 마음으로 돌아가려고 하는데, 장로님 한 분이 "여보세요, 젊은 목사님!" 하고 부르는 소리가 들렸다. 그 젊은 목사는 약간 당황하면서 "예, 저를 부르셨어요?” 하며 장로님에게 다가갔다. 그 장로님은 “아니, 목사가 셰퍼드면 개란 말인가요?” 하며 따지기 시작하는데, 다른 목사님들이 그게 아니라고 설명하고, 설교한 목사도 당황하며 그게 아니라 원어에 그런 뜻이 있는 것이라고 말했지만 아무 소용이 없었다. 젊은 목사는 한 시간이 넘도록 그런 봉변을 당하고는 도망치듯 그 자리를 피하고 말았다. 그렇게 그 장로님은 자기 교회 목회자일지라도 성에 차지 않으면 솥단지를 빼서 마당에 던지며 당장 나가라고 하는 분이었다. 그렇게 무서운 장로님들이 계신 교회의 젊은 목사들은 너나없이 주눅이 들어 있었다.

그런데 그렇게 사나운 분들은 대부분 말년이 좋지 않게 끝나는 것을 보았다. 재산도 이상하게 다 남의 것이 되고, 자녀들 중에 예수님을 믿지 않거나, 결국 성공적인 인생을 살지 못하는 것을 보았다. 지금 생각해보면 ‘왜 우리나라 산에는 무서운 맹수는 다 사라지고, 온순한 동물만 살고 있을까?’라는 물음이 생긴다. 목회를 하며 보았다. 목회자나 성도들에게 사납게 대하는 등 온유하지 못한 사람들은 장로나 교인, 심지어 목회자일지라도 결말이 그리 아름답지 못했다.

하나님의 성산인 교회는 온유한 자가 승리하는 곳이다. 사나운 사람은 승리하지 못한다. 약간은 어리석어 보이고 조금은 미련해 보일지라도 순종하며 믿음의 길을 가는 사람은 승리자가 될 수 있다. 40년간 목회하면서 사나워서 잘되는 사람은 거의 본 적이 없다. 교회에서 괜히 큰소리쳐서 다른 사람 마음에 상처를 주고, 특히나 주의 종의 마음에 상처를 주는 사람들이 잘되는 것이 오히려 이상한 일이다.

왜 우리나라 산에는 맹수가 없을까? 가장 약해 보이는 고라니와 사슴은 지금도 산을 지키는데, 호랑이나 늑대는 산을 지키지 못한다. 사나운 사람보다는 부드러운 사람이 되어야 할 이유이다.

나는 언제 저곳에 들어가 보나

나는 1979년에 군에서 만기 제대를 하였다. 군 생활 중 몸을 다쳐 병원 신세를 지면서 제대하면 반드시 목회자가 되겠다고 다짐하였는데, 제대하고 집에 와보니 우리 집은 완전히 파산하여 남의 집 단칸방에서 아버지, 어머니, 동생들이 셋방살이를 하고 있었다. 나까지 끼어서 잘 자리도 없고, 나까지 여기 살아서는 안 되겠다 생각되어 무작정 서울 종로로 갔다. 종로 1가에서 5가까지 무작정 걸었다. 혹시나 사람을 구하는 곳이 있는지 알아보기 위해서였다. 3일을 그렇게 종로 1가에서 5가까지 걷다가 종로3가에 있는 '성서교재간행사'에서 사람을 구하는 것을 보고 들어갔다. 그곳에서는 참 잘 왔다며 이틀 정도 실무 교육을 시킨 뒤 책 외판일을 맡겼다. 입대 전 부여에서 조그만 책방을 운영해본 경험이 있어서 왠지 책 파는 일은 잘할 수 있을 것 같았다.

책 보따리를 들고 종로 3가에서 5가까지 걷는데, 겨울이라 손도 시리고, 발도 시리고, 마음까지 추웠다. 1979년 당시 종로5가에는 오늘의 한국기독교회관 건물이 번듯하게 서 있었다. 10층짜리 건물이었는데 1층에는 대한기독교서회가 있었고, 6층과 7층에는 기독교방송국이 있었던 것만 기억이 난다. 사람들이 그곳을 계속 드나드는데 나는 감히 그 건물에 들어갈 수 없었다. 누가 들어가지 못하게 막는 것도 아닌데 들어갔다가 왜 왔냐고 물으면 할 말이 없을 것 같았다. 속으로 '나는 언제 저곳에 들어가 보나.' 생각하니 나도 모르게 눈물이 주르륵 흘렀다. 추워서 나오는 눈물이었는지도 모르겠다.

그러고 며칠을 서울에서 고생하던 중 사장님께서 제주도 출장 팀을 만드는데 가보지 않겠느냐고 하셨다. 나를 포함하여 직원 세 명이 난생 처음 타는 비행기로, 역시 처음 가는 제주도로 가서 『성서대백과사전』을 중점적으로 외판을 하게 되었다. 그때만 해도 제주도는 내게 미지의 땅이었다. 그러나 나는 이것저것 따질 만한 입장이 아니었다. 부모님 살 집도 해결해야 했고, 군 생활 중에 하나님께 약속한 대로 목회도 해야 하는데 그러자니 무엇보다 돈이 급했다. 그래서 가본 적도 없는 제주도에 무작정 가서 당시 127곳이나 되는 제주도의 거의 모든 교회를 걸어서 방문했다. 그때 나는 기독교회관 건물에 떳떳이 드나들던 사람들처럼 목사가 되어 저 건물에 들어가겠다고 기도하였다.

그리고 30년 가까이 흘러 50대 중반이 되었을 때 나는 기독교회관 운영위원회 실행위원이 되었고, 다시 3년 뒤에는 실행위원장(기독교회관 이사장)이 되었다. 처음 부임할 때 나는 "30년 전 이 앞을 지나며 '나는 언제 저 건물에 들어가 보나.' 하며 눈물짓던 못난 사람을 하나님께서 이곳 운영위원회 위원장이 되게 하셨어요. 하나님의 섭리가 참으로 놀랍네요."라고 인사 말씀을 드린 기억이 있다.

지금 생각해도 왜 내가 그런 생각을 했는지 잘 모르겠다. 그때는 그 근처에서 기독교회관 건물이 가장 멋진 건물이기도 했고, 방송국과 대한기독교서회가 있으니 기독교의 메카처럼 느껴지기도 했을 것이다. 정말 갈 바를 모르던 내 기도를 들어주신 하나님께 감사와 영광을 드린다.

왜 그랬어요

내가 비정교회에서 첫 목회를 시작할 때는 아무 경험도 없고 누구에게 배우지도 못한 26살 풋내기 전도사였다. 비정교회는 총 부지가 90평이었는데, 예전에 이 씨 성을 가진 집사님이 헌납한 땅이었다. 그런데 시간이 흘러 예수님을 믿지 않는 그의 손자가 술만 먹으면 땅값을 내라고 억지를 써서 땅에 대해 알아보니 등기 이전이 되어 있지 않았다. 교회는 15평, 사택도 15평이었는데 교회가 낡아서 비가 새는 곳이 열 군데도 넘었다.

나는 이참에 교회를 새로 지어야겠다는 생각을 하고 교인들과 함께 쌀 계를 설립해서 훗날 비정교회 자리가 될 동네 뒷산 땅 1,170평을 무작정 사버렸다. 그리고 건축 허가를 받으려고 군청에 갔더니 산림 지역, 즉 임야라서 건물을 지으려면 '토지형질변경'을 해야 한다는 것이었다. 수없이 군청과 설계사무소를 찾아다녔지만 여러 가지 서류를 요구하기만 하고 정작 형질변경 허가는 나오지 않았다.

그렇게 몇 달이 지나가자 마음이 초조해지기 시작했다. 당시에는 건축허가를 일일이 받지 않고도 무허가로 집을 짓는 일이 많았다. 마음이 초조해지기 시작한 나는 무작정 일을 저질렀다. 마침 굴삭기 한 대가 동네에 일이 있어 들어왔기에, 굴삭기 기사에게 부탁해 그 땅 400평을 평지로 닦아버렸다. 며칠 지나지 않아 군청에서 이를 알게 되었다. 교회를 지으려고 수없이 형질변경을 요청한 사정을 군청에 말했지만, 결국 검찰에 나를 고발하겠다는 말을 들었다. 지금 같으면 천천히 절차를 밟아가며 할 일이었는데, 27살의 젊은이가 무슨 경험이 있었겠는가. 그런데 터를 닦아놓으니 이번에는 교회를 지어야겠다는 생각이 나서 건축업자를 만나 계약을 하고 무허가 건축을 강행했다. 군청에서는 또다시 야단이 났다. 무허가로 산림을 훼손하더니, 이제는 무허가로 교회를 지으려 한다며 결국 강경에 있는 지방 검찰청에 나를 고발했다. 나는 곧 검찰청으로 소환되었다.

검사가 보기에도 딱하고 안돼 보였는지, 그는 나이를 묻고 나서 "왜 그랬어요?"라고 물었다. 내가 "교회 지으려고요." 하자 그는 껄껄 웃으며 "그래도 법을 어기면 안 되지요." 하더니 조서를 한 장 쓰라고 했다. 잠시 후 이번에는 검찰청 서기가 이것저것 묻더니 또 "왜 그랬어요?" 하길래 나는 다시 "교회 지으려고요." 하고 대답했다.

조서 작성이 끝나자 검사가 한 달 생활비로 교회에서 얼마를 받느냐고 물었다. 6만 원 받는다는 내 대답에 그는 몹시 안타까운 표정으로 "10만 원을 공탁하고 집에 가시면 재판 날 출석 안 해도 됩니다. 10만 원은 있어요?" 했다. 없다고 했더니 그러면 하루 2,000원씩 쳐서 50일간 구류를 살아야 한다고 했다. "전화 한 통 써도 될까요?" 하자 검사는 어디에 전화하려고 하느냐고 물었다. 우리 외삼촌이 논산에 사시는데 전화 좀 하려 한다고 하자 검사는 외삼촌 이름을 물었다. "정인창 씨"라고 말했더니 검사가 직접 전화를 걸어주었다. 외삼촌은 당시 충청남도 갱생보호협회 회장을 맡고 있었기에 검사도 삼촌을 잘 알고 있는 듯했다. 검사가 전후 사정을 이야기하자 삼촌은 나를 바꿔달라신 후 당신이 10만 원을 공탁하기로 했으니 집에 가라고 하셨다. 그런데 그 후로 나는 외삼촌께 그 돈을 돌려드린 적이 없다.

지금 생각하면 무모하고 철없는 행동이었고, 법을 지키지 않는 행위였다. 나이가 40살만 되었어도 그리하지는 않았을 것이다. 그런데 하나님은 그 뒤에 여러 과정을 통해 그 자리에 비정교회를 아름답게 짓게 하셨다. 당시 동네 당산 자리에 하나님의 교회가 서게 된 것은 얼마나 감사한 일인지 모른다. 무조건 교회를 지으려고 했던 나의 무지함까지 선용하신 하나님의 섭리가 아닐 수 없다.

하나님, 저도 집 한 칸만 주세요

1981년 1월, 내가 목회를 시작할 때 우리 집은 아버지의 사업 실패로 말할 수 없이 어려운 지경이었다. 1979년 가을 군 생활을 마치고 제주도에 건너가 부모님이 거할 전세방 하나라도 구하겠다는 심정으로 제주 전역을 걸어 책을 팔았다. 하나님이 보시기에 딱했는지 제주도에서 좋은 분들을 많이 만나 서로 격려하며 일할 수 있었다. 그때 돈으로 500여만 원을 4개월 만에 벌었다. 그때 공무원 봉급이 15만 원 정도였으니 공무원 3년 수고한 것을 4개월 만에 번 셈이다. 그 돈으로 부모님이 거할 수 있는 전세방을 구할 수 있었다.

그러고 나서 1980년 4월에 충남신학원에 입학했다. 공부할 만한 환경은 아니었으나 학생들은 나름 열정을 가지고 공부하고 있었다. 그곳에서 두 학기를 공부하고 나자 장만용 목사님께서 비정교회 목회를 해 보지 않겠느냐고 하셨고, 그렇게 아무것도 모른 채 비정교회 전도사가 되어 2년을 시무했다. 1983년에는 도화담교회에 부임하여 열정을 가지고 목회를 했고, 교회 사택과 교육관을 건축하기도 했다. 형편이 좋아서 건축을 한 것이 아니었기에 많은 분들의 도움을 받을 수밖에 없었다.

1987년이 되어 어렵게 교회 사택과 교육관을 완공하고는 "하나님 아버지, 저한테도 우리 부모님 모실 수 있는 집 한 칸만 주세요." 하고 하나님께 울며 기도하였다. 생전 남의 집에서 살아본 적이 없는 부모님이 지금은 남의 집에 전세로 살고 있는 것이 마음 아파서 드린 기도였다. 나는 그때 신학교에 다니면서 매학기 등록금을 지인에게 빌려 납부하고 있었기에 빚이 꽤 되었다. 그래서 집을 살 돈이 있을 턱이 없었다.

얼마 뒤, 장만용 목사님으로부터 서천교육청에서 도서관을 짓고 있는데 그 앞의 조경을 위해 자연석이 필요하다는 말을 듣게 되었다. 장 목사님의 소개로 교육장님을 만나 자연석 열두 차를 납품하기로 계약했다. 교육장님이 경찰서와 군청에 협조 공문을 보내주셔서 자연석 반출증을 받을 수 있었고, 그렇게 합법적으로 자연석 열두 차를 서천교육청에 납품하게 되었다. 그때 약 480만 원을 받았는데, 경비를 제하고 학교를 다니며 빚진 200만 원을 갚고 교회에 십일조를 하니 100여만 원이 남아 있었다.

갑작스런 수해로 고향 동네(부여군 양화면 입포리)가 물에 잠겼다는 말을 듣고 고향에 가보았는데 정말 처참했다. 원래 내가 살던 입포2리에 갔더니 친구 어머니가 울고 계셨다. "아니 어머니, 왜 울고 계세요?" 하자 "이번 수해로 뒷산이 무너져서 우리 집 절반가량이 흙에 파묻혀 살 수가 없게 됐어."라고 하셨다. 그러면서 "누가 쌀 다섯 가마만 주면 집을 팔고 아들한테 가야겠어."라고 하시기에 즉시 그 집을 샀다.

그런 뒤 우리 부부는 날마다 그곳에 가서 동네 리어카를 빌려다가 집을 덮고 있는 흙을 조금씩 파냈다. 그때만 해도 우리는 젊어서 한 열흘을 파냈더니 집을 덮고 있던 흙을 거의 다 치울 수 있었다. 기술자를 부르기도 하고 내가 직접 수리도 한 결과, 그런대로 아늑한 집이 되었다. 그때 우리 아버지께서는 건강이 매우 안 좋으셨기에 공기 좋은 이 집에 오셔서 지내시라고 했고, 부모님은 1년 정도 그 집에서 살게 되었다. 나는 속으로 '하나님께 기도했더니 시골 오막살이 집이라도 주시는구나.' 하며 하나님께 진심으로 감사했다.

2년 뒤에 양화-임천 간 국도가 포장되면서 그 집은 도로에 편입되어 국가 보상을 받게 되었다. 결국 그 보상은 후일에 아파트를 구입하는 데 큰 힘이 되었다. "하나님, 저도 집 한 칸만 주세요." 기도하며 하나님께서 필요로 하는 일에 최선을 다했더니 하나님이 나에게 상을 주셨다는 생각이 든다.

송 전도사를 인사이동시키세요

내가 비정교회에서 풋내기 전도사로 사역하던 시절, 아무것도 모르고 산림법과 건축법을 위반하며 교회를 지으려고 시도하다 벌금 10만 원을 물은 뒤, 일이 끝난 줄 알았는데 군청에서는 교회를 짓다 중단한 건물을 헐어야 한다며 철거반을 동원하여 두 차례나 찾아왔다. 그야말로 강제 철거였다.

당시 당회장이 장만용 목사님이셨는데, 사립학교의 교장이기도 했던 목사님은 기관장들과도 친분이 있었다. 장 목사님이 선처를 부탁하자, 군수와 부군수가 동시에 하는 말이 "송건성 전도사를 인사조치하면 교회를 활성화하는 쪽으로 생각해보겠습니다."라고 했다며 목사님은 나를 보고 한숨을 쉬셨다.

나는 그때 충남신학원 3학년에 재학 중인, 사실은 전도사 자격도 없는 '전도인'에 불과했다. 그런데도 철거반원들이 건설과장과 함께 와서 교회 건물을 철거한다고 하면 아무것도 아닌 내가 목숨을 걸고 막았다. 쇠파이프를 들고 "누구든지 교회 벽돌 한 장이라도 부수면 내가 그냥 두지 않겠다!"라고 스물일곱 젊은이가 펄펄 뛰어다니니, 철거반원들도 도저히 안 되겠다 하고 물러가곤 했다. 철거반이 다시 왔을 때는 비정교회 교인들을 교회 벽에 붙어서 누워 있게 하고, 그 당시 큰딸을 낳고 첫돌이 되기도 전인 아내에게는 짓다 만 교회 중앙에 가서 앉아 있으라고 했다.

사실 1982년 당시에는 무허가 교회 건물이 많았다. 누가 신고하지 않으면 시골 교회들은 벽돌로 적당히 예배당을 지어서 예배를 드렸다. 그런데 나는 온 군을 시끄럽게 했으니 도저히 봐줄 수 없고, 철거반을 위협하기까지 해서 괘씸죄까지 더해졌다. 그래서 군수가 장 목사님께 전도사를 인사조치하라고 항의하는 소동이 벌어졌고, 나는 졸지에 인사조치 대상이 되었다. 지금 생각하면 웃음이 나오는 이야기이지만 그 당시에는 억울하고 눈물이 나오는 일이었다. 아마 생각해보건대 평생 목회하며 흘린 눈물의 절반은 그때 흘린 것 같다.

당회장 목사님은 교회 조직의 특성을 모르는 군수가 어떻게 해서든 시골 교회를 지으려고 애쓰는 전도사를 인사조치하라고 하니 난감하셨을 것이다. 나는 목사님께 "제가 떠날게요. 제가 떠나서 교회만 지을 수 있다면, 누가 지으면 어때요?" 했더니 당회장 목사님은 "미안해."라고 하셨다. 사실 당회장이 미안할 일은 아니었다. 철부지 전도사가 절차를 무시하고 불법을 저지른 일이었으니 요즘 같으면 더 크게 야단맞을 일이었지만, 그때는 시골 교회들이 불법(무허가) 건축을 많이 하던 때였으니, 나의 억지도 어느 정도 이해가 되었던 것이다.

나는 그때 군수의 요구에 따라 장항 옥남교회로 가게 되었다. 그리고 비정교회는 그때 이후 군에서 활성화해주어서 건물이 완성되었다. 비정교회는 처음에 12명으로 시작했는데 내가 비정교회를 떠날 때는 성도가 40명 정도 되었다. 그 후로 함용길 목사가 가서 열심히 목회하여 교회를 완성하고 60명 정도까지 부흥을 이뤄내 안정된 교회가 되었다.

내가 경험이 조금 더 있었더라면 그렇게 엉터리로 산림을 훼손하며 무허가 건축을 하지는 않았을 것이다. 그때 이후로 나는 교회도 지어보고, 사택도 지어보고, 교육관도 여러 군데에서 지어보았지만 불법으로 건축하지 않았다. 어떻게 하든 시간이 걸려도 합법적으로 건축을 했다. 그때의 경험은 내 인생에 큰 교훈과 지침이 되었다.

빚진 마음의 도화담교회

1983년 4월에 나는 도화담교회 전도사로 부임해서 1989년 4월까지 시무했다. 나는 그곳에서 교인들과 지역주민들에게 정말 사랑을 많이 받았다. 29살 젊은 전도사가 열정은 있지만 시행착오와 실수도 많이 했을 텐데, 교인들은 한결같이 나를 사랑해주었다. 특히 천학현 장로님과 그 가족들, 당시에는 집사였던 송기석 장로님과 그 자녀들, 그리고 회계를 맡아 어려운 교회 살림을 꾸려준 송양옥 집사님과 그 가족들을 잊을 수가 없다. 그분들이 잘 도와주어서 학교에 다니면서 진 빚도 다 갚을 수 있었고, 나중에는 집도 장만해서 부모님이 기거할 공간이 생겼으며, 아이들도 잘 성장해주었다. 나는 도화담교회에 있는 동안 한신대 교역과를 졸업했고, 준목고시에 합격해서 1989년 3월에 목사안수를 받았다.

나는 항상 도화담교회에 빚을 진 사람이라는 생각을 가지고 있다. 그 이유는 우리 아버지께서 나와 성도들이 어렵게 지은 교회 사택에서 돌아가셨기 때문이다. 아버지가 돌아가신 날은 1989년 부활주일이었다. 돌아가시기 며칠 전에 안양에 있는 집으로 가고 싶다며 교인들에게 미안하다고 하셨다. 그리고는 부활주일 전날 '이제 다 산 것 같다.'고 말씀하셨는데, 부활주일 예배가 끝나고 아버지가 위독하다고 해서 사택으로 달려가 보니 아버지는 이미 의식이 없는 상태였다. 내가 아버지 손을 잡자 얼마 안 있어 운명하셨다.

나는 정말 슬펐지만 울 수가 없었다. 내가 정신을 차리지 않으면 장례를 치를 수 없었기 때문이다. 정말 감사한 것은 온 교회의 성도들과 동네 분들 그리고 소방대원, 초등학교 직원들, 관공서의 직원들까지 정말 자기 일처럼 도와주셔서 무사히 아버지의 장례를 마칠 수 있었다. 그런데 목사안수를 받기 전부터 월전교회에서 청빙을 받았기 때문에 나는 교인들에게 정말 빚진 심정을 가지고 월전교회로 가야만 했다.

지금 생각해보아도 도화담교회와 지역 주민들께는 빚진 마음이 크다. 도화담교회에 있는 동안 자연석을 서천교육청에 납품해서 학교 다닐 때 진 빚도 갚고, 교회 사택도 짓고, 남은 돈으로 시골집도 샀으니 하나님께서는 아무것도 없는 나에게 풍성한 은혜를 주신 것이다. 도화담교회 전임 전도사님은 사례비를 받지 못해 생활이 불가능해 교회를 사임했다고 하는데, 나는 도화담교회에서 가장 많은 복을 받았다. 그때 나는 하나님께 "하나님, 저는 하나님의 일을 열심히 할 테니, 하나님은 저의 어려운 일들을 해결해주세요."라고 기도했는데 하나님이 내 기도를 들어주신 것 같다.

지금도 나는 '도화담' 하면 아버지가 생각나고, 아무것도 없이 짓기 시작해서 하나님의 기적으로 완성된 사택과 교육관이 생각난다. 지금도 도화담교회는 그때 지은 사택을 계속 사용하고 있다. 하나님은 가장 어려운 교회에 있을 때 가장 감사한 일이 많도록 역사하셨다. 너무도 감사할 뿐이다.

눈은 보여야 목회를 하지요

결혼하기 전 1980년 초여름이었다. 어느 날 자고 일어나니 왼쪽 시야의 가운데가 안 보이면서 눈이 쑤시고 아팠다. 우리 집은 안경을 쓰는 사람이 아무도 없을 정도로 온 가족이 눈이 좋은 편이라 몹시 당황했다. 한 번도 가본 적이 없는 안과를 찾아갔다. 의사는 검사를 하더니 '중심성 망막염'이라고 했다. 지금은 우리나라가 의료 선진국이 되어서 망막염 정도는 가벼운 질환에 속하고 치료도 잘 되고 있다고 한다. 그러나 그때 의사 말로는 현재 우리나라 의술로는 치료하기 어렵다고 했다. 그야말로 눈앞이 캄캄했다. 당시 나는 혼자서 비정교회에서 총각으로 목회를 하고 있었는데, 몹시 가난했다. 이제 겨우 첫 목회를 시작했는데 어찌해야 좋을지 앞길이 막막했다. 일주일 후에 군산에 있는 다른 안과에 가서 다시 검사를 했지만 비슷한 이야기만 듣고 돌아왔다.

나는 누구와 상의할 수도 없었다. 아직 결혼도 안 했고 부모님의 형편은 나보다 더 어려운 상황이었다. 나는 며칠 간 고민하며 새벽마다 엎드려 기도를 했지만 눈의 아픔은 차도가 없었다. 나는 그다음 월요일이 되어서 전북 임피에 있는 남산기도원에 갔다. 금식하기 위해 가는 것이니 다른 준비는 필요 없었다. 입은 옷 외에는 성경책만 들고 갔다. 도착하니 기도원장인 백 전도사님이 계셨다. 내 사정을 이야기하고 금식기도하러 왔다고 하니까 방을 하나 내어주셨다. 의사는 영양 섭취를 잘 하고 항생제를 복용하라고 했지만 나는 약도 먹지 않고 금식을 했다. 그저 눈에서 흐르는 눈물을 손수건으로 닦아가며 하루이틀 기도를 하다가 하나님께서 고쳐주셨을까 하며 눈을 뜨고 성경을 보면 아직도 시야의 중심부는 보이지 않고 주변만 뿌옇게 보였다. 나는 일단 금요일까지 기도하기로 작정하고 왔으니 계속 기도하겠다고 생각하고 그래도 낫지 않으면 어떻게 할까 걱정하며 하나님께 "하나님, 눈은 보여야 목회를 하지요." 하며 눈을 고쳐달라고 기도하였다.

목요일이 되었는데도 역시 눈에는 아무런 차도가 없었다. 실망과 의심이 들기 시작했다. 27살 젊은이가 무엇을 알겠는가! 그러나 '아직 마음먹은 금요일은 아니지.' 하면서 하나님께 정말 간절히 기도했다. 처음 이틀 정도는 정말 배가 고팠는데, 시간이 지나면서 배도 고프지 않았다. 초여름이라 춥지도 않고, 산속이라 덥지도 않아 견딜 만했다. 원장 전도사님이 소금을 조금 가져다 주시며 물만 먹으면 어지러울 수 있으니 소금을 조금씩 먹으라며 중보기도를 해주셨다.

이제 작정한 금요일이 되어서 아침에 성경을 펼쳐보니 역시나 예전처럼 중심부는 보이지 않았다. 나는 실망하고 이제 교회에 가서 주일 설교 준비도 해야 하니 내려갈까 생각하다가, 하루만 더 기도하겠다 결심하고 기도원장님께 토요일 아침까지 기도하다 가겠다고 말했다. 원장님은 그러라고 하시며 토요일 점심때 죽을 좀 쑤어줄 테니 먹고 가라고 하셨다. 하루 동안 "하나님, 눈은 보여야 목회를 하지요."를 반복하며 고쳐주시기를 간구하였다. 그리고 토요일 아침에 잠에서 깨어 일어나서 성경을 펴보았다. 그런데 성경이 잘 보이는 것이다. "할렐루야! 아니, 내 눈이 돌아온 것인가!" 나는 성경을 보면서도 믿어지지 않았다. "하나님, 감사합니다. 하나님, 잊지 않겠습니다. 그리고 정말 열심히 목회를 하겠습니다." 이렇게 다짐을 했다.

하나님은 "하나님, 눈은 보여야 목회를 하지요."라는 무지한 전도사의 기도를 들어주신 것이다. 그때 산에서 내려오는데 세상에서 내가 제일 행복한 사람이 된 것 같았다. 집에 가는 차에서도 성경을 펴서 읽어보며 확인을 했다. 그리고 한 달쯤 지나서 군산 김안과에 갔더니 원장 의사가 고개를 갸우뚱하면서 정말 잘 보이느냐고 말했다. 잘 보인다고 하자 참 잘 되었다고 하며 자기는 이렇게 자연 치유가 되는 것은 처음 본다고 말했다. 금식하며 기도했다고 하자 도무지 믿지 못하는 모습이었다. 하나님은 이렇게 어린 종의 안타까운 기도를 들어주셨다. 하나님께서 그때 그 기도를 들으시고 지금 65살이 넘는 노년에 가까운 나이까지 안경을 쓰지 않고 목회하게 하시니 감사할 뿐이다.

아기를 살릴까요, 엄마를 살릴까요

나의 목회에서 가장 힘든 시기는 동수원교회 전도사 시절일 것이다. 낮에는 교회에서 전임전도사로 일을 하고, 저녁에는 한신대 교역과에서 신학 공부를 했다. 나는 우리 딸과 아들에게 정말 부족한 아빠였고 아내에게는 모자란 남편이었다. 사회에 나가면 무슨 일을 해서라도 식구들 먹고사는 문제는 해결을 했겠지만, 나는 하나님께 "군에서 제대하면 주의 종이 되겠습니다."라고 약속했기에 그 약속을 깰 수는 없었다.

첫아이 영주는 비정교회에서 첫 목회할 때 낳았는데, 돈이 없어서 병원에서 낳지 못하고 아기를 받아본 경험이 있다는 집사님들과 교회 사택에서 산파를 불러 아기를 낳았다. 무려 44시간이나 진통을 한 끝에 우리 큰딸 영주가 태어났다. 그 시절에는 우리나라에 의료보험제도가 없었다. 태어난 딸에게도 그리고 아내에게도 미안한 일이지만, 그때는 미안하다는 말도 할 수 없었다.

그러고 나서 한신대 교역과에 다니면서 동수원교회 전도사로 사역을 하던 중 아내가 둘째 아이를 갖게 되었다. 그런데 문제가 생겼다. 너무도 가난하여 제대로 먹지 못한 탓인지, 아내는 감기가 점점 심해졌다. 병원에 가보니 폐결핵이 의심된다며 보건소에 가보라고 했다. 그래서 수원보건소에서 가슴 엑스레이 사진을 찍었는데, 결핵 2기라는 진단을 받았다. 더욱이 임신 6개월이면 아기를 정상적으로 낳을 수가 없다는 말에 나는 어찌할 바를 몰랐다.

보건소 의사는 아기를 포기해야 한다고 했다. 이대로 아기를 낳을 때까지 가면 산모가 위험하다고 했다. 아내에게 그 말을 못 하고 한 달이 지났다. 그 사이에 아내는 더 야위어서, 아기를 가지면 일반적으로 몸무게가 늘어야 하는데 아내의 몸무게는 오히려 46kg으로 줄어 있었다. 보건소에서는 임신한 상태에서는 결핵 약을 쓸 수 없다고 했다. 어서 결심을 해야 한다고 하면서 "아기를 살릴까요? 엄마를 살릴까요?" 하는 물음에 나는 "둘 다 살리겠습니다."라고 답했다. 의사는 안 된다는 표정으로 말이 없었다.

그 힘든 시간을 아내는 잘 견뎌주어서, 어느 집사님의 도움으로 출산 예정일에 집에서 아기를 낳았다. 엄마가 너무 못 먹어서 아기의 몸무게는 2.9kg밖에 나가지 않았지만 건강한 편이었다. 아내는 너무 쇠약해져서 당분간 친정에 가 있으라고 하였는데, 문제는 이제 결핵 3기에 접어들었다는 것이다. 아기에게는 젖을 먹일 수 없어 그 가난한 형편에 분유를 사서 먹여야 했다. 아이는 자고 나면 크고, 자고 나면 커서 두 달이 지나 이제는 보통 아이들과 비슷하게 성장하였다.

보건소에 가서 상의하자 아이에게 결핵이 감염되지 않게 하고 아빠도 큰애도 조심해야 한다고 하면서 항생제 주사를 하루에 한 대씩 맞으면 결핵은 쉽게 나을 수 있다고 했다. 그 시절에는 의사의 처방 없이도 약국에서 항생제와 주사기를 살 수 있는 시절이었다. 나는 항생제 몇 병과 주사기를 사들고 와서 보건소 의사가 가르쳐준 대로 엉덩이에 주사를 놓았는데, 처음에는 잘 되지 않아 주사 바늘을 구부러뜨렸지만 몇 번의 시도 끝에 주사를 잘 놓게 되었다. 그런데 몇 번 해보니 주사 놓는 것은 문제가 아닌데, 날마다 항생제와 주사기를 살 돈이 없어 걱정이었다. 그러던 중 사촌 처제가 우리 사정을 알고 항생제 한 박스와 주사기 한 박스를 보내주어서 거의 1년여 동안 아내에게 주사를 놓을 수 있었다. 그러는 사이 아이는 무럭무럭 자라서 제 또래 아이들에게 조금도 뒤지지 않게 성장했다.

아기는 무척 순해서 엄마를 덜 고생시켰다. 그 아들이 지금은 목사가 된 영범이다. 하나님은 내가 가장 약할 때 강하게 하시고, 아내도 살리고, 아들도 살려주셨다. 그리고 그 아들이 지금은 아빠의 뒤를 이어 우리 교단 목사가 되어준 것이 너무도 감사하다. 하나님 감사합니다. 영광 받아주시옵소서.

이혼합시다

동수원교회에서 1년간 부교역자로 일하다가 두 번째 단독 목회 임지로 온 곳이 도화담교회였다. 1983년 4월경이었다. 교회에서 주는 사례비는 교통비 정도밖에 되지 않았고, 학교를 다니면서 목회를 하다 보니 빚은 자꾸 늘어났다. 아무리 절약한다고 해도 모자란 것은 어쩔 수 없는 일이었다.

그러던 어느 날, 제대 후에 6개월 정도 일했던 성서교재간행사에서 연락이 왔다. 그곳에 다닐 때 제주도에서 4개월 만에 보통 사람의 4년치 매출을 올린 실적이 있었기에 회장 김영진 장로님이 나를 기억하고 계셨던 것이다. 이번에 충남 일대와 전북 그리고 대전 등을 아우르는 중부지방 대리점을 내려고 하는데, 그 책임을 맡아줄 수 있느냐는 제안이었다.

나는 속으로 너무도 감사했다. 조건도 매우 좋았다. 토요일, 주일은 도화담교회에서 목회에 전념하고, 새벽기도회도 빠지지 않고 인도하고, 다만 대천에 사무실을 낼 것이니 월요일부터 금요일까지 근무하며 외판 직원 관리를 하면 되었다. 나는 하나님께서 나의 경제적 어려움을 해결해주시려고 기회를 주시는 것이라고 섣불리 생각했다.

집에 와서 나는 아내와 상의를 하였다. "여보, 성서교재간행사에서 대천에다 지사를 내는데, 나더러 지사장을 맡아달래." 아내는 아무 말이 없었다. "한 달에 30만 원을 주고 차량도 지원하겠대." 역시 아내는 말이 없었다. 그 당시 나는 교회에서 15만 원 사례비를 받고 있었는데, 한 달에 30만 원과 지사 매출에 따른 수당을 주겠다는 제안은 정말 뿌리치기 힘들었다.

다음 날, 아내는 진지하게 나를 불러 "당신이 내가 말린다고 안 할 사람도 아니고 하니, 이혼합시다."라고 말하였다. 물론 정말 이혼하고 싶어서 그렇게 말한 것이 아닌 줄은 알지만, 아내의 결심은 확실했다. 아내는 "나는 목회자하고 결혼한 것이지 사업하는 사람과 결혼한 것이 아니에요."라고 말하며 엉엉 울었다. 나도 따라 울었다. 돈이 없어서 결핵에 걸려 죽을 뻔하기도 했고, 자식을 잃을 뻔한 적도 있고, 하고 싶은 것, 먹고 싶은 것 하나도 제대로 누릴 수 없었는데, 이제 돈을 벌 수 있는 기회가 오니 돈 버는 남편은 필요 없다며 이혼하자는 것이다. 나는 적잖은 충격을 받았다. 아내 스스로도 둘째 아이를 낳을 때 돈이 없고 제대로 먹지 못해서 결핵 3기까지 가본 사람이, 목회를 포기하는 것도 아니고 성서교재간행사 지사장을 하겠다고 하는 말에 완강히 거부하다니! 나는 성서교재간행사 대천지사로 가는 것은 없었던 일로 하였다.

그런데 하나님께서는 그 후에 다른 방법으로 빚을 갚게 하셨고, 조그만 시골집을 하나 장만하게 하셨다. 하나님은 주의 종이 당신 뜻대로 산다고 하면 어떻게든 살게 하시는 것을 경험할 수 있었다. 내가 그때 출판사 지사장을 했다면, 까딱하면 목회가 힘들 때 목회를 포기하지 않았을까 싶다. 완강하게 반대해준 아내에게 고맙고 미안한 마음이다. 그 후로 나는 성서교재간행사에서 나온 책을 볼 때마다 추억이 떠올라서 하나님께 감사하고 있다.

교회를 우리 동네에서 옮길 수 없다

내가 목회하던 비정교회는 땅도 비좁았지만 남의 땅으로 되어 있었기에 교회를 송정 부락에서 비동 부락으로 옮기려고 땅을 사게 되었다. 비정리는 1구와 2구로 되어 있었는데 1구보다 2구가 인구도 훨씬 많았고 초등학교도 있었다. 나는 어렵게 당시 쌀 35가마니를 주고 현재 비정교회가 자리한 임야를 구입하게 되었다.

그런데 문제가 생겼다. 교회를 비동 부락으로 옮기려고 한다는 소문이 송정 부락에 퍼지자 교회에 다니지 않는 사람들까지 나서서 반대하며 막고 나선 것이다. 그 이유는 마을의 유일한 교육기관인 교회가 다른 마을로 가면 아이들 교육이나 지역 정서에 전혀 도움이 되지 않는다는 것이었다. 나는 이장을 만나 설득도 해보았지만, 주민들의 반대는 점점 심해졌다. 그들 중 몇 사람은 나를 가만두지 않겠다며 협박을 하기까지 했다. 나는 난처하기 짝이 없었다. 사람들은 송정 부락에 비정교회가 세워진 지 30년이 넘었는데 교회를 지으려면 이 자리에 지어야지 어디로 옮기느냐면서 내게 따졌다. 나는 할 말이 별로 없었다. 그러나 교회가 있는 자리는 90평 정도의 작은 땅이고 교회당 15평, 사택 15평으로 너무 초라한 모습이었다. 그마저도 교회당 땅은 이 집사님이라는 분이 헌납하여 얻은 것인데, 당시 등기를 돌리지도 않고 공증을 한 것도 아니어서 손자이 씨가 자기 땅이라고 주장하며 술을 먹고 와서 땅값을 달라고 야단을 치기도 여러 번이었다.

하루는 동네 남자 분들이 쇠스랑을 들고 나를 찾아와서 나오라고 소리를 쳤다. 나는 속으로 겁이 나기는 했지만, '백주 대낮에 아무리 술에 취했어도 어찌할 것인가?' 하는 생각에 밖으로 나갔다. 어쩐 일이냐고 들어오라고 하자 그들은 '아니 멀쩡한 우리 동네 교회를 왜 옆 동네로 가져가려고 하느냐?'며 죽이겠다고 협박을 하는 것이었다. 스물일곱의 젊음이 있어서 그랬는지, 나는 그들에게 '그러면 이 동네에서 교회당 지을 땅을 사달라.'고 고함을 치며 그들과 말다툼을 하였다. 그중의 한 명은 어떤 집사님의 남편이었는데, 내가 고함을 치며 여기다가 어떻게 교회를 짓느냐고, 그리고 이 땅 주인은 자기 땅 내놓으라고 얼마나 힘들게 하는지 알기나 하느냐고 야단을 하자, 그들 모두는 슬그머니 들고 왔던 쇠스랑을 챙겨 자기 집으로 돌아갔다. 나중에 그들은 모두 비정교회 교인이 되었다. 교회를 옮긴다고는 하지만 사실 옆 마을이라 해도 같은 비정리에 있었고, 도보로 10분도 걸리지 않는 곳이었다. 원래 자리는 90평, 옮길 곳은 1,000평이 넘으니 그들도 할 말이 없었는지 그 일은 한바탕 해프닝이 되었다. 나는 그때 처음으로 교회당을 다른 동네로 옮기는 일이 쉬운 일이 아니라는 것을 깨달았다.

평소에는 교회에 관심도 없던 사람들이 교회당을 옮긴다고 하니 '어릴 적 교회에서의 추억이 있다.'며 반대하는 말을 하였다. 처음에는 말도 안 되는 이야기라고 생각했지만, 나중에는 일리가 있다는 생각도 하게 되었다. 그 뒤로는 그분들과 더 친하게 지내게 되었고 그들이 교회에 나오면서 교회를 옮겨 지을 때도 나름 도움을 받았다. 지금 생각하면 내가 좀 더 세련되게 말할 수도 있었을 텐데 경험이 없어 실수를 한 것 같다. 그러나 하나님은 나의 실수와 경솔함까지도 사용하셨다. 오늘날 비정교회는 언덕 위에 아름답게 세워져 있으니 모두가 하나님의 은혜임을 감사하지 않을 수 없다.

화장실은 어디 있나요

내가 도화담교회에 처음 부임한 날이었다. 그때 사택은 교회에서 도보로 5분 거리에 떨어져 있었다. 이삿짐을 다 나르고 나서 쉬고 있는데 함께 온 어머니께서 "아무리 집을 둘러봐도 화장실이 없다." 하시는 것이다. 나는 그럴 리가 있느냐고, 화장실 없는 집이 세상에 어디 있느냐고 했지만 정말 아무리 찾아봐도 화장실이 없었다. 사택은 돌담을 빙 둘러 쌓은 10여 평 되는 작은 집이었는데, 세 번이나 전임자들이 바뀌는 동안 누군가는 그 집에서 길게는 7년, 짧게는 3년을 살았다는데 화장실이 없다는 것이 이해가 되지 않았다.

화장실이 없다고 하자 식구들은 난감해했다. 마침 옆집에 사는 송 집사님이 채소를 나눠주시겠다며 오셨다. 불편한 점은 없느냐고 하시기에 나는 어렵게 말을 꺼냈다.

"저, 집사님, 그런데 화장실은 어디 있나요?"

그러자 집사님은 아주 미안한 얼굴로 자기 집 화장실을 같이 쓰고 있었다고 하셨다. 물론 화장실이 집 밖에 있어서 집사님 댁 안으로 들어가야 하는 것은 아니지만 그때 우리는 남의 집 화장실을 다닌다는 것이 이해가 되지 않았다. 그러나 어찌하겠는가, 화장실이 없다는데. 그날은 식구대로 다 송 집사님 댁 화장실에 가서 신세를 졌다.

나는 밤에 잠이 오지 않았다. 그리고 아침에 일어나서 사택을 몇 바퀴 돌면서 화장실 문제를 어떻게 해결할까 생각을 했다. 집을 돌고 또 돌았다. 그런데 우측 돌담과 집 사이에 약 3-4평 되는 공간이 있는 것을 발견했다. 그리고 장독대 근처에는 큰 고무통이 하나 있었는데 밑이 찢어져서 못쓰게 된 것을 테이프로 붙여놓은 것이 보였다.

나는 즉시 곡괭이와 삽을 얻어다가 구덩이를 파기 시작했다. 고무 통을 묻어놓고 그 위에 판자를 구해다가 깔아서 간이 화장실을 만들었다. 뒤와 옆은 돌담으로 그런대로 가려지기는 했는데 문제는 앞이었다. 나는 웅천에 가서 천막 만드는 천을 사고, 못도 한 근 사고, 각목도 사서 자전거에 실었다. 돌아오는 길에 웃음이 났다. 교회 부임한 다음 날 화장실 만드는 공사를 하는 전도사는 대한민국에 나밖에 없겠다 싶었기 때문이다. 어제처럼 처음 이사 와서 화장실을 찾아 온 식구가 집을 뱅뱅 돈 일도 우스웠고, 그다음 날 당장 간이 화장실을 만들고 있는 내 모습도 우습기는 마찬가지여서 나는 실없이 웃었다. 그럴듯하게 화장실 문을 만들고, 옆면과 뒷면도 천막 천으로 가리고 나니 식구들이 모두 좋아라 했다. 온 식구가 실컷 웃었다.

그 후로 돌담을 팔아서 블록을 쌓아 집 뒤로 10평짜리 방을 하나 달아냈다. 12평 집이 갑자기 22평이 되니 그 또한 신기하고 재미가 있었다. 그 집에서 3년을 살았다. 봄이면 복숭아꽃이 피고, 산에는 산나물이 지천이었고, 숲이 깊어서 계곡에는 물이 마르지 않는 정말 아름다운 동네였다. 그러나 광산이 개발되면서 동네는 훼손되었고 시간이 지나며 레미콘 공장이 들어섰다. 공장에서 석산을 무분별하게 개발하면서 지금은 예전의 산 깊고 물 맑은 도화담의 모습은 없다. 그러나 나는 지금도 도화담교회를 생각하면 마음이 따뜻해지곤 한다. 그곳에서 5년을 살았는데 지금 생각해보면 정말 행복한 시절이었다. 아내의 건강도 회복되고, 아이들도 잘 성장해서 첫째 딸 영주는 초등학교에, 둘째 아들 영범이는 어린이집에 다니게 되었는데 영범이는 엄마가 결핵에 걸려 배 속 아기를 포기하라고 하던 그 아이가 맞는가 할 만큼 너무도 건강하게 잘 성장했다. 모두가 하나님의 은혜이다.

목회하며 가장 행복했던 시절을 고르라면 도화담교회에 있던 때이다. 비록 시골의 작은 교회였지만 하나님은 그곳에서 우리 가정에 행복이 무엇인가를 가르쳐주셨다.

떠나기가 쉽지 않았던 장항은평교회

1994년에 장항은평교회 교인들을 만나 교회를 설립하기로 하고 적잖은 시련의 시간을 거쳐서 노회에 설립을 허락받았다. 다섯 분의 장로 직도 복권이 되어 조직교회로서 출발하게 되었다. 김종만, 김갑수, 노홍래, 라도, 주명환, 다섯 분의 장로님들과 조직교회로서 100여 명 성도들과 함께 시작한 교회는 하나님의 은혜로 성장하게 되었다.

처음 시작할 때는 구 사장네 건물 3층에 보증금 1,000만 원에 월세 80만 원으로 세를 얻어 예배를 드렸고, 보증금 500만 원에 40만 원의 월세를 내는 사택에서 살았다. 교인들 중에는 부자가 거의 없었다. 모두 어려웠지만 정말 열심히 따라주었다. 나는 성질이 조금 성급한데 장로님들은 대부분 차분하셨다. 나는 어서 빨리 땅을 사서 교회를 짓고 싶었으나, 교인들은 날마다 교회 대지를 허락해달라고 기도하면서도 나만큼 급하지는 않은 듯했다.

교회당이 비좁아 아이들 교육관이 필요해서 옆에 있는 2층 건물에 또 세를 얻어 교육관과 교회 사무실 겸 서재로 사용하였다. 그렇게 4년의 시간이 화살처럼 지나가고 어렵게 성전 대지를 구입했다. 당장 돈이 있는 것이 아니라서 장로님들 집을 담보로 은행에서 1억 원을 대출받았다.

구 사장님께 부탁해서 잔금은 은행 이자를 주기로 하고 외상으로 땅을 구입했다. 곧바로 1998년에 성전을 착공했다. 땅값도 다 못 갚고 또 성전 공사를 한다고 하니 장로님들은 걱정을 했지만, 나는 하나님께서 책임져주시리라 믿었다.

그렇게 어려운 가운데 공사가 시작되었고, 건축업자는 나와 고등학교 동창이던 김경재 사장이었는데, 정말 헌신적으로 성실하게 시공해주어서 건축한 지 25년이 지났는데도 거의 하자가 발생하지 않았다. 성전 건축을 한 뒤 목사관을 지을 때도 이 또한 김경재 사장이 맡아서 정말 쓸모 있게 잘 지어주었다.

나는 그곳에서 14년을 살다가 18년 2개월 동안의 장항은평교회 목회를 마치고 청빙을 받아 대천서부교회로 교회 임지를 옮기기로 결심했다. 교회에서 이를 발표하자 절대 가서는 안 된다며 만류했다. 그러나 새로운 임지로 청빙을 받은 것이 하나님의 뜻이라 생각하고 장항은평교회 사랑하는 성도들을 떠나기로 결단을 했다. 정말 눈물 많이 흘리며 섬겨온 성전이지만 바울이 에베소교회를 떠나 고린도교회로 가는 심정으로 나는 결심을 했다. 그때 내 나이가 58살이었는데 호적으로는 만 55살로 되어 있어서 목회가 15년 정도 남아 있었고, 장항은평교회에서 15년을 더 목회한다면 33년이 넘는 세월인데 교인들도 오래 있으면 자연히 불평이 생길 것이고, 나 역시 너무 오래 있는 것이 부담이 되던 차에 대천서부교회에서 청빙을 하겠다고 하여 하나님의 뜻이라 여기고 임지를 옮기기로 결정한 것이다.

떠나는 일은 쉽지 않았다. 처음으로 개척을 해서 설립공인예배를 드리고 18년 동안 쉼 없이 목회를 해왔는데, 또 성도들 한 사람 한 사람 정말 귀한 분들인데 그들을 두고 떠나는 것이 얼마나 힘이 들었는지 모른다. 230명 정도 모이던 교회에서 90여 명의 성도밖에 모이지 않는 교회로 가니 실망스럽기도 했다. 하지만 하나님은 그 가운데에서도 계획이 있었고, 부족한 종을 통해 이루시려는 바가 있었다. 장항은평교회를 떠나는 일은 나의 삶에서 가장 힘든 일이었다. 사랑하는 사람들을 두고 떠나는 목회자의 마음은 너무도 아프지만, 모든 것이 하나님의 인도하심이었다.

사택을 지읍시다

도화담교회에 부임하고 1년이 지났을 때, 나는 불현듯 사택을 지어야겠다고 마음을 먹었다. 그때까지 목회자 사택으로 쓰던 곳은 여덟 자 방 두 개와 부엌이 있는 작은 집이었는데, 내가 부임하면서 돌담을 헐어 팔고 돌담이 있던 자리에 벽돌을 쌓아 방을 만들어 살았다.

그런데 그 방과 교회가 300m 정도 떨어져 있어서 제대로 교회를 관리하기가 어려웠다. 그래서 교회 옆에 있는 약 200평가량의 부지에 사택 30평, 교육관 20평을 짓겠다고 장로님과 상의했다. 제직회를 하자고 하니 교인들은 사택은 꼭 지어야 하지만 돈이 없어서 못 짓겠다고 했다. 나는 사택이 있어야 목회자가 안정된 생활이 가능하니 일단 시작하자고 했다.

나는 도화담에 있는 레미콘 업체에 가서 우리 교회가 사택을 지으려 하니 협조를 부탁한다고 말했다. 공장장이 레미콘을 필요한 만큼 지원하겠다고 흔쾌히 허락을 해주어서 힘을 얻을 수 있었다. 그 지역의 유력한 분이 자갈과 모래를 선별하여 파는 회사를 운영하고 있었는데, 그 가정은 불교 집안인데도 도화담교회가 사택을 지으려고 하는데 협조를 부탁한다고 찾아가자 필요한 만큼 지원하겠다고 대답하셨다. 나는 하나님께서 도우신다고 믿고 감사했다.

교인들이 헌금을 하여 90만 원이 마련되었다. 아무리 계산해도 건축 비용으로는 모자라는데 하나님께서 도화담에 지천으로 있는 큰 돌을 팔 수 있는 기회를 주셨다. 그렇게 건축비 400만 원을 마련했고, 송 집사님의 산과 천 장로님 댁 앞의 나무를 베어서 목재를 해결했다. 그때 홍산에 살던 어떤 분이 서천교육청에 자연석을 납품하게 도와주면 자기가 사택을 지을 때 필요한 벽돌과 슬레이트 일체를 제공하겠다고 해서, 그분을 도와 벽돌 2,000장과 슬레이트 200장, 시멘트 100포를 기증받았다. 나는 그때 하나님께서 도와주심을 다시 느낄 수 있었다. 그렇게 모아진 자재를 가지고 그 당시 목수 일을 조금 할 줄 아는 송 집사님(나중에 장로가 됨)과 함께 인부를 거의 사지 않고 사택을 지어나갔다.

1987년에는 수해가 나면서 쌓아놓은 자재가 유실될 뻔했는데, 그 자재를 지키려다 나는 큰 위험을 겪기도 하였다. 이런저런 우여곡절을 겪으며 3월에 시작한 공사를 10월이 되어서야 마무리할 수 있었다. 그 당시 교인 수는 30명 정도였는데, 30대 초반의 젊은 전도사가 몸부림을 치는 것이 안타까웠는지 정말 많은 분들의 도움으로 사택을 완성했다.

자갈과 모래를 필요한 만큼 주신 불교 신자 이장님 댁은 훗날 온 가족이 예수님을 믿었다. 천주교 신자였던 초등학교 교장 선생님은 사택을 지을 때 금일봉을 주시고 음으로 양으로 많은 도움을 주셨다. 교인들과 장로님, 집사님들의 수고도 잊을 수 없다. 교인들은 삶이 힘들고 가난한 중에도 최선을 다해 90만 원이라는 헌금을 했다. 나는 돌을 팔아 400만 원을 헌금하고 각종 지원을 받아오긴 했지만, 사실 내가 한 일은 아무것도 없었다. 모든 것은 하고자 하는 자에게 할 수 있게, 가고자 하는 자에게 갈 수 있게 도우신 하나님의 은혜였다.

내가 도화담교회를 떠난 지 33년이 흘렀으니 그 집이 지어진 것은 33년이 넘은 듯하다. 좋으신 하나님께서 교회와 상관없는 분들까지 동원하여 사택을 짓게 하셨다. 지금도 도화담교회는 그때 그 집을 사택으로 잘 사용하고 있다. 하나님은 서로 연합하여 선을 이루시는 분이고, 구하는 자의 기도를 외면하지 않는 좋으신 분이다. 하나님께 모든 영광을 돌린다.

신학교를 택하든지, 교회를 택하든지

내가 옥남교회에서 짧은 기간 시무할 때이다. 나는 지방에 있는 신학교를 졸업하고 전도사가 되어 목회를 하고 있었다. 당시 옥남교회는 내가 부임할 당시 교인이 30여 명이었는데, 하나님의 은혜로 교인의 난치병이 치료되는 일이 있고 난 뒤 60명으로 부흥되었다. 그렇게 목회를 하던 중 친구에게서 한신대 교역과에 편입할 수 있는 기회가 있는데 그 해가 마지막이라는 말을 들었다. 나는 서류를 준비하고 제직회에서 조심스럽게 이야기를 꺼내며 양해를 구했다.

"제가 이번에 한신대 교역과에 편입할 기회가 생겼는데 이번이 마지막 기회라고 하네요. 이 말은 제가 목사가 될 수 있는 마지막 기회라는 거예요. 그러니 제직들께서 제가 신학교에 편입할 수 있도록 도와주세요."

그러자 집사님들은 모두가 정말 잘된 일이라며, 전에 계시던 목사님도 한신대 교역과를 졸업하고 목사님이 되셨는데 전도사님도 그리하면 정말 좋은 일이겠다고 말하고는 만장일치로 동의해주셨다.

나는 다음 날 서둘러 서류를 가지고 한신대에 가서 등록을 했다. 돌아오는 길에 "아! 나도 이제 목사가 되는 길이 열리는구나." 하고 탄성을 질렀다. 그때까지 나는 전도사로 교회를 섬기는 일도 감사했지만 막상 목사가 될 수 있다고 생각하니 하나님의 은혜가 너무 크다고 생각했다.

그런데 한 달쯤 지났을 때, 남자 집사님 다섯 분이 사택으로 나를 찾아와서 할 말이 있다고 했다. 말씀하시라고 했더니, 집사님들끼리 상의를 했는데 아무래도 우리 교회는 '전도사님 대신에 목사님을 모셔야 할 것 같다.'고 말하는 것이 아닌가. 교회도 성장하고, 예산도 늘었으니 목사님을 모시고 싶다고 하는 말에 나는 어이가 없었다. 아무 말도 하지 못하자 "전도사님이 월요일마다 서울로 가시면 수요예배도 새벽예배도 힘드니 신학교를 택하든지 교회를 택하든지 하세요."라는 것이다.

나는 순간 망치로 머리를 맞은 듯 멍해졌다. 제직회에서 만장일치로 결정하고 신학교에 편입한 지 한 달밖에 안 되었는데 정말 너무한다는 생각이 들었다. 나는 처음에는 얼마 있으면 곧 방학이니 그때 가서 다시 생각해보자고 했지만 집사님들은 꿈쩍도 하지 않았다. 그러면서 재차 신학교를 택하든지 교회를 택하라고 하는데, 한신대 교역과 편입 기회는 그때가 마지막이었기에 나는 도저히 포기할 수가 없었다. 그래서 나는 "잘 알았습니다."라고 했다. 나중에 안 일이지만 당회장과 전임자가 교인들에게 "신학교 다니는 전도사보다는 목사님을 모셔야 교회가 안정되고 좋다."라고 했다는 말을 들었다. 그러나 힘없는 신학생 전도사가 무슨 말을 하겠는가. 나는 4월 말경에 결국 옥남교회를 사임하고, 딸과 아내를 처가에 보낸 뒤 힘든 시간을 보내야 했다.

그때 신 모 목사님께서 수원에 있는 D 교회 전도사로 가서 봉사하겠느냐고 했고, 나는 이것저것 따질 때가 아니라 가족이 함께 살 수만 있다면 어디든 상관없다고 생각하여 좋다고 했다. 부교역자 경험이 전혀 없었지만 D 교회로 가서 담임목사님을 모시고 열심히 일하게 되었다.

그때는 옥남교회 교인들이 너무 야속했지만, 그 일은 하나님께서 나를 광야와 같은 곳에서 훈련시키는 과정이었다. 나는 D 교회에서 1년을 봉사하고 충남노회 도화담교회에 부임했다. 그곳에서 신학 공부를 마치고 2년 후 목사안수를 받았으니 지금 돌아보면 모든 것이 하나님의 은혜라 아니할 수 없다.

인사하지 말고 떠나세요

나는 처음부터 작지만 단독 목회로 목회를 시작했다. 비록 교인이 12명밖에 안 되었지만 나름 행복했다. 그리고 그 교회에서 2년여 동안 목회하다가 처음이자 마지막으로 부교역자로 청빙을 받아 수원에 있는 D교회에서 섬기게 되었다. 신학교에서 오후 5시에서 9시까지 수업을 하고 낮 시간 동안에는 교회를 섬기는 일이었다. 신학교에 다닐 수 있게 된 것도 감사하고 우리 가족이 거처할 수 있는 처소도 교회에서 마련해주었으니 그저 감사할 뿐이었다. 쉬는 날은 없었고, 시간이 나는 대로 새신자 심방, 결석자 심방, 학생회, 청년회, 어린이 교회학교 등… 코피를 쏟으면서도 열심히 봉사하였다. 담임목사님과 사모님도 정말 열심이었고, 교회 개척한 지 8개월 만에 내가 부름을 받아 온 것인데 그 교회 유급직 부교역자로는 처음이었고 신학생이 두 명 있었다.

나름 열심히 봉사하는 가운데 교회는 성장하기 시작했다. 목사님이 설교를 잘하시고, 찬양에 은사가 있어서 교회는 부흥했다. 사모님은 교회 관리를 열심히 했다. 나도 교회가 성장하면서 하는 일이 더욱 늘어나게 되었다. 처음에는 10여 명이던 청년부가 근처 공단의 직원들이 오기 시작하면서 50명까지 모이게 되었다. 목사님과 교회 중진들은 기뻐했다.

나는 일주일에 한두 번 코피를 쏟을 정도로 힘이 들었지만 부흥하는 모습에 그저 감사할 뿐이었다.

연말이 되었다. 새해 목회계획을 세우고 신년 예산을 편성하는 가운데 교회 중진들과 목사님 사이에 약간의 마찰이 있었다. 나는 신학생 전도사이지만 전임 대우를 받는 입장에서 할 말이 없었고 또한 나설 입장도 아니어서 아무 말 없이 지내는 중에 우리 집으로 집사님 몇 분과 청년 몇 명이 찾아왔다. 그들은 몇 가지 교회 문제를 이야기하다가 나에게 나가서 교회를 개척해보지 않겠느냐고 제안해왔다. 1983년 당시에는 교회 개척이 잘되는 때였고, 자신들이 함께하겠다며 개척을 제안했지만, 나는 부교역자로서의 도리가 있을뿐더러 신학생 신분으로 개척한다고 나설 형편도 아니라 기도하자고 이야기하고 그분들을 돌려보냈다.

그리고 나는 목사님을 만나 "교인들이 술렁이고 있으니 각별히 신경을 쓰셔야 할 것 같습니다."라고 말했다. 목사님의 얼굴에는 긴장한 기색이 역력했다. 그리고 얼마 지나지 않아 목사님과 사모님이 우리 집에 오셔서 이렇게 말했다.

"우리는 목회를 크게 한 번 실패해서 3년을 쉬다가 D 교회를 개척한 것인데 여기서 무너지면 끝이네."

그리고 나와 내 가족에게 조용히 떠나달라고 했다. 내가 "제가 떠나는 게 문제가 아니고 교인들이 술렁이고 있으니 교인들을 수습하셔야 합니다."라고 말하자, 그건 자기들에게 맡기고 계속 떠나달라는 말을 했다. 안 되겠다 싶어 나는 2주 뒤에 교인들에게 인사하고 떠나겠다고 말했는데, 그러지 말고 지금 떠나달라는 것이었다. 교인들에게는 잘 얘기할 테니 인사하지 말고 내일 날이 밝으면 아무 소리 하지 말고 떠나달라고 하는 말이 야속하기도 하고, '목사님께 의리를 지키기 위해 교인들이 동요

하는 것을 알려드렸는데 너무한다.'라는 생각이 들었지만, 나는 어쩔 수 없이 교인들에게 인사 한마디 건네지 못하고 D 교회를 떠나야 했다.

충남으로 와서 아는 목사님인 S 목사님을 찾아갔더니 다음 주에 노회가 있으니 정기노회 장소에서 다시 만나자고 하셨다. S 목사님을 만났더니 도화담교회에 갈 수 있겠느냐고 물으셨다. 그렇게 감사하게도 3주 뒤에 도화담교회에 부임하여 목회를 하게 되었다. 하나님은 도화담교회에 있는 동안 넘치는 복을 주셨다. 그곳에서 아이들은 가정적으로 건강하게 자라주었고, 교회는 부흥 성장하였으며, 나는 신학교를 졸업하고 목사 시험에 합격해서 목사가 되기까지 하였다. 우리 하나님은 부족한 종에게 너무도 큰 은혜를 주셨기에 인간적인 섭섭함은 잊으려 노력했다. 후일에 D 교회 목사님을 내가 시무하던 장항은평교회 부흥강사로 초빙하여 은혜를 받기도 했다. 연합하여 선을 이루시는 하나님께 그저 감사할 뿐이다.

땜빵 부흥사

비정교회에서 목회하던 시절, 나는 기도하기 위해 가끔 부여기도원에 가곤 했다. 지금이야 모든 교회에 차량이 있지만, 그 시절에는 오히려 차량이 있는 교회가 별로 없었다. 그날도 가방을 챙겨서 3박 4일 일정으로 부여기도원에 갔다. 월요일 오후에 도착했는데 그때는 부여기도원이 개원하고 얼마 안 되었기에 찾아오는 사람도 그리 많지 않았고 숙소도 거의 없어서 기도원에 매트를 깔고 누우면 그곳이 숙소였다.

나는 은혜받기 위해 앞자리에 앉아서 성경을 읽고 있는데 기도원 원장님이 들어와서 "전도사님, 잠깐만 원장실로 오세요."라고 말했다. '집회 강사와 인사하라고 부르시는 건가?' 하고는 따라갔는데, 원장님이 난감한 얼굴로 "전도사님, 강사 목사님이 사정이 생겨서 못 오시게 되었는데, 사람들은 이미 오고 있고 저는 몸이 안 좋아서 설교를 할 수가 없어요." 라면서 오늘하고 내일 이틀만 부흥회 인도를 맡아달라는 것이다.

나는 그 당시에 신학을 제대로 공부한 사람이 아니었고 목회 경험이 불과 1년 남짓밖에 되지 않은 27살의 젊은이였는데 당황스러운 일이었다. 그러나 시간은 점점 다가오고, 교인들은 모여드는 상황에서 예배를 드리지 않을 수 없었다. 나는 하나님께 기도한 뒤에 '정 안 되면 간증을 하리라.' 생각했다. 그렇게 원고도 준비되지 않은 상태로 경험도 없는 땜빵 부흥강사가 되어 저녁 시간 부흥회를 인도하게 되었다.

그런데 신기한 일이 벌어졌다. 두렵고 떨리는 마음으로 시작한 내 설교에 거기 모인 100여 명의 성도들이 은혜를 받고 눈물을 흘리기까지 했다. 저녁 부흥회는 성령 충만한 예배가 되었다. 기도원 원장님은 너무 은혜를 받았다며 내일 새벽과 낮, 저녁도 부탁한다고 하며 감사하다는 말을 연거푸 했다. 그러니 어쩌겠는가. 안 한다고도, 못 한다고도 할 수 없었다. 나는 잘하든 못하든, 은혜가 되든 안 되든 그것은 하나님께서 하실 일이라 생각하고 순종하기로 결단했다. 내가 그때 무슨 설교를 어떻게 했는지 지금 전혀 생각이 나지는 않는다. 그리고 어느 본문을 보았는지조차 생각이 나지 않는다. 은혜스러운 성경구절을 찾아 봉독을 하고, 나는 그저 주님의 도구가 되어 1시간 이상 사용되었을 뿐이다.

그때 그 기도원에는 환자와 그 가족들이 대부분이었다. 기도원 원장님이 신유의 은사가 있다고 소문이 나서 전국에서 환자들이 찾아왔는데 주로 난치병 환자들이었다. 특히 암 환자들이 많았다. 나는 "그저 주께서 원하는 대로 사용해주십시오." 하는 심정으로 3일 동안 나로서는 죽을힘을 다해 말씀을 전하고 간증하며 울부짖고 기도하였다.

그런데 하나님은 이렇게 엉터리 땜빵 부흥사를 사용하셔서 많은 사람을 감동하게 하셨다. 나는 "너희가 소리치지 아니하면 저 돌들이 소리치리라" 하신 하나님 말씀을 떠올렸다. 여호수아가 두려운 마음으로 모세의 뒤를 이어 이스라엘을 이끌고 가나안 땅 정복이라는 대업을 맡게 되었을 때 하나님이 "두려워하지 말라 나는 네 하나님이라" 하신 것을 생각하였다.

아무튼 나는 기도원 일정을 마치고 교회에 와서 수요예배를 인도했는데, 그때 하나님께서 또한 갑절의 은혜를 주셨다. 그 뒤로 부여기도원에 정식 강사로 초빙을 받아 집회를 인도하게 되었다. 그때 하나님은 나에게 믿음의 용기를 주셔서 여러 차례 전국에서 집회를 인도하게 하셨고, 제직세미나 강사로 전국 교회에서 인도할 수 있는 기회도 주셨다. 또한 오산리금식기도원, 한얼산기도원, 금산 임마누엘수양관에서 집회 인도를 맡았다. 40년 가까운 시간이 지나고 나서 모든 것이 하나님의 은혜임을 다시 한 번 깨닫는다.

여리고 작전

1994년에 장항은평교회를 설립한 이후 우리 교회의 최대 관심사는 교회 부지를 확보하는 것이었다. 교인도 어느 정도 많아졌고 교회 재정도 안정이 되어가고 있었지만, 교회 부지를 구입하는 일은 쉬운 일이 아니었다. 두어 차례 시도해보았는데 그때마다 여러 가지 문제가 있었고, 교회가 장항의 외곽 지역에 있다 보니 교회 부지를 보고도 내키지 않아서 결정을 미루는 새에 다른 교회나 사업자들이 계약해버리기 일쑤였다. 전 교인이 합심해서 기도할 수밖에 없었다.

그런데 교회가 세를 얻어 쓰고 있는 건물 뒤편에 농사를 짓지 않고 방치된 땅이 있었다. 몇 년간 방치해서 쓰레기도 많고 풀들이 많이 자라서 보기에 좋아 보이지는 않았다. 하지만 그곳을 매립하면 괜찮겠다는 생각이 들어서 나는 새벽예배를 마치면 그 땅을 매일 한 바퀴 돌기도 하고, 어떤 때는 이 생각 저 생각을 하며 두세 바퀴를 돌기도 하였다. 그 땅 주인은 우리가 세를 얻어 쓰고 있는 건물의 주인이었는데 장항에서는 부자라고 소문이 나 있는 사람이라 땅을 팔 이유가 없다고 했다.

그러나 이스라엘 백성들이 여리고성을 매일 돌고 마지막 날은 일곱 바퀴를 돌았던 것처럼, 나는 어느 날 결심을 하고 월요일부터 그 땅을 한 바퀴씩 돌며 하나님께 기도하고 주일 새벽에는 일곱 바퀴를 돌았다.

그러던 어느 주일, 장로님들께 오늘 저녁 구 사장님을 만나겠다고 말했다. 나는 주일 저녁 꽤 늦은 시간에 과일 바구니를 들고 구 사장 댁을 방문했다. 처음에는 매우 조심스럽게 우리 교회에 세를 주셔서 감사하다고 이야기하고, 우리 교회가 구 사장님 댁 휴경지를 사서 매립해 교회를 짓고 싶다는 뜻을 말했다. 한참을 생각하던 구 사장 부부는 오늘 이 자리에서는 대답할 수 없으니 며칠 말미를 달라고 하셨다. 나는 그 며칠을 전화기 앞에서 초조하게 기다렸다. 그리고 시간만 나면 그 땅을 둘러보았다.

며칠 후에 구 사장님에게서 전화가 왔다. 팔 테니 평당 50만 원을 달라고 했다. 만나 뵙고 말씀드리겠다고 한 후에 그날 저녁 다시 만나서 43만 원으로 결정하고 다음 주에 만나 계약을 하기로 했다. 이제 계약하기 위해 대지구입위원회를 모아 그간의 일을 설명하고 계약을 해야 하는데 문제는 돈이었다. 나는 구 사장 댁에 찾아가서 일부만 주고 나머지는 은행 금리를 드리면 어떻겠느냐고 묻자 의외로 그렇게 하자고 해서 계약이 되었다.

그렇게 장항은평교회에 부임하고 4년 조금 지나서 정말 어렵게 대지 610평을 구입할 수 있었다. 2억 6,000만 원의 대금 중 상당 부분을 구 사장 댁에서 외상으로 해주며 그때 당시 연리 6%의 이자를 주기로 하고 산 것이니 사실 온전히 대지를 소유한 것도 아니었다. 그런데 교인들은 "목사님, 우리도 교회당이 있었으면 좋겠어요."라고 말하며 빨리 교회를 짓자고 했다. 나도 남의 건물에 세 들어 있는 교회보다는 우리 건물이 있으면 좋은 것을 모르지 않았다. 문제는 재정이었다. 세 든 건물에 보증금으로 있는 1,500만 원에, 대지 대금도 1억 이상 외상으로 한 것인데 교회를 지었으면 좋겠다는 성도들의 말에 선뜻 그러자고 대답하기가 어려웠다.

나는 당회에서 몇 번 상의를 하고 건축위원회를 구성했는데 처음에 설계를 맡긴 설계 사무실에서 설계를 해온 대로 건물을 지으면 아름답고 예쁘기는 하겠지만 건축 비용이 우리 형편으로는 감당할 수 없는 수준이었다. 교인들이 최선을 다한다 해도 사실 부자가 별로 없는 우리 교회에서 건축비를 조달하기는 쉽지 않았다. 그리고 당시 경제 사정이 좋지도 않았다.

그러나 성전을 지어야 할 필요는 있었기에 설계를 변경하여 모양을 내기보다는 실내 공간을 최대한 확보하며 종탑이나 외부 치장은 하지 않는 것으로 했다. 그리고 건축을 맡을 업자를 선정하기 위해 공개 입찰을 통해 최저가 입찰을 하게 되었다. 그때 고등학교 동창이 건축업을 하고 있었는데 그가 최저가를 써냈고 정말 성심성의껏 튼튼하게 지어주어서 지금 건축한 지 25년이 되었지만 거의 하자가 없는 건물이 되었다.

그때 당시 건축헌금을 정성껏 하신 분들이 많았다. 정말 가난하여 성전건축헌금을 못 하게 된 어느 집사님은 당신 죽으면 장례비용으로 쓰려고 한푼 두푼 모은 300만 원을 헌금하셨고, 적금을 깨고 헌금을 하신 분도 계셨다. 성도들의 헌금과 장로님들 집을 담보로 농협에서 대출받은 돈으로 성전을 완공하고 나자 IMF가 터졌다. 우리는 까딱하면 성전을 못 지을 뻔했다며 안도하였지만, 문제는 하루가 다르게 오르는 이자였다. 교인들에게 이자가 너무 높아서 감당하기 어려우니 헌금 작정하신 분들은 가능한 한 빨리 해주시면 고맙겠다고 했더니 정말 성도들이 최선을 다해주셔서 IMF 상황에서도 대출을 갚을 수 있었다. 그 당시 구 사장 댁에 진 빚 1억 원은 구 사장이 이자를 6%에서 더 올리지 않아 천천히 갚을 수 있었다.

지금 30년 가까운 시간이 지나 생각해보아도 하나님의 은혜가 아닐 수 없다. IMF로 인해 온 나라가 어려운 상황이었는데 우리 교회는 성전 건축을 하면서도 교회 재정은 언제나 예산을 초과하였다. 그때 성도들의 사랑을 제일 많이 받은 것 같다. 물론 개중에는 성전 건축에 대해 협조하지 않거나 남의 일 보듯 하는 사람이 없었던 것은 아니지만, 대부분의 성도들은 성전 건축을 위해 최선을 다하였다. 그 후에 성도들 가정은 대부분 하나님의 복을 받았고 나 역시 하나님의 넘치는 사랑과 복을 받아 가정은 평안하고, 아이들은 잘 자라주었다. 모든 것이 하나님의 은혜이다. 매일 그 땅을 바라보며 여리고성을 도는 이스라엘 백성들처럼 돌고 돌며 기도했더니 하나님께서 그 땅을 허락하신 것이다. '여리고 작전'은 성공했고 그 후로 나는 교인들에게 어려움이 있으면 하나님께 작정하고 기도해야 한다고 강조하게 되었다.

장항은평교회는 대지를 넓혀서 처음 690평을 구입하고 그 후에 200평, 100평을 계속 구입해서 지금은 1,400평의 대지를 확보하고 있다. 구사장 내외에게는 늘 고마운 마음뿐이다. 땅값도 주변 시세보다 저렴하게 해주었고 그 땅을 외상으로 주고 등기를 돌려주어서 교회를 건축하게 한 것은 두고두고 잊을 수 없다.

하나님께서는 가장 부족하고 어리석은 종이지만 당신의 성전을 짓겠다는 일념으로 기도한 종을 외면하지 않으셨다. 그리고 사랑하는 성도들의 눈물겨운 헌금과 헌신, 봉사가 있어서 지금의 장항은평교회가 세워진 것이니 첫째는 하나님의 은혜이고, 둘째는 성도들의 헌신이다. 부족한 종의 기도를 들어주시고 응답하시는 하나님께 감사와 영광을 돌린다.

최윤식 목사

익산노회 울박교회 담임목사

3부

예수님의 흔적을 지닌 교회

목사, 그는 누구인가

목사안수를 받고 얼마 되지 않은 때였다. 교인 K 양이 사고를 당해 크게 다쳤다는 연락을 받고 서둘러 병원으로 달려갔다. 응급실에 들어서자 여러 명의 의사들과 간호사들이 한 환자를 둘러싼 모습이 보였다. 우리 교인이겠거니 짐작하고 다가갔다. 나를 본 K 양의 어머니가 달려와 내 손을 붙잡고 울음을 터뜨렸다.

"목사님, 내 딸 죽게 생겼어요. 어쩌면 좋아요. 내 딸 좀 살려주세요."

살려달라고? 내가 무슨 능력이 있어 죽어가는 사람을 살리나? 나는 그녀가 너무 무리한 기대와 요구를 한다고 생각했다. K 양은 온몸이 피투성이였다. 깨지고 부서지고 찢어진 상처 자국이 겉으로도 뻔히 보일 정도였으니 상태가 보통 심각한 것이 아니었다. 의사들은 긴장된 표정으로 부산하게 움직이며 환자를 치료하고 있었다. 뼈가 부러진 곳에 부목을 대어 고정시키고, 붕대를 감아 출혈을 막고, 각종 주사를 놓고…. 만신창이가 된 인간을 고도의 의술로 치료하는 의사들의 능력은 한없이 위대해 보였다. 그에 비해 치료 과정을 지켜보고만 있는 나는 한없이 무능하고 초라하게 느껴졌다. 한 인간의 어려운 처지 앞에서 목사인 내가 해줄 수 있는 일이 과연 무엇이란 말인가? 위기의 소식을 듣고 달려왔지만,

내겐 그 위기에서 그녀를 건져낼 만한 아무런 방책이 없어 보였다. 무력감이 들었다.

한참 만에 응급 치료가 끝났다. 의사들은 흘러내린 땀을 닦으며 다른 환자를 돌보기 위해 떠났다. 나는 누워 있는 K 양 옆으로 다가갔다. 고통으로 몸부림치는 그녀에게 이사야 41장 10절을 읽어주었다. "두려워 말라 내가 너와 함께 함이라 놀라지 말라 나는 네 하나님이 됨이라 내가 너를 굳세게 하리라 참으로 너를 도와 주리라 참으로 나의 의로운 오른손으로 너를 붙들리라." 그리고 그녀의 손을 잡고 기도했다. 그것이 내가 할 수 있는 전부였다. 한 구절의 짧은 성구와 몇 마디의 기도가 이 환자에게 무슨 도움이 될까 하는 회의(懷疑)가 들었다. 돌아오는 마음이 무척 허무했다. 목사의 역할이 미약하게 생각되었기 때문이다.

이틀 뒤 다시 문병을 갔다. 그녀는 통증이 어느 정도 진정되고 의식도 돌아와 있었다. 깁스를 하고 여러 개의 주사기를 꽂은 채로 침대에 누워 있던 그녀는 나를 반갑게 맞아주었다. 그리고 이렇게 말했다.

"목사님, 사고를 당하고 죽는 줄 알았어요. 죽겠구나 생각하니 무섭고 맥이 풀렸어요. 그런데 목사님이 오셔서 하나님 말씀을 읽고 기도해주시니까, 하나님이 나를 지켜주신다는 생각이 들면서 죽음에 대한 두려움이 사라지고 마음이 평안해졌어요. 제가 목사님의 기도로 살아난 것 같아요. 염치없는 부탁이지만 앞으로도 자주 오셔서 기도해주세요."

상투적인 인사말 같지는 않았다. 진정성이 담겨 있었다. 나는 그 말을 듣고 목사의 가치를 새삼 느꼈다. 자부심이 불끈 솟구쳤다. 그렇다! 의사의 역할이 있고, 목사의 역할이 있다. 의사가 청진기나 엠알아이(MRI) 등의 도구로 환자의 병을 찾아내고 약 처방, 주사, 수술 등으로 사람의 육체적 병을 치료한다면, 목사는 하나님의 말씀, 성령의 능력, 기도 등으로 사람의 심령과 영혼의 상태를 진단하고 치료하는 것이다. 의사의 역할만 귀하고 목사의 역할은 하찮은 것이 결코 아니다. 목사가 전하는 하나님의 말씀은 인간의 영혼을 소성시키며, 우둔한 자를 지혜롭게 하고, 마음을 기쁘게 하며, 눈을 밝게 하는 신비한 힘이 있다.(시 19:7-8) 또 하나님의 말씀은 살아 있고 활력이 있어 좌우에 날선 어떤 검보다도 예리하여 혼과 영, 관절과 골수를 찔러 쪼개기까지 하며, 마음의 생각과 뜻을 판단하신다.(히 4:12) 목사는 그 하나님의 말씀을 가지고 사람들을 바른 길로 인도하고, 슬픔에 빠져 있는 자를 위로하고, 절망한 자에게 희망을 안겨주고, 방탕하게 살던 사람을 변화시킨다. 또한 목사는 기도라는 매개를 통하여 하나님의 능력이 사람에게 임하도록 하여 병이 치료되게 한다.

사람은 육체만을 가진 존재가 아니다. 영과 혼과 몸을 가진 존재이다.(살전 5:23) 하나님이 천지를 창조하실 때, 흙으로 사람을 지으시고 그 코에 생기를 불어넣으시니 사람이 생령이 되었다.(창 2:7) 사람의 육체는 흙과 같지만, 그 안에는 생명력을 일으키는 생기가 있어야 한다. 그래야 생령, 곧 살아 있는 존재가 된다. 때문에 사람을 돌보는 일에는 육을 돌보는 사람과 영을 돌보는 사람이 모두 필요하다.

사고 직후 K 양의 어머니가 목사에게 "내 딸 살려주세요." 하고 말한 것은 무리한 요청이 아니었다. 그는 목사의 실체를 제대로 알고 있었던 것이다. 그에 반해 나 자신은 목사의 실체를 제대로 알지 못하고 있었다. 나는 K 양이 병상에서 한 고백을 통하여 목사의 실체를 다시 생각하게 되었고, 그 뒤로부터 '목사는 하나님으로부터 권세를 부여받은 하나님의 종'이라는 의식을 가지고 설교하고 기도하고 상담했다. 그러한 가운데 놀라운 일들이 많이 일어났다. 내가 전하는 설교나 책망을 들었더니 자살하려던 사람이 자살을 멈추고, 이혼하려던 사람이 가정을 지키려 마음을 돌리고, 그릇되게 살던 사람이 회개하고 삶의 태도를 바꾸기도 했다. 병원에서 치료가 어렵다고 판정을 받은 분이 기도를 통해 치유되는 기적 같은 사례도 여러 번이었다. 교인들을 축복하면 현실을 초월하는 신기한 일이 많이 일어났다. 목사가 인간적으로는 보잘것없을지라도 그 안에서 역사하시는 하나님의 권능이 놀라운 일을 일으킨다.

언젠가 텔레비전에서 의료 프로그램을 보았다. 한국을 대표한다고 할 수 있는 각 분야의 의사들이 출연해서 진행하는 프로그램이었다. 그 중에 가장 나이가 많아 보이는 의사의 말에 나는 감동을 받고 공감했다. 자기는 환자를 치료하는 자가 아니라, 치료를 돕는 자일 뿐이라는 것이다. 나도 그의 말에 동감한다. 목사 역시 치료하는 자가 아니라 치료를 돕는 자일 뿐이다. 근본적으로 치료하는 분은 오직 하나님이시다. 그래서 영광받으실 분은 목사가 아닌 하나님이시다. 직접 치료하는 것은 아닐지라도, 목사가 하나님의 말씀과 하나님이 주시는 은사를 통하여 치료를 돕는 역할을 한다는 것만으로도 얼마나 영광스러운 일인가. 목사라는 사실이 자랑스럽다. 그리고 목사로 세우신 하나님의 은혜가 너무 감사하다.

녹색으로 물든 손바닥

농촌 교회에서 목회할 때였다. 보리가 누런색을 띠며 막 익어가던 계절이었다. 70대 권사님과 함께 한 교인의 집으로 심방을 가게 되었다. 논두렁길을 지나는데 권사님이 물으셨다.

"전도사님은 뭘 좋아해요?"

좋아하는 음식이 무엇이냐고 묻는 질문이었다. 어린 시절부터 가난하게 자란 나는 농촌에서 일상적으로 먹는 음식 외에 다른 별미를 먹어본 일이 별로 없다. 그래서 딱히 무얼 좋아한다고 대답할 수가 없었다. 권사님은 머뭇거리며 대답을 하지 못하고 있는 나를 재차 독촉하며 무엇을 좋아하는지 말해보라고 하셨다. 대답을 안 하면 한동안 권사님께 시달릴 것 같았다. 나는 주변에 널려 있는 보리를 보며 대답했다.

"저는요, 보리 민대를 좋아해요."

보리 민대는 보리를 삶아 문질러서 껍질을 벗겨낸 알속 보리를 말한다. 삶을 때 소금을 넣어 간을 맞추면 제법 고소하고 쫄깃쫄깃하여 맛이 있다. 어린 시절에는 어머님이 만들어주신 보리 민대를 간식으로 종종 먹곤 했다. 권사님은 농촌에 흔한 보리 민대를 하찮게 여기셨는지 다른 음식을 말해보라고 하셨다. 아마도 특별한 별미를 말하기를 바라시는 듯했다. 하지만 농촌에서 어렵게 살아가는 권사님께 부담을 안겨드릴 수는 없었고, 딱히 떠오르는 음식도 없었다.

"정말 보리 민대를 제일 좋아해요. 어렸을 때 어머님이 이맘때면 만들어주셔서 맛있게 먹었는데, 그 생각이 간절하네요."

심방을 마치고 권사님과 헤어졌다. 해가 저물고 땅거미가 짙어가는 시간인데 권사님이 찾아오셨다. 하얀 사기그릇에 보리 민대를 가득 담아서…. 주의 종이 먹고 싶다 하니 심방이 끝나고 곧바로 논으로 달려가 보리 이삭을 베어다가 보리 민대를 만들어 오신 것이다. 사발을 내미는 권사님의 손을 보니 손바닥이 녹색으로 진하게 물들어 있었다. 보리 껍질을 손으로 문질러 벗겨내느라 손바닥이 파랗게 된 것이다. 사발을 받는데 눈물이 핑 돌았다. 권사님의 정성과 주의 종에 대한 사랑이 그 보리 민대 속에 그득히 담겨 있었기 때문이다.

나는 먹을 것이 있으면 다른 사람과 나누어 먹는 편이다. 하지만 권사님이 만들어주신 보리 민대는 나 혼자서 다 먹었다. 그 보리 민대는 음식이 아니라 권사님의 마음이요 정성이었기 때문이다. 보리 민대를 먹으며 다짐했다. 이것을 먹고 더 열심히 교인들을 섬기고 사랑하자고. 그리고 성경말씀을 잘 요리해서 교인들의 영적 입맛을 만족시켜 주자고…. 연로한 교인이 목사의 입맛을 충족시키려고 허리가 아프도록 보리를 베고, 땀을 흘리며 삶고, 손바닥이 새파랗게 물들도록 문질러서 보리 민대를 만들어 오셨는데, 목자가 교인들의 입맛을 충족시키기 위하여 정성을 쏟지 않으면 되겠는가!

교인들은 목자에게 사랑받기를 원한다. 그런데 사실은 목자도 교인들에게 사랑받기를 원한다. 모든 사람은 사랑받고 싶은 욕구가 있다. 다만 자식은 자기 요구를 부모에게 거침없이 말하지만 부모는 자식에게 원하는 것이 있어도 말하지 못하는 것처럼, 목자는 사랑받고 싶은 마음을 교인들 앞에서 드러내지 못한다. 교인들에게 부담을 안겨주어서는 안 된다는 생각 때문이며, 자칫 삯꾼 목사로 내몰릴까 우려되기 때문이기도 하다. 사실 목자는 교인들에게 자신을 위하여 뭔가를 요구하는 일은 가능한 한 삼가야 한다. 그것이 목사의 덕목이다.

그러나 다른 한편 목사는 교인들이 주는 사랑으로 인해 기쁨을 얻고 힘을 얻는다. 그 힘으로 목사로서의 사명감을 불태운다. 목사가 교인들에게 바라는 사랑은 물질적인 선물이 아니라 목사를 배려하는 교인들의 마음이다. 보리 민대는 내가 요구한 것이 아니다. 연로하신 권사님께서 목사를 사랑하는 마음에 먼저 좋아하는 음식을 물으셔서 정성껏 만들어주신 간식이다. 값이 비싼 것도 아니고, 희귀한 물건도 아니다. 흔하고 싼 것이지만 거기에 목사를 사랑하는 마음이 있고 정성이 깃들어 있기 때문에 간식거리를 넘어 값진 선물이 되었다. 그 보리 민대는 목사를 향한 사랑의 표현이었고, 그것은 목사의 마음을 크게 기쁘게 했을 뿐 아니라 목회 사명을 강화하는 귀한 선물이었다.

그리스도의 산 증인

병색이 짙은 50대 남자 한 분이 교회에 나왔다. 폐암 환자였다. Y 씨는 오랫동안 기침이 나왔지만 대수롭지 않게 여겨 방치했다가 호흡이 곤란해지고 각혈을 하는 상태에 이르러 비로소 병원을 찾았다. 그때 폐암 말기라는 진단을 받았다. 치료를 위해 여기저기 병원을 다녔지만, 이미 늦었다는 대답만 들었다. 당시는 1990년대 중반이었기 때문에 암 치료에 대한 의술이 미진했고, 암에 걸리면 꼭 죽는 것으로 생각하던 시기여서 암에 대한 공포가 극심했다.

Y 씨는 본래 기독교 신자가 아니었다. 본인도 신앙이 없었고 그의 가족들도 모두 신앙이 없었다. 물에 빠지면 지푸라기라도 붙잡는다고 했던가, 병원에서 치료가 불가하다는 통보를 받은 그가 절망감에 휩싸여 있다가 누군가로부터 '교회에 나가면 암도 고칠 수 있다.'는 말을 전해 듣고 한 가닥 희망을 품고 교회에 나온 것이다.

교인들은 Y 성도를 위하여 간절히 기도했다. 본인도 정성을 다하여 교회에 출석하며 열심히 신앙생활을 했다. 주일 낮 예배, 오후 예배, 수요 기도회에 빠짐없이 출석했다. 사실 호흡곤란 지경까지 이른 그에게 예배 참석은 무리였다. 아내의 도움을 받으며 교회에 나오는 형편이었다. 교회에 와서도 예배드리는 모습이 편해 보이지 않았다. 때로 고통에 일그러진 표정이 내 눈에 자주 띄었다.

Y 성도가 교회에 출석하면서 병세는 호전되었다가 악화되기를 몇 차례 반복했다. 상태가 호전되면 본인도 교인들도 무척 기뻐했다. 이제 하나님께서 고쳐주시는가 싶어 기대에 부풀었다. 하지만 병세는 호전되는 듯하다가도 점차 악화되어 병원의 도움을 받지 않고는 살 수 없었다. 호흡곤란이 아주 심하고 고통이 너무나 컸기 때문이다.

가족들은 그를 병원에 입원시켰다. 치료가 아니라 고통을 경감시키기 위한 목적이었다. 입원한 지 며칠 후 그의 생명이 얼마 남지 않은 것 같다는 소식을 전해들은 나는 그의 병실을 찾았다. 그의 아내와 자녀, 형제 들이 병실에 모여 있었다. 환자는 가슴 부위가 들썩거릴 정도로 거친 숨을 몰아쉬고 있었다. 금방이라도 숨이 멎을 것 같은 상태였다. 가족들은 임종이 다가온 것을 예감했기 때문인지 모두가 숙연한 모습이었다. 내가 병실에 들어서자 환자의 누이 중 한 분이 바닥에 털썩 주저앉더니 울음을 터뜨리며 원성을 자아냈다.

"하나님이 있긴 뭐가 있어! 하나님이 있다면 내 동생을 이렇게 할 수 있어? 하나님은 없어. 내 동생은 사기당했어. 공연히 교회 다닌다고 생고생만 했지 뭐야. 병도 못 고치면서 목사는 여기 뭐하러 왔어. 아이고! 원통해라! 불쌍한 내 동생, 불쌍한 내 동생!"

나는 할 말이 없었다. 염치도 없었다. 그의 폐암이 깨끗이 나았더라면 당당했을 것이지만 죽음 직전까지 온 마당에 무슨 말을 할 수 있겠는가. 가족들에게 내 자신이 죄인 같은 느낌이어서 뭐라 대꾸도 못 하고 멍하니 서 있었다. 그때 침상에 누워서 힘들게 숨을 몰아쉬던 Y 성도가 가까스로 입을 열어 띄엄띄엄 말을 했다. 한 마디 한 마디 끊기며 이어진 그의 말은 이랬다.

“누…누님, 그…러…지… 마! 하나님 원망하지 마… 목사님에게 욕하지 마…. 나는 교회에 나가서 예수님을 만났어…. 그 예수님이 잠시 후에 나를 맞아주시고, 영원히 천국에서 살게 해주실 거야…. 누님도 꼭 예수님 믿어…. 천국에서 나랑 만나게….”

그리고 가족들에게도 꼭 예수 믿어 천국에서 만나자고 말하고는 “목사님 저를 위해 기도해주세요.”라고 부탁하는 것이었다. 극한의 고통 속에서, 죽음의 면전에서 그가 보인 신앙의 모습은 경이로웠다. 그는 인생의 마지막 종착역에서 예수님이 구원자라는 것을 확실히 증언했다. 천국이 존재한다는 것을 신앙고백으로 증명했다. 그는 죽음을 앞둔 상황에서도 기독교 신앙의 가치를 드높였다. 나는 그 신앙에 감탄을 금할 수가 없었다. 나는 그에게 다가가 머리에 손을 얹고 마음 깊은 곳에서부터 우러나오는 진정한 마음으로 기도했다.

“하나님, 짧은 신앙의 기간에 이런 믿음을 갖게 하셔서 감사합니다. 천국은 믿음으로 가는 나라인 줄 믿사오니, 천국에 대한 소망을 굳게 가지고 있는 이 성도를 주님이 영접해주시고, 아픔도, 이별도, 죽음도 없는 천국에서 영원히 안식을 누리게 하옵소서.”

기도를 마치자 거친 호흡 중에서도 또렷이 ‘아멘’이라고 말한 그는 육체는 힘겨워했지만 얼굴에는 평온함과 소망이 가득 차 보였다.

그는 몇 시간 후 숨을 거두었고, 원성을 자아냈던 누이는 동생의 마지막 말이 가슴에 꽂혔던지 장례를 치른 후 교회에 출석하게 되었다. 그리고 후에 내게 “내 동생이 짧은 신앙 기간에 그런 좋은 믿음을 가진 것이 자랑스러워요.”라고 말했다. 그의 누이뿐만 아니라 아내도, 자녀도 교회에 출석하게 되었다. Y 성도는 예수를 믿은 기간은 짧았지만, 예수님을 확실히 만났고 깊이 있는 신앙고백으로 천국과 영생을 증거하여 가족을 구원해낸 참 귀한 성도였다.

많은 사람들이 말로는 멋진 신앙고백을 하지만 그에 따르는 행동을 보여주지 못하는 경우가 많다. 하나님은 전능하신 분이며 나의 아버지라고 고백하지만, 어려움을 당하면 믿지 않는 사람들과 똑같이 염려하고 절망한다. 천국이 분명히 있다고 고백하면서도 죽음을 직면하면 두려워 떨면서 "나 죽기 싫어, 나 좀 살려줘!" 하며 몸부림치기도 한다. 성도들의 믿음은 환난을 당하고 죽음을 직면했을 때의 태도를 보면 그 진위를 알 수 있다. 절박한 상황에서도 하나님을 신뢰하고 하나님께 인생 전체를 맡기는 믿음이야말로 참 신앙이다.

위대한 신앙은 타인에게 감동을 준다. 돌에 맞아 순교를 당하면서도 "이 죄를 그들에게 돌리지 마옵소서"(행 7:60)라고 기도했던 스데반의 신앙은 기독교 박해자 사울을 감동시켜 그리스도를 증거하는 사람으로 거듭나게 했다. 십자가 처형을 당하면서 자신에게 고통과 죽음을 안겨준 사람들을 위하여 그들의 죄를 용서하여 달라고 한 예수님에 대해 사형집행 책임자였던 백부장은 '이분은 진정 하나님의 아들이요 의인'이었다고 고백했다.(막 15:39, 눅 23:47) 기독교 인구가 몇 명인지보다 참 믿음을 가진 그리스도인이 얼마나 되는지가 더 중요하다.

Y 성도는 병을 고침받지 못했다. 건강해지고 싶었던 자신의 소원을 성취하지 못했다. 그러나 그는 그 병과 아픔을 통하여 예수님을 만났다. 그리고 천국과 영생의 진리를 깨달았다. 그는 예수님을 통하여 구원받고 천국에 갈 것을 확신했으며, 가족과 형제들에게 복음을 전했다. 그의 신앙은 위대한 신앙이었고, 그 위대한 신앙은 가족과 형제로 하여금 예수님을 영접하고 구원받게 만들었다.

목사님은 우리 지역의 제일 큰 어르신입니다

R 장로님은 지역 유지이시다. 주유소, 어린이집을 운영하는 사업가이기도 하고, 새마을 지도자요, 지역 로터리클럽 회장이시다. 장로님은 지역의 행사나 어린이집 졸업식 때 지역의 기관장들에게 식사를 대접하는 경우가 많았다. 그런데 기관장들과 식사를 하게 되면 목회자인 나도 꼭 초대하셨다. 그때 나는 30대 초반, 장로님은 50대 중반이셨다.

내가 식당에 들어서면 식당에 일찍 오셔서 기다리시던 장로님은 벌떡 일어나서 정중히 나를 맞이했다. 당시 참석한 지역 기관장들은 50대 중후반의 나이였다. 기관장들은 지역의 지도자들이고, 나이도 나보다 훨씬 위인지라 나는 식당에 들어서면 윗목 구석에 가서 앉으려고 했다. 그러면 장로님은 내게 다가와 나의 팔을 잡아끌며 아랫목에 앉으라고 하신다. “목사님이 우리 지역의 제일 큰 어른입니다.”라고 하면서 말이다. 그러면 장로님과 나 사이에 한참 실랑이가 벌어진다. 아랫목에 앉으라느니, 윗목에 앉겠다느니. 결국 내 고집이 더 세서 윗목에 자리를 잡지만, 장로님은 여러 가지 반찬을 챙겨주시면서 식사가 끝날 때까지 “목사님이 우리 지역의 제일 큰 어르신입니다.”라고 두세 번은 말씀하셨다. 장로님이 그런 말씀을 하실 때마다 송구스럽고 계면쩍기 그지없었다.

그런데 얼마 지나지 않아 기관장들이 하나둘 교회에 나와 등록을 했다. 물론 장로님의 열성적이고 반쯤은 강압적인 전도 때문이었다. 지서장, 우체국장, 면 총무계장, 이장 들이 교회에 나오기 시작했다. 그들은 아들뻘 되는 목사의 설교를 가만히 앉아 경청했다. 그들이 교회에 출석한 지 1년이 넘었을 때는 아들 같은 목사 앞에 조용히 무릎을 꿇고 세례를 받았다. 이렇게 나이가 훨씬 많은 분들이 젊은 목사를 잘 따라준 것은 그분들이 목사를 하나님의 종으로 인식하고 있었기 때문이다. 목사를 존대하고 높이는 장로님의 태도가 그들에게 목회자를 '어르신'으로 각인시켰고, 그래서 나이를 초월하여 아들 같은 목사에게 신앙 지도를 받게 된 것이다.

장로님이 "목사님이 우리 지역의 제일 큰 어르신입니다."라고 하실 때, 목사의 영적 권위를 높이기 위하여 의도적으로 하신 말씀인지, 아니면 그저 무의식적으로 말씀하신 것인지 직접 물어보지 못해 그 의도를 알 수는 없다. 그러나 어쨌든 지역의 유지이자 목사와 함께 교회의 지도자요, 교인들의 대표인 장로님이 목사를 존중하고 높여주어서 목사의 권위가 서고, 그 권위는 선교를 하거나 교인들의 신앙을 지도할 때 지대한 도움이 된 것을 부인할 수 없다.

내가 그 교회에 부임한 것은 준목 시절이었다. 준목은 신학대학을 졸업하고 목사고시에 합격한 목사후보생을 말한다. 목회경력을 쌓고 안수를 받으면 목사가 되는 것이다. 그런데 장로님은 준목인 나를 '목사님'이라고 불렀다. 나는 장로님께 호칭을 바꿔달라고 요구했다.

"장로님, 저는 아직 목사가 아닙니다. 준목입니다. 준목이라고 불러주세요."

장로님은 빙그레 웃으시며 말했다.

"신학 공부도 마쳤고, 목사고시도 합격하여 자격도 갖췄고, 안수만 하면 목사님이 되실 텐데 번거롭게 준목이라고 부를 거 있습니까? 준목이라고 부르다가 금방 목사라고 바꿔 부르면 교인들도 헷갈릴 테니 그냥 목사님이라고 부를게요."

그러고 보면 장로님은 목사의 권위를 중히 여기셨고, 그 권위를 강화하기 위하여 "목사님이 우리 지역의 제일 큰 어르신"이라고 표현했던 것 같다. 그 장로님으로 인하여 나는 목회에 큰 힘을 얻었다. 수없는 약점이 있고 부족한 점이 많은 나를 "지역의 제일 큰 어르신"이라는 말로 불러주시니 약점이 덮이고, 권위 있는 주의 종으로 인정받아 목회사역을 역동적으로 수행할 수 있었던 것이다.

목회자는 권위의식을 경계해야 한다. 그러나 영적 권위는 지녀야 한다. 바울 사도는 젊은 목회자 디모데에게 "누구든지 네 연소함을 업신여기지 못하게" 하라고 당부한다. 그러면서 "말과 행실과 사랑과 믿음과 정절에 있어서 믿는 자에게 본이" 되라고 권면한다.(딤전 4:12) 목회자는 영적 권위를 지니기 위해 본이 되는 생활을 해야 한다. 그리고 교인들은 목회자를 존중하고 받들어 힘 있게 하나님의 일을 수행하도록 뒷받침해주어야 한다.

때에 맞는 한 마디 말의 위력

청년 P는 신앙생활을 성실히 하는 아가씨였다. 교회학교 교사로, 또 성가대원으로 봉사하고, 기도생활도 열심히 하는 청년이었다. 하루는 그가 목사인 나를 찾아왔다.

"목사님, 어려운 부탁이 하나 있는데 들어주실래요?"

"뭔데? 말해봐! 들어줄 수 있는 부탁이면 얼마든지 들어줄게."

"저희 할머니 구원받고 천국 가게 전도 좀 해주세요."

그의 할머니는 70대 중반이셨는데, 성격이 깐깐하고 고집도 세고 남의 말을 잘 듣지 않는 분이셨다. 딸의 부양을 받으면서도 딸과 사위를 손에 쥐고 살다시피 하셨다. P가 할머니를 전도하려고 어지간히 애쓴 모양인데 잘 안 되니까 목사인 나에게 원정을 청한 것이다. 손녀가 성공하지 못한 전도를 내가 할 수 있을까 하는 의구심도 있었지만, 할머니를 구원받게 하려는 손녀의 정성이 기특하여 나 몰라라 할 수가 없었다.

"그래 한번 해볼게. 그 대신 네가 할머니 위해서 기도 많이 하고 또 옆에서 잘 도와야 한다. 알았지?"

"예, 시키신 대로 할게요. 목사님, 감사해요."

그 청년은 매우 기뻐하며 대답하고 돌아갔다. 다음 날 곧장 그녀의 집으로 찾아갔다. 할머니께서 집안일을 하고 계셨다. 성격이 깐깐한 만큼 부지런하기도 하셨다. 집에 들어서며 인사를 드리는 나에게 "어찌 오셨수?" 하고 물으셨다. 별로 반가워하지 않는 모습이었다.

"예, 할머니하고 오순도순 이야기 좀 나누고 싶어서 왔습니다."

나는 할머니의 건강, 일상생활 등을 소재로 삼아 잠시 대화를 나누고는 본론으로 들어갔다.

"할머니, 예수 믿으세요!"

할머니는 관심 없다는 듯 "예수는 뭐 하러 믿어요?" 하신다. 나는 예수를 믿어야 하는 이유를 간단히 설명했다.

"예수를 믿으면 죄 사함 받고 천국에 가게 됩니다."

할머니는 거침없이 대답하셨다.

"나는 별로 죄 지은 게 없어! 그리고 죽으면 그만이지 천국은 무슨 놈의 천국이여!"

나는 모든 인간이 다 죄인이며, 죄의 값은 사망이고, 예수를 믿어야 죄 사함을 받고 천국에 갈 수 있다고 나름 열심히 설명했다. 그러나 굳게 닫힌 할머니의 마음은 전혀 열리지 않았다. 나는 그 후에도 몇 차례 더 방문하여 할머니에게 복음을 전했지만 할머니는 요지부동이었다.

어느 날 다시 할머니를 찾았다. 대문을 두드리고 "할머니, 안녕하세요?"라고 인사하며 안으로 들어서는데 할머니가 황급히 달려 나오시더니 손사래를 치며 들어오지 말라고 하신다. 처음으로 거절을 당한 나는 의아해서 왜 그러시냐고 물었다. 할머니는 내일 굿을 하는데 목사가 집 안에 들어오면 부정 타서 안 된다고 말했다. 할머니는 일 년에 서너 차례 굿을 하는 미신 숭배자였다. 나는 어이가 없어서 장난조로 한마디 했다.

"할머니, 귀신한테 잘해주면요, 귀신이 좋아서 자주 찾아와요. 귀신

몰아내려면 예수 믿어야 돼요."

나는 그렇게 말하고는 집안에 들어서지도 못하고 쫓겨나듯 돌아왔다.

며칠 후 청년 P에게서 전화가 왔다. 흥분한 목소리였다.

"목사님, 할머니가요, 오셔서 예배를 드려 달래요."

나는 너무 기뻐서 서둘러 성경을 들고 달려갔다. 그리고 할머니에게 물었다.

"할머니, 어떻게 예수 믿을 생각을 하셨어요?"

할머니의 답변은 이랬다. 내가 다녀간 후 '귀신한테 잘해주면 귀신이 좋아서 더 찾아온다.'는 말이 할머니의 머릿속에 빙빙 맴돌더란다. 그리고 곰곰이 생각해보니 그 말이 맞는 말 같더란다. 굿을 하면 잠시 잠잠했다가 얼마가 지나면 집안에 불미스러운 일이 발생했다는 것이다. 그런 일이 지금까지 계속 반복되었는데 이 나쁜 놈의 귀신을 이참에 완전히 몰아내기 위하여 예수 믿기로 작정을 했다고 한다.

그 어떤 말로도 열리지 않던 할머니의 마음이 '귀신에게 잘해주면 귀신이 더 찾아와요.' 하는 한마디에 열렸다. 그것이 할머니에게는 정곡을 찌르는 말이었던 것이다. 사람들에게는 누구나 저마다의 궁극적인 문제가 있고, 그 문제를 풀 적절한 한마디 말은 그 사람의 마음을 움직이고 그의 인생을 송두리째 바꾸는 위력을 발휘한다.

목회생활 중 이런 일도 있었다. 남편과 사별한 후 낙심하여 신앙을 중단한 40대 중반의 부인이 있었다. 우리 교인의 소개로 알게 되었는데, 대화할 수 있는 자리가 생겼다. 남편과 사별한 지 5년 정도 되었다는 말에 "꽤 되었군요. 아직 젊으신데 좋은 남자 만나서 행복하게 사셨으면 좋겠네요."라고 대답했다.

그런데 그녀가 우리 교회에 출석했다. 교회 출석한 지 얼마 후에 그녀가 들려준 말이다.

“여러 목사님들이 오셔서 저를 교회에 데려가려고 애쓰셨어요. 그런데 목사님들 하시는 말씀이 하나같이 ‘이제 예수님을 신랑으로 모시고 신앙 안에서 사십시오.’라는 말씀이었어요. 오직 목사님만이 저에게 재혼하라고 말씀하셨는데, 목사님이 사람 마음을 제대로 이해하시는 것 같아 이 교회를 출석하게 되었습니다.”

그녀를 우리 교회에 출석하게 한 것은 한마디 말이었다. P의 할머니를 교회에 나오게 한 것도 한마디 말이었다. 때에 맞는 말이 큰 위력을 발휘한 것이다. 성경은 “사람은 그 입의 대답으로 말미암아 기쁨을 얻나니 때에 맞는 말이 얼마나 아름다운고”(잠 15:23)라고 말한다. 때에 맞는 말을 하려면 사람의 마음속을 들여다보고, 그의 궁극적인 문제를 찾아내고, 거기에 합당한 말을 해야 한다.

그런데 사람의 마음속을 들여다보기가 쉽지 않다. 열 길 물속은 알아도 한 길 사람 속은 모른다는 속담도 있지 않은가. 그러기에 전도하는 데에는 성령의 도우심이 필요하다. 성령은 사람의 감춰진 마음을 통찰하시고, 그가 소원하는 바도 완전하게 아시는 분이다. 때문에 전도할 때 성령이 상대의 마음을 헤아리게 해주시고, 그의 마음을 움직일 수 있는 때에 맞는 말이 입에서 나오게 해달라고 기도해야 한다. 내가 P의 할머니에게 “귀신에게 잘해주면 귀신이 좋아서 자주 찾아와요.”라고 말한 것이라든지, 사별 후 홀로된 부인에게 “재혼해서 행복하게 사세요.”라고 말한 것은 상대의 마음을 다 헤아리고, 또 깊이 연구해서 한 말이 아니다. 그저 생각 없이 불쑥 나온 말이다. 이것은 구령(救靈)에 불타는 주의 종에게 성령께서 선물로 주신, 때에 맞는 말임에 틀림없다. 따라서 전도하고자 하는 자는 어떤 방법으로 전도할 것인가에 앞서 성령이 도우시도록 기도를 많이 해야 한다. 예수님을 영접한 후 할머니는 정성껏 믿음생활을 하셨다. 부흥회에 참석하여 은혜를 받고 눈물을 흘리며 회개도 했다. 할머니는 은혜 받고 난 후 나에게 고백했다.

"목사님, 나는 죄가 없는 줄 알았는데 알고 보니 죄를 엄청 지었네요. 길거리 다니면서 개미를 밟아 죽였어도 얼마나 죽였겠어요."

성 아우구스티누스 못지않은 참회의 모습이다. 할머니는 온 식구가 다 예수를 믿어야 귀신이 꼼짝 못 한다며 딸과 이장이던 사위까지 교회에 데리고 나오셨다. 나는 미신 숭배자였던 할머니를 주님 앞으로 인도하게 된 것이 기뻤고, P의 부탁을 이행한 것이 뿌듯하기 그지없었다.

목사님이 하자는 대로 해!

뒤늦게 교회에 엘리베이터를 설치하게 되었다. 교인 중에 고령자가 많아 엘리베이터가 꼭 필요했다. 설치 공사를 할 때 이의를 제기하는 교인들은 없었다. 오히려 모든 교인들이 환영했고 특히 어르신들은 대환영하며 빨리 설치해달라고 성화였다. 공사를 하는 것에 대해서는 교인들의 합의가 순조롭게 이루어졌다.

문제는 업체를 선정하는 데서 발생했다. 공사를 하기 위해 업체로부터 견적서를 받았다. 4층 높이에 13인승 엘리베이터를 설치하는 조건으로 한 업체는 8,500만 원, 또 다른 업체는 1억 1,000만 원으로 견적을 냈다. 두 견적서를 가지고 당회를 소집하여 어느 업체에 공사를 맡겨야 할지 회의를 했다. 시무장로님 여섯 분이 3 대 3으로 의견이 갈렸다. 세 분은 피땀 같은 교인들의 헌금으로 하는 공사인데, 싸게 할 수 있다면 당연히 싸게 해야 한다며 저렴한 업체에 맡기자는 의견이었고, 다른 세 분은 너무 싸면 부실하게 공사할 가능성이 있으니 제대로 안전하게 설치하려면 비싸게 견적을 낸 업체로 해야 한다는 의견이었다. 양편 모두 교회를 위한 생각이었지만 견해가 조금 다를 뿐이었다. 의견은 계속 좁혀지지 않고 각자의 주장만 팽팽했다. 회의 분위기가 격화될 조짐이 보였고, 잘

못하다가는 엘리베이터 공사를 하다가 분란이 일어날 것 같았다. 더 생각들 해보시라고 시간 여유를 주고는 폐회했다.

참 난감하고 고민스러웠다. 이 문제를 어떻게 해야 원만히 풀어나갈 수 있을까? 고민하던 중 한 가지 생각이 떠올랐다. 원로장로님이 한 분 계시는데, 그 장로님의 의견을 참고하면 도움이 되겠다 싶었다. 원로장로님은 성품이 온화하신 데다 덕망이 있으셔서 후배 장로님들이 존경하고 따랐다. 장로님의 의견에 따라 3 대 3의 팽팽한 균형의 추가 한 쪽으로 움직일 수 있지 않을까 기대하면서 원로장로님을 배석시키고 당회를 열었다. 회의 개회를 선언하고 상황을 설명했다.

"엘리베이터 공사를 하기 위해 두 업체의 견적을 받았습니다. 한 업체의 견적은 8,500만 원이고, 한 업체의 견적은 1억 1,000만 원입니다. 그런데 장로님 세 분은 싼 견적을 낸 업체를 선정하자 하고, 다른 장로님 세 분은 비싼 견적을 낸 업체를 선정하자는 의견입니다. 3 대 3으로 동수의 의견인지라 결정이 어려워 원로장로님을 모셨습니다. 장로님의 견해는 어떠신지 말씀 좀 해주십시오."

원로장로님은 굳은 표정을 지으시고 잠시 고개 숙여 사색에 잠긴 듯 하시더니 고개를 들고 단호하게 딱 한마디 하셨다.

"이럴 때는 무조건 목사님이 하자는 대로 해!"

내가 전혀 상상하지 못한 대답이었다. 나는 싼 쪽이냐 비싼 쪽이냐 골라주실 줄 알았는데 장로님은 예상 외의 해법을 제시하신 것이다. 시무장로들이 나를 주시했다. 그리고 당회원 한 분이 내게 물으셨다.

"목사님 생각은 어떠세요?"

대답하기가 난감했다. 내가 어느 한쪽을 선택한다면, 다른 쪽의 의견을 가진 장로님들이 혹여 '목사님은 저쪽 편인가?' 하고 오해할 수도 있지 않은가. 나는 즉답을 피하고 두 업체의 견적서를 자세히 비교 검토한 다음에 대답하겠다고 약속하고 당회를 마쳤다.

나는 두 견적서를 면밀히 검토하며 비교해보았다. 다행히 여러 번의 건축 경험을 가지고 있던 터라 내용 파악이 가능했다. 비교해보니 차이가 있었다. 싼 견적은 싼 이유가 있었고, 비싼 견적은 비싼 이유가 있었다. 견적서 검토 후에는 양 업체가 시설한 엘리베이터 현장을 방문하여 시설을 둘러보기도 했다. 그러고 난 뒤 당회를 소집했다. 장로님들에게 상황을 자세히 설명해 드렸다. "싼 쪽은 벽을 벽돌 한 겹으로 쌓는 것으로 되어 있고, 비싼 쪽은 두 겹으로 쌓는 것으로 되어 있습니다. 싼 쪽은 H빔이 15cm 규격이고, 비싼 쪽은 20cm규격입니다." 등등 차이점을 세세히 설명하고는 건축의 당위성을 설명해드렸다.

"엘리베이터 높이가 4층이기 때문에 엘리베이터를 지탱해주는 뼈대인 H빔이 튼튼해야 합니다. 그래야 흔들림이나 소음을 없앨 수가 있습니다. 벽도 단단히 하는 것이 좋을 듯싶습니다. 혹시나 사고가 발생하면 큰일입니다."

설명이 끝난 후 장로님들을 대동하여 두 업체가 공사한 현장을 방문해서 직접 둘러보게 했다. 그러고 난 뒤 비로소 내 의견을 제시했다.

"제 의견에는 비싼 쪽을 선택하는 것이 좋을 듯합니다. 싸다고 공사했다가 부실하면 머지않아 수리비가 더 들어갈 수가 있고 정신적으로 고통을 겪을 수 있습니다. 단 양쪽 견적서 비용 차이가 너무 크기 때문에 1억 1,000만 원 견적을 낸 업체에 1억 원에 공사할 수 있느냐는 제안을 하지요. 받아들이면 그 업체에 맡기고, 받아들이지 않으면 두 업체 다 포기하고 다시 견적을 받아 공사를 진행하면 좋겠습니다."

모든 장로님들이 이의 없이 동의했다. 원만히 합의가 이루어진 것이다. 업체도 우리의 제안을 받아들였다. 공사는 3개월 만에 끝났다. 3 대 3의 팽팽한 대립을 해소하고 원만히 문제를 해결한 비법은 원로장로님의 지혜였다.

"목사님이 하자는 대로 해!"

교회를 사랑하는 마음은 모든 교인들에게 공통적으로 있을 것이다. 하지만 교회에 대한 모든 책임은 목회자에게 있다. 특히 교회가 어려움에 처하면 그 책임은 모두 목회자가 진다. 때문에 목회자는 어떤 일을 하든 신중하고 최선을 다한다. 잘못되면 그 책임을 자신이 져야 하기 때문이다. 또한 목회자는 자나깨나 교회에 관심을 둔다. 목회자들끼리 만나면 대화의 내용은 다 교회에 관한 이야기이다. 그래서 목사는 교회에 대한 지식과 정보를 가장 많이 가지고 있는 교회 전문가이다. 교회 운영에서 목회자를 따르는 것은 안정과 발전 그리고 화합을 위해 절대적으로 필요한 사항이다. "목사님이 하자는 대로 해!" 이 원칙이 실행되는 교회는 틀림없이 은혜롭고 부흥하는 교회가 될 것임을 확신한다.

끈기와 기도

N 씨는 교회 사택 부근에 사는 젊은 부인이다. 가까운 곳에 살기 때문에 오고가는 길에 자주 만나게 된다. 하루는 지나가는 길에 그녀를 만나서 잠시 이야기를 나누었다. 시어머니가 권사님이라고 자랑을 했다. 시어머니가 교회에 나가라고 성화를 낸다고 한다. 나는 그녀의 말을 듣고 "그러면 자매님도 교회에 다니셔야 마땅하지요. 교회에 나오세요." 했더니 고맙게도 "예, 나가야지요." 하고 순순히 대답했다. 쉽게 전도하나 싶어 기분이 좋았지만 대답과는 달리 그는 교회에 나오지 않았다. 며칠 뒤 길에서 다시 만났다.

"지난번에 교회 오신다고 해서 기대하고 기다렸는데 안 오셔서 섭섭했습니다. 이번 주에는 꼭 오세요."

그녀는 또 "예, 나가야지요."라고 대답했다. 이번에는 나오겠지 하고 기대했지만 여전히 나오지 않았다. 시간을 내서 그녀의 집에 찾아갔다.

"왜 교회에 나온다고 약속해놓고 안 나왔어요? 거짓말할 분 같지 않은데 두 번이나 거짓말한 것이 되었네요. 오늘은 확실한 약속을 받고 싶어 왔습니다. 이번 주에는 꼭 교회에 오실 거죠?"

N 씨는 이번에는 말을 바꿨다.

"나갈 거긴 한데, 좀 있다 나갈게요. 너무 재촉하지 마세요. 때가 되면 나갈게요."

안 나온다고는 하지 않았지만, 교회 나오기를 회피하는 태도였다. 농락당하는 느낌이 들어 기분이 언짢고 은근히 부아가 났다. 그냥 물러서면 나만 바보가 될 것 같았다. 억지를 좀 부렸다.

"아니 교회 나온다고 분명히 약속해놓고 이제 와서 딴 얘기를 하면 어떡해요. 지금까지 저를 농락한 거예요? 약속한 말에 책임을 지시고 이번 주에 꼭 나오세요. 만약 안 나오시면 매주 찾아올 겁니다."

나는 이렇게 강경한 어조로 내 뜻을 전달하고 돌아왔다.

주일이 되었는데 그는 역시 나오지 않았다. '결국 안 나올 사람인가?' 하는 생각이 들어 포기할까 싶었지만 "안 나오시면 매주 찾아올 겁니다."라고 내뱉은 내 말에 책임을 져야 했다. 그렇지 않으면 그녀와 똑같은 거짓말쟁이가 되고 마는 것 아닌가. 나는 내가 한 말에 책임을 지기 위해 다음 주에도 그녀를 찾아갔다. N 씨는 화를 내며 "목사님, 사람을 왜 그렇게 귀찮게 해요? 교회에 나가고 안 나가는 것은 내 맘이에요. 나갈 때가 되면 나갈 테니까 다시는 저희 집에 오지 마세요." 하고 역정을 냈다. 얼굴이 벌겋게 되어 말을 퍼붓는 그녀 앞에서 나는 물러서지 않고 맞섰다.

"자매님이 애당초 교회 나온다고 약속을 안 했으면 이렇게 안 하지요. 하지만 자매님이 교회에 나온다고 약속했잖아요. 제가 자매님에게 무례를 하는 것이 아니라 자매님이 거짓말해서 제게 무례를 하는 거예요. 이번 주에 교회에 나오셔서 약속을 지키시고 신용도 회복하세요. 안 나오시면 또 올 거예요."

그렇게 말하고는 돌아왔다. 그러나 그녀는 여전히 교회에 나오지 않았다. 또 그녀를 찾아가면 이전보다 더 가혹한 반발로 모욕을 당하지는 않을까 염려되었고, 그만둘까 하는 생각도 했다. 하지만 다시 한 번 용기를 냈다. 한 생명을 구원하는 일이 정성 없이 되겠나 하는 생각이 들었기 때문이다. 또 칠전팔기라는 말도 있지 않은가. 포기하더라도 최소한 일곱 번 정도는 찾아가야 될 것 같았다. 이대로 물러서면 패배자가 되는 것 같아 자존심도 상하고, 은근히 오기도 생겼다.

시간을 내어 다시 N 씨 집으로 찾아갔다. 방문 앞에서 "계세요?" 하고 불렀다. 잠시 후 그녀의 어린 아들이 방에서 나오더니 "엄마 없어요." 했다. "어디 가셨니?" 물었더니 모른다고 했다. 그러나 마루 앞에 놓인 신발은 그녀의 신발이 틀림없었다. 짐작컨대 방안에 있으면서 없는 척하는 것 같았다. 나는 그녀의 아들에게 "애야, 엄마 좀 만나러 왔는데 엄마가 올 때까지 기다릴게."라며 큰 소리로 말하고는 마루에 걸터앉았다. 방 안에는 화장실이 없으니까 다급하면 나오겠지 생각한 것이다. 엄밀히 말하면 기싸움이었다. 마루에 앉아 성경을 읽기도 하고 콧노래로 찬송도 부르면서 기다렸다.

두 시간쯤 지났을까, 갑자기 다급히 방문이 열리더니 그녀가 쏜살같이 화장실로 튀어나갔다. 용무를 마친 N 씨는 얼굴을 붉히며 말했다.

"목사님은 참으로 끈질긴 분이시군요. 귀신도 목사님에게는 못 당하겠어요. 이번 주에는 꼭 교회에 나갈게요. 그 대신 오늘 있었던 일은 비밀로 해주세요."

나는 교회만 나오면 오늘 일은 절대 누설하지 않겠다고 굳게 약속했다. 나중에 그녀가 실토한 바에 의하면 그녀는 내가 찾아온 소리를 듣고 아들에게 거짓말을 지시하고는 벽장에 숨어 있었다고 한다. N 씨는 약속대로 교회에 나와 등록을 했다. 그리고 얼마지 않아 남편도 교회에 데리고 나왔다. 나는 나의 끈기와 노력이 젊은 부부를 예수님 앞으로 인도한 것 같아 마음이 흐뭇했다.

몇 달 후 N 씨의 시어머니가 아들 집에 왔다가 우리 교회 예배에 참석하셨다. 예배가 끝난 후 나를 찾아오셨다.

"목사님, 우리 아들 내외를 예수 믿게 해주셔서 너무 감사합니다."

아마도 N 씨는 목사님 전도로 교회에 다니게 되었다고 시어머니에게 말한 모양이다. 물론 방 안에서 용변을 참으며 고통당한 이야기는 안 했겠지만…. 시어머니는 말을 이어갔다.

"우리 아들과 며느리가 예수를 안 믿어서 늘 마음에 걱정거리였어요. 아들 부부가 예수님 영접하게 해달라고 몇 년 동안 기도해왔는데, 하나님이 결국 제 기도에 응답해주셨네요. 제 가장 큰 소원을 이루어서 너무 기쁩니다."

시어머니의 말씀을 듣고 비로소 깨달았다. 내가 그들을 전도한 것은 나의 수고만이 아니라 시어머니의 기도와 성령의 도우심이 있었기 때문이라는 사실을. 시어머니가 보따리 하나를 내밀었다. 기름, 콩, 인삼 등이 들어 있었다. 시어머니는 그때뿐 아니라 아들 댁에 오실 때마다 아들 내외가 예수 믿게 해줘서 고맙다며 손수 농사 지은 농산물을 선물로 갖다주셨다. 전도해서 영혼 구원하고, 교인이 늘어나고, 시어머니에게 대접받았으니 그야말로 수지맞은 것이다.

그런데 N 씨를 전도하고 또 하나 얻은 이득이 있었다. 교인들이 목자의 말을 거절할라치면 N 씨가 나서서 "우리 목사님 절대 당할 수 없어! 순순히 듣는 게 상책이야!" 하며 교인들이 순종하고 따르도록 분위기를 조성했다. 그로 인해 교회 안에 교인들이 목자의 말에 순순히 따르는 전통이 세워지게 되었다. N 씨는 훗날 신학을 공부하고 전도사가 되어 교회 사역을 하게 되었다.

사람이 꺾이는 데에는 과정이 있다. 전도를 예로 들면 다음과 같다.

첫째, 점잖게 거절한다. "때가 되면 나갈게요."

둘째, 핑계를 댄다. "제사 때문에 못 가요.", "아직 아이들이 어려서…."

셋째, 인신공격을 한다. "왜 신앙을 강요하세요? 참 고집 세시네요."

넷째, 심하게 화를 낸다. "왜 자꾸 사람을 귀찮게 해요? 다시는 오지 마세요."

다섯째, 결국 굴복한다. 공격하고 화를 낸 것에 대해 미안한 마음이 있고, 그럼에도 불구하고 접근하는 끈기에 견뎌낼 수 없다고 판단하기 때문이다. 어쩌면 상대가 거셀수록 꺾이는 시점이 가까이 다가온 것이라고 생각하면 틀림없다. 화를 내고 퍼부어대는 것은 상대가 접근하지 못하게 하려는 최후의 수단이다. 이것이 먹혀들지 않으면 상대를 이길 수 없다고 생각해서 결국 굴복하게 된다. 최악의 상황을 견뎌내야 좋은 성과를 거둘 수 있는 것이다. 의외로 많은 사람이 쉽게 포기하여 일을 그르친다. 성경은 끈기를 가지고 도전하는 자가 성공한다는 사실을 여실히 보여준다.

그러나 사람의 노력과 끈기가 만사를 해결하는 것은 아니다. 기도가 필요하다. 하나님의 도우심이 작용할 때 모든 일은 한결 수월해지기 때문이다. 내가 포기하고 돌아서기 전에 N 씨가 참을 수 없이 소변이 마려웠던 것도 하나님의 도우심이 있었기 때문이란 생각이다.

죽으면 천당 가지요

K 권사님은 딸만 낳고 아들을 낳지 못해 첩에게 밀려나 뒷방 신세가 된 분이었다. 한 많은 인생을 살아온 분이지만 예수님을 영접한 뒤 예수님의 사랑으로 위안을 삼고, 하나님의 나라를 소망 삼으면서 누구보다 행복하게 장수하신 분이다. K 권사님은 106살에 하나님의 부르심을 받았다. 익산시에서 최고 장수자로 표창장까지 받았고, 장수를 다룬 텔레비전 프로그램에도 출연했다.

권사님은 104살이 되기까지 교회에 출석하셨다. 104살 때 장로님이 권사님을 업고 교회 계단을 오르다 다리를 다치는 사건이 있고 난 뒤부터는 예배 출석이 중단되었다. 그 직전까지 권사님은 주일예배를 단 한 번도 거르지 않으셨다. 교회에 오시면 맨 앞자리에 앉으셨다. 그리고 교회가 쩌렁쩌렁 울리도록 '아멘'을 제일 크게 외치셨다.

권사님의 생신이 되면 그의 자녀들은 목사를 초청하여 꼭 감사예배를 드렸다. 99살 생신 때 예배를 드리러 갔다. 감사헌금과 함께 500원을 내 손에 꼭 쥐어주시면서, "이 돈은 상자 주워서 팔아 번 돈인데 적지만 하나님께 드립니다."라고 하셨다. 크든 작든 있는 대로 아낌없이 하나님께 바치는 권사님이셨다.

권사님은 살아생전 단 한번도 병원에 가보신 적이 없다. 심지어 약을 먹어본 적도 없다고 했다. 특별한 건강의 복을 받으신 분이다. 그런데 권사님의 건강이 저절로 주어진 것은 아닌 듯했다. 나는 새벽기도회가 끝나고 아침운동을 하다 권사님이 밭에서 일하시는 모습을 자주 보았다. 비록 산비탈에 일군 자투리 밭이지만, 호박, 콩, 옥수수 등을 심고 가꾸셨다. 일하고 끊임없이 활동하시는 것이 건강의 비결인 듯싶었다.

또 한 가지, 권사님은 매사에 긍정적이셨다. 험난한 세상을 살아오시면서 궂은일도 많으셨을 테고, 고령에 불편한 점도 많았을 텐데, 불평과 원망 한마디 없으셨다. 남을 험담하거나 비난하는 말을 들어본 적이 없다. 자신을 밀어낸 첩에 대한 원망도, 남편에 대한 유감의 말도 없으셨다. 권사님이 제일 많이 사용하신 단어는 "아멘", "감사합니다", "할렐루야"였다. 그렇기에 권사님을 뵈면 얼굴은 온통 주름으로 가득하지만 주름 속에 평안과 기쁨이 보였다. 이러한 삶의 태도 역시 건강의 비결이었다고 생각한다.

권사님이 100살이 되던 해, 나는 권사님이 염려되어 물었다.

"권사님, 교회 오시다가 넘어지시면 어떡해요?"

권사님의 답변은 간결했다.

"넘어져 죽으면 천당에 가지요."

대부분의 노인들은 90여 살이 넘으면 걸을 수 있더라도 교회 출석을 꺼리는 경향이 있다. 혹여 교회에 오고가다 다칠까 미리 염려하기 때문이다. 하지만 권사님은 구원의 확신과 천국에 대한 소망이 강했기에 신앙생활에 조금도 주저함이 없으셨다.

권사님이 102살이 되었을 때 딸에게서 한밤중에 전화가 왔다.

"목사님, 어머니가 돌아가시려나 봐요. 얼른 좀 와주세요."

나는 급히 서둘러 옷을 주워 입고 권사님 댁으로 달려갔다. 권사님은 심한 기침을 하고 고열에 시달리고 계셨다. 독감에 걸리신 것 같았다. 치료가 시급한 듯 보여 병원으로 모시고 가려고 하는데, 권사님은 "안 가!" 하며 고집을 부리셨다. 내가 "안 가면 권사님 죽어요." 하며 겁을 주어도, "죽으면 천당 가지 뭐." 하며 받아치는 것이었다.

"권사님, 고령이시라 이제는 의술의 도움도 받아야 돼요, 병원에 안 가시면 오래 고생해요. 얼른 병원에 가요."

"예전에도 아플 때 기도하면 하나님이 다 고쳐주셨어. 이번에도 고쳐주실 거여. 안 고쳐주시면 아버지 곁으로 가지 뭐. 어서 기도나 해줘요."

권사님은 완강히 병원 가기를 거부하셨다. 믿음인가, 고집인가? 권사님의 태도가 믿음이 좋은 것 같기도 하고, 무모한 고집 같기도 했다. 본인이 엄청 강하게 거절하시는 터라 병원으로 모실 수 없었다. 하는 수 없이 기도해 드리고 돌아왔다. 딸이 보기에도, 내가 보기에도 이 고비를 넘기기가 어려울 것 같았다.

그런데 권사님이 소천하셨다는 소식은 들리지 않았다. 오히려 심방 후 사흘째 되던 날 주일, 교회에 나오신 권사님을 만날 수 있었다. 몸이 괜찮으시냐고 물으니 다 나았다고 하셨다. 정말 기침도 열도 없으셨다. 보통 젊고 건강한 사람이라도 독감에 걸리면 치료를 받더라도 보름 이상 앓는다. 그런데 102살 할머니가 약도 먹지 않았는데 사흘 만에 거뜬히 나으셨다. 하나님이 고쳐주셨다는 사실 외에 다른 것으로는 해명이 안 된다. 나는 권사님의 장수 비결이 일과 활동, 긍정적 태도, 절제된 식생활 등에 있다고 생각해왔다. 그러나 제대로 알고 보니 권사님의 최고의 장수 비결은 '믿음'이었다. 하나님을 절대적으로 신뢰하는 믿음, 하나님께 온전히 맡기는 믿음, 그 믿음이 온갖 병마를 다 물리치게 한 것이다.

마음을 읽으면 답이 보인다

S 씨는 교회 바로 옆에 사는 부인이다. 그의 남편은 술을 심하게 마셔서 가정이 안정되지 못했다. S 씨의 집은 경제적으로 어려웠고, 분위기도 밝지 못했다. 교회에서는 그 가정에 종종 구제를 베풀었다. 교회의 이웃집이었기 때문에 적은 사랑이지만 이따금씩 도움을 주었다. 그런데도 좋아하는 표정도 없고, 감사하다는 인사 한마디 없었다. S 씨는 목석 같은 사람이었다. 감정도 감각도 없는 사람 같았다. 그녀의 얼굴에는 늘 어두운 그림자가 드리워져 있었고, 세상에 살면서 아무런 낙도 누리지 못하는 사람처럼 보였다. 교회에 나오라고 여러 차례 권했지만 미동도 하지 않았다.

어느 날 그녀의 남편이 알코올중독으로 장기가 많이 상한 탓에 대학병원에 입원했다는 소식을 들었다. 상태가 매우 좋지 않다는 소식이었다. 이웃 사이에 무관심할 수 없어 아내와 함께 문병을 갔다. 어려울 때 관심을 가지고 도우면 혹시나 교회에 나올까 하는 마음이 없지는 않았지만, 크게 기대를 가지지는 않았다. 평소 그녀의 성향을 볼 때 문병 한 번 왔다고 교회에 나올 사람 같지는 않았기 때문이다.

병실에 들어섰다. 남편을 간병하던 S 씨는 우리 부부를 보고 멀뚱멀

뚱 바라다볼 뿐 인사도 하지 않았다. 뭐 세상에 저런 멋없는 사람이 있을까 싶었다. 환자의 침대 앞에 접이식 의자를 놓고 앉았다. 나는 부인 S 씨도 불러 남편 옆에 앉으라고 했다. 기도하기 전에 위로의 말 한마디쯤은 해야 할 것 같았다. 나는 환자의 두 손을 꼭 잡고 말했다.

"○○ 선생, 힘내세요. 병마를 반드시 물리치고 거뜬히 일어나세요. 그리고 이렇게 남편을 위해서 고생하는 아내를 공원에라도 데리고 가서 한 번 업어주세요."

그런데 그 말이 끝나자 S 씨는 표정이 아련해지더니 입을 열었다.

"목사님은 사모님께 그렇게 하세요?"

나는 놀랐다. 그녀가 입을 열어 말을 했다는 사실이 놀라운 일이었다. 그때 나는 그녀의 태도와 말을 통해 그녀가 남편의 사랑에 목말라 있다는 사실을 간파했다. 늘 술에 취해 있는 남편, 가정도 책임지지 못하고 남편의 책무도 제대로 이행하지 못하는 남편에게 그녀가 항상 아쉬움을 가지고 있음을 알아챌 수 있었다. 아마 그녀는 술주정뱅이 남편을 위해 지금까지 자신의 생을 바쳤는데도 수고한다는 말 한마디 들어보지 못했던 것 같다. 감미로운 행복을 느낄만큼 다정하게 지낸 적도 없는 것 같았다. 그런데 목사가 "남편을 위해서 고생하는 아내"라고 하니 그 말이 퍽이나 감동적이었나 보다. 공원이라도 같이 가서 아내와 함께 오붓한 시간을 보내라는 말이 달콤하게 들렸을 것이다.

나는 그녀의 속마음을 읽고는 분위기를 띄웠다.

"물론이지요. 아내들이 남편을 위해 얼마나 고생하는데요. 남편들은 아내에게 잘해야 돼요. 수고한다, 사랑한다는 말도 자주 해야 되고, 피곤해할 때는 어깨랑 다리도 주물러줘야 돼요."

S 씨는 고개를 끄덕이며 엷은 미소를 띠었다. 나는 시선을 남편에게

돌리고 말을 건넸다.

"○○ 선생, 아내가 이렇게 남편의 사랑을 원하고 있잖아요. 남편 등에 한번 업혀보고 싶어 하잖아요. 건강이 돌아오면 공원에서 아내 업어줄 거예요, 안 업어줄 거예요?"

남편은 나의 다그침에 밀려 "꼭 업어줄게요." 하고 약속했다. 나는 남편의 손과 아내의 손을 잡아 끌어다가 손가락을 걸어주며 약속 꼭 지키라고 당부했다. 문병을 마치고 병실을 나오는데 S 씨가 엘리베이터까지 배웅을 해주었다. 들어설 때는 인사도 하지 않던 그녀가 엘리베이터까지 배웅을 나온 것은 큰 변화였다. 내가 큰 도움을 준 것은 아니지만, 마음을 헤아려준 것만으로도 큰 위로를 받은 듯했다.

얼마 뒤 그의 남편이 퇴원해서 집으로 돌아왔다는 소식을 들었다. 유원지에 가서 부부가 함께 산책했다는 이야기도 들었다. S 씨는 자원해서 교회에 나왔다. 교회에 나올 가능성이 5%도 되지 않아 보이던 그녀가 놀랍게도 스스로 교회에 나온 것이다. 아마도 S 씨는 모처럼 남편에게서 사랑을 받았을 것이다. 일회적인 것이었을지 모르지만 그녀에게는 큰 행복이었나 보다. 그의 남편은 얼마 지나지 않아 세상을 떠났지만 그녀는 계속해서 교회에 출석했고 신앙생활을 하면서 표정도 밝아지고 활달해졌다.

수분을 충분히 공급받지 못한 나무는 시들고, 햇빛을 충분히 받지 못한 나무는 생기가 없어진다. 사람도 사랑을 받지 못하면 침울하고 비정하게 변한다고 한다. S 씨는 교회에 다니면서 그리스도의 사랑을 맛보고, 성도들과의 교제를 통하여 사랑을 받으며 마치 햇살 받은 나무처럼 싱싱하게 변해갔다. 그는 꾸준히 신앙생활을 하며 교회 봉사도 하게 되었고, 결국 집사가 되고 또 권사가 되었다.

사람에게는 급소가 있다. 몸집이 큰 사람도 급소를 치면 쉽게 쓰러진다. 마음에도 급소가 있다. 그것은 생의 궁극적인 문제이다. 사람들에게 있는 궁극적인 문제를 찾아내면 그것을 통하여 사람을 움직이고 변화시킬 수 있다. 의사가 진단을 하여 병명을 찾아내면 치료는 수월해진다. 목사도 인간 내면에 깊이 숨겨진 문제를 찾아내면 내담자를 고통에서 수월하게 건져낼 수 있다. 목사는 가슴으로 느낄 수 있는 따뜻한 한마디, 응어리진 마음을 풀어줄 수 있는 지혜로운 한마디로 병든 심령을 치료하고 사람들을 행복의 길로, 영생의 길로 인도할 수 있는 것이다.

하나님께서 알아서 하시겠지요

외출했다가 오토바이를 타고 귀가하고 있었다. 멀리 교회 근방 마을에서 화재가 났는지 시뻘건 불꽃과 시커먼 연기가 솟구치고 있었다. 이런 경우 목사의 마음은 우리 교인 집은 아닌가 하고 걱정하게 된다. 오토바이 속도를 높여 화재 현장으로 달려갔다.

불이 난 곳은 우리 교회 A 집사님이 경영하는 방앗간이었다. 벌써 완전히 불에 타버린 상태였다. 교인들이 끔찍한 재난을 당하면 목사는 두 가지 걱정을 하게 된다. 하나는 당사자가 얼마나 고통스러울지, 어떻게 위로해주어야 할지 걱정하는 것이고, 또 하나는 시험에 들지 않을지, 실족하지는 않을지 걱정하는 것이다. 적지 않은 사람들이 재난이나 환난을 당하고 하나님을 믿어도 소용없다며 믿음에서 떠난다. 재난은 하나님을 만나는 기회이기도 하고, 하나님을 떠나게 하는 장애물이기도 하다.

화재 피해를 당한 A 집사님을 찾았다. 얼이 다 빠지고 깊은 절망에 빠져 있을 모습을 상상하면서…. 역시나 A 집사님은 방앗간 옆 텃밭에 주저앉아 있었다. 그런데 내가 상상했던 것보다는 훨씬 태연한 모습이었다. 슬픈 표정이긴 했지만 절망한 모습은 아니었다. 나는 다가가 말을 건넸다.

"집사님, 얼마나 놀라셨어요? 그런데 방앗간이 이렇게 다 타버렸으니 어떻게 해요. 집사님, 많이 걱정되시겠어요."

위로한답시고 한 말이다. 집사님이 한숨을 한 번 내쉬더니만 말했다.

"하나님이 다 알아서 하시겠지요. 합력하여 선을 이루어주시는 하나님이시잖아요."

사람은 만 원짜리 한 장만 잃어도 속이 쓰리다. 만약 몇 백만 원을 잃었다면 충격을 받아 며칠 동안 잠도 제대로 자지 못할 것이다. 하물며 방앗간이 몽땅 타버리는 재난이라면 넋이 나가고 눈동자의 초점이 흐려질 만하다. 그런데 A 집사님은 그런 상태가 아니었다. 아무 일 없었다는 듯한 모습은 아니지만 당한 재난에 비해서 안정된 모습이었다. 그것은 무감각해서가 아니었다. 대담해서도 아니었다. 그가 고백한 것처럼 하나님께서 합력하여 선을 이루어주실 것을 확신했기 때문이다. 환난을 당할 때 상황을 보면 절망이 엄습한다. 그러나 하나님을 바라보면 위로가 되고 용기가 생긴다. 더욱이 합력하여 선을 이루어주시는 하나님을 확실히 믿으면 희망이 주어진다. 하나님이 나와 함께하신다는 임마누엘 믿음은 사람에게 무한한 힘을 제공한다.

A 집사님은 평소 교회 활동을 열심히 하던 분이 아니다. 말수도 적어 조용히 교회에 출석하며 드러나지 않게 신앙생활을 하던 분이다. 그래서 겉으로 보기에 믿음이 그리 좋아 보이지 않았다. 그런데 화재를 당해 재산을 몽땅 잃은 상황에서 집사님이 취하는 태도와 고백하는 말을 들어보니 대단한 믿음을 가진 분이었다. 나는 또다시 깨달았다. 성도들의 믿음은 겉으로 평가할 수 없다는 것을. 교인 중에는 겉으로는 믿음이 좋아 보여도 속은 실망스러운 사람이 있고, 믿음이 안 좋아 보여도 의외로 귀한 믿음을 가진 사람이 있다. 믿음은 겉으로는 평가할 수가 없다. 그들

이 하는 말로도 평가할 수가 없다. 믿음이 좋은 것처럼 말하는 신도 가운데에도 말뿐인 사람이 있고, 심지어 문제를 일으키는 사람도 있다. 오직 어려움을 당한 뒤 취하는 태도를 보면 그의 신앙 상태를 점검할 수 있다. 거센 바람이 불면 쭉정이와 알곡이 구별되듯 환난의 폭풍이 몰아칠 때 쭉정이 신자는 하나님을 원망하고 절망하지만, 알곡 신자는 더욱 하나님을 의지하며 기도한다. A 집사님은 화재 후에도 변함없이 신앙생활을 열심히 했다. 재산은 잃었으나 가족들의 생명은 잃지 않게 해주셔서 감사하다며 감사헌금도 드렸다.

그 뒤로 A 집사님은 은행에서 대출을 받아 방앗간을 다시 지었다. 돌을 골라내고 싸라기도 나오지 않는 성능 좋은 기계로 시설을 꾸렸다. 정미(精米)가 잘 된다고 농부들이 너도나도 벼를 가지고 몰려들었다. 성업(盛業)이었다. 일감이 밀려들었다. 3년 만에 대출금을 상환하고 경제적 안정을 찾았다. 당시 여러 가지 새로운 식품이 보급되면서 쌀 사용량이 줄어 방앗간들이 위기를 맞아 하나둘 도산하던 시절이었다. 그러나 A 집사님의 방앗간은 거뜬히 살아남았다. 성능이 좋은 신식 기계로 시설을 꾸려 농민들이 몰렸기 때문이다. 훗날 A 집사님은 웃으며 말했다.

“전에 방앗간이 불타버린 게 잘된 일이었어요. 불난 덕에 신식 기계로 다시 지어 살아남게 되었지요. 하나님이 합력하여 선을 이루어주셨어요. 하나님은 멋진 분이세요.”

목사님, 신앙지도 바르게 하세요!

K 집사님은 가난한 가정에서 자랐고, 고아로 자란 총각을 만나 결혼해서 가정을 이루었다. 그들이 신혼생활을 할 때 끼니를 못 챙길 정도로 어렵다는 소식이 들렸다. 나는 안쓰러운 생각이 들어서 약간의 쌀과 용돈을 주었다. 주일에 헌금 상황 보고서를 받아보니, 그 집사님이 소액이지만 십일조를 낸 것이 기록되어 있었다. 금액을 볼 때 내가 준 용돈에서 십일조를 낸 게 틀림없어 보였다. 나는 조용히 그 집사님을 불러 물었다.

"집사님, 이번 주에 십일조를 하셨던데 제가 준 용돈에서 뗀 십일조인가요?"

집사님의 대답은 "예"였다. 나는 답답하다는 어조로 말했다.

"집사님, 생활이 극도로 어려운 것 같은데 몇 푼 되지 않는 것까지 십일조를 하면 어떡해요. 이런 경우는 하지 말고 다음에 돈 많이 벌면 그때 많이 하세요."

K 집사님은 나를 물끄러미 쳐다보더니 공손하면서도 다부지게 말하였다.

"목사님, 저를 동정해주시는 것은 감사하지만 목사님은 교인들의 신앙지도를 바르게 하셔야 합니다. 월급이건 거저 받은 것이건 소득이잖아요. 하나님은 소득의 십일조를 드리라고 하셨잖아요. 많든 적든 소득의 십분의 일은 하나님께 드려야 마땅하지 않아요? 인정에 끌리지 마시고 말씀에 근거하여 신앙지도를 바르게 해주세요."

몽둥이로 얻어맞은 기분이었다. 당찬 K 집사님의 말에 어안이 벙벙했다. 그의 말이 백번 옳은 말이었다. 나는 부끄러워 얼굴이 화끈 달아올랐다. 하나님 말씀에 근거하지 않고 인정에 이끌려 신앙지도를 잘못 하고 있던 것을 깨달았다. 큰 깨달음이었다. 나는 그 이후로 교인들의 신앙을 지도할 때 상황을 고려하기보다 말씀에 근거를 두는 목회철학을 갖게 되었다.

어느 주일에는 한 교인이 가까운 친척 결혼식이 있어서 예배에 참석할 수 없다고 말했다. 나는 그런 경우 절대 "잘 다녀오세요." 하지 않았다. 나는 그런 일이 있을 때마다 "주일은 거룩한 성일이고 하나님의 날입니다. 성일을 속되게 지내면 안 됩니다."라고 말한다. 비록 본인이 어기고 결혼식에 갈망정…. 어떤 교인은 "목사님, 지금 제가 형편이 어려워 십일조 생활을 못하는데 사정이 좋아지면 잘할게요."라고 한다. 그런 교인에게 "예, 나중에는 확실히 잘 해야 돼요."라고 말하지 않는다. "지금 하세요. 그것이 믿음이고 하나님의 축복을 받아서 잘 사는 길입니다."라고 말한다. 비록 그가 목회자를 매정한 사람으로 간주할지라도….

예수님은 '맹인이 맹인을 인도하면 둘이 다 구덩이에 빠지게 된다.'(마 15:14)고 말씀하셨다. 목회자는 바른 성서관을 가지고 교인들을 바른 신앙의 길로 인도해야 한다. 교인들의 신앙을 지도할 때 목회자의 지침서는 성경이다. 목회자는 자기의 판단이나 상황, 교인의 기대에 맞춰 신앙을 지도하는 것을 지양(止揚)하고 성경 말씀에 근거한 가르침으로 지도해야 한다. 그러기 위하여 목회자는 성경을 많이 읽어야 하고 꾸준히 성경공부에 힘써야 한다.

K 집사님이 올바른 믿음을 소유하고 있다는 생각이 들었다. 나는 말씀에 근거하여 철저한 십일조 생활을 하는 그에게 하나님이 분명히 복을 주실 것이라고 확신했다. 하나님은 온전한 십일조를 드리는 자에게 하늘 문을 열고 더 이상 복을 쌓을 곳이 없도록 부으시겠다고 약속하셨다.(말 3:10) 나의 확신은 현실이 되었고, K 집사님은 후에 풍성한 소득을 얻고 많은 십일조 헌금을 했다. 바른 신앙 위에서 하나님을 바르게 섬기면 하나님께서 모든 것을 책임져 주시고 풍성한 복을 내려주신다는 것을 나는 목격했다.

목사는 교인들을 가르치기만 하지 않는다. 교인들에게서 배우기도 한다. 교인들이 지적하는 말을 통해서도 배우고, 교인들의 불평을 통해서도 배우고, 교인들의 모범적인 신앙의 모습을 보면서도 배운다. 교인들의 스승은 목사이고, 목사의 스승은 교인들이다. 물론 가장 참된 스승은 주님이시며, 성령이시다. 나는 K 집사님을 통하여 교인들의 신앙 지도는 성경 말씀에 근거해야 한다는 귀한 교훈을 얻었다.

회개할 기회를 주셔서 감사합니다

K 집사님은 신앙이 좋은 분이셨다. 교인들에게 신임도 받았고, 그래서 교회 회계직도 맡아 여러 해 동안 봉사하셨다. 그런데 그분이 몹쓸 병에 걸렸다. 위암이 생긴 것이다. 오래전부터 소화불량 증세가 있었지만 가벼운 위장병으로 여기고 대수롭지 않게 생각했다. 몸이 수척해지고 견딜 수 없는 통증이 생기고 나서야 병원을 찾았다. 의사는 손을 쓸 수 없는 단계에 이르렀다고 진단을 내리며 죽음을 준비하는 것이 좋겠다고 했다. 하는 수 없이 K 집사님은 집으로 돌아왔다. 날이 갈수록 몸은 수척해져만 갔다. 그야말로 피골이 상접한 모습이었다. 암이 말기에 이르러 고통은 더욱 심해졌고, 진통제 복용도 별 효험을 발휘하지 못했다.

어느 날 K 집사님에게 심방을 갔다. 방안은 온통 악취로 가득했다. 그의 몰골은 이미 사람의 모습이 아니었고, 고통으로 울부짖는 소리는 듣는 이의 가슴을 도려내는 듯했다. 안쓰러웠다. 왜 신앙 가운데서 독실하게 사는 사람에게 이토록 끔찍한 병이 생겼는가? 병에 걸려 고통당한 지가 벌써 여러 달째이다. 하나님은 왜 이토록 오래 고통을 당하게 하시는 것인가? 하나님은 도대체 무엇 때문에 신앙생활을 열심히 하는 분에게 이런 고통을 주셨는가? 머릿속에 여러 가지 의아함이 생기며 혼란스러웠다. K 집사님은 참을 수 없는 듯 심히 고통스러워했다. 집사님이 안쓰러웠고 하나님이 참으로 원망스러웠다. 옆에서 지켜보기만 해도 하나님이 이토록 원망스러운데, 아픔의 당사자인 K 집사님은 속으로 하나님을 얼마나 원망하고 있을까?

나는 몸을 이리저리 뒤척이며 힘들어하는 K 집사님에게 뭐라고 위로해야 할지 고민하다가 조심스럽게 입을 열었다.

"집사님, 얼마나 고통스러우십니까? 하나님도 참 무심하십니다. 집사님같이 믿음이 좋은 분에게 이런 고통을 주시다니요. 하나님이 참 원망스럽습니다."

K 집사님이 나의 손을 잡았다. 그리고 조그만 소리이지만 또렷하게 말씀하셨다.

"전도사님, 저는 큰 죄인입니다. 그런데 하나님은 죄인인 나를 사랑하십니다. 제가 급작스러운 죽음을 당했다면 이런 고통은 없었겠지만, 회개할 기회도 없었을 것입니다. 하나님은 이런 고통을 통하여 제게 충분히 회개할 기회를 주셔서 영원한 생명의 나라를 허락해주고자 하십니다. 저는 지금 천국에 가기 위해 충분한 준비를 하고 있습니다. 회개할 기회를 주신 하나님의 은혜가 감사할 뿐입니다."

말씀하시는 K 집사님의 눈에 눈물이 고여 있었다. 슬픔의 눈물도 절망의 눈물도 아닌, 그리스도의 십자가 사랑에 감사하는 감격의 눈물이었다. 말을 마친 집사님은 고통 속에 얼굴이 일그러지면서도 "주여"를 연발했다. 나는 충격을 받았다. 극한의 고통 가운데에서도 원망하지 않고 감사하는 믿음에 놀랐고, 고통을 회개의 기회로 여기는 믿음에 놀랐으며, 죽음 앞에서 하나님 나라에 대한 소망을 확고히 가지고 있는 믿음에 놀랐다. 주님께서 칭찬할 만한 위대한 믿음을 가진 분이라는 생각이 들었고 그의 고통이 더 이상 불쌍하게 여겨지지 않았다. 나는 K 집사님을 통하여 세 가지를 배웠다.

첫째, 고난은 저주가 아니라 축복이요, 하나님의 선물이라는 것을 깨달았다. 목회 초년생이던 나는 건강, 번영, 성공 등은 축복이요, 질병, 재난, 실패 등은 저주라는 생각을 가지고 있었다. 그런데 K 집사님에게서 질병은 회개의 기회요 천국으로 들어가게 하는 통로라는 것을 배웠다. "고난당한 것이 내게 유익이라"(시 119:71)라는 성경 구절이 납득되었다.

둘째, 고난은 받아들이는 자의 태도에 따라 저주가 될 수도 있고, 축복도 될 수 있다는 것을 깨달았다. 고난을 자연현상으로 보면 고난은 우리에게 고통을 안겨주는 독이 된다. 그러나 고난을 하나님의 섭리로 받아들이면 인간에게 깨달음을 안겨주는 선물이 된다. 시편 기자는 "(고난으로 말미암아) 내가 주의 율례들을 배우게 되었나이다"(시 119:71)라고 했고, 또 "고난 당하기 전에는 내가 그릇 행하였더니 이제는 주의 말씀을 지키나이다"(시 119:67)라고 고백했다.

셋째, 신앙은 인간에게 엄습하는 절망을 극복하는 놀라운 힘을 가지고 있다는 사실을 깨달았다. K 집사님은 극한의 고통에 신음소리를 내면서도 다가오는 하나님 나라를 바라보며 희망을 품고 있었다. 그 희망이 극한의 고통을 이겨내게 했다.

한 달여 후, 그는 고요히 눈을 감았다. "하늘 가는 밝은 길이 내 앞에 있으니" 찬송을 불러달라는 부탁을 가족과 교우들에게 남기고….

"집사님, 당신은 고결한 신앙인입니다. 당신은 스스로 죄인임을 고백하며 회개하는 마음을 가지셨습니다. 극한의 고통 속에서도 하나님의 사랑을 느끼고, 하나님의 섭리를 인정하는 위대한 믿음을 가지셨습니다. 육신이 만신창이가 되어도 구원의 확신과 하늘나라 소망을 확고하게 가지고 계셨습니다. 고난과 역경을 오히려 하나님의 사랑의 손길로 받아들인 집사님은 십자가 위에서 하나님을 찾았던 예수님을 꼭 닮은 분이었습니다. 평생 죄 가운데 살았지만 죽음 앞에서 회개했던 행악자에게 '오늘 네가 나와 함께 낙원에 있게 될 것이다.'라고 말씀하신 예수님께서 집사님에게도 낙원을 허락하시고 면류관을 씌워주실 줄 믿습니다. 당신은 전도사인 저보다 더 나은 믿음을 가지셨으며, 제게 큰 깨달음을 주신 저의 스승입니다."

교회 와서 말썽 피우는 게 나아요

J 집사님은 예전에 점쟁이였다. 전도하러 온 어떤 사람이 "우상을 숭배하면 자손 삼사 대까지 저주를 받아요."라고 하여 자손을 위하는 마음에 단호히 점쟁이 일을 청산하고 예수를 믿게 되었다고 한다. 자손들을 사랑하는 마음으로 인생의 방향을 전환하신 것이다. 우리 교회 근방으로 이사를 오셨다가, 어느 날 원래 가던 교회의 차를 놓쳐 근처인 우리 교회 예배에 참여했는데 예배 후 목사가 손을 내밀어 인사하는 말이 그토록 감미롭게 들리더란다. 마치 하나님이 자기 이름을 부르며 잡아끄는 것 같은 느낌을 받았다고 했다. 그 후로 우리 교회에 등록하여 함께 신앙생활을 하게 되었다. 당시 울밖교회는 개척 3년째인 초창기였다.

J 집사님은 신앙생활을 철저히 하시는 분이었다. 미신을 숭배할 때의 지성(至誠)이 기독교 신앙에도 그대로 이어져 예배 출석, 기도생활, 헌금생활, 봉사와 섬김이 철저했다. 하나님을 경외하는 마음이 뜨거웠고, 하나님을 섬기는 데는 지극정성이 있어야 한다는 의식이 강했다.

60대 초반이었던 집사님은 매일 교회에 서너 번씩 들렀다. 오셔서 기도하고 교회 안팎을 둘러보셨다. 쓰레기가 있으면 치웠고, 마당에 풀이 있으면 뽑으셨다. 집사님의 봉사로 교회는 언제나 청결했다.

당시 교회 주변 달동네에는 불량 청소년들이 많았고 그들이 교회에 와 말썽을 자주 피웠다. 헌금 봉투를 바닥에 흩뿌리기도 했고, 바닥을 진흙투성이로 만들어놓기도 했다. 어떤 때는 아무 곳에나 변을 보고 가기도 했다. 그렇게 어지럽혀진 교회를 집사님이 깨끗이 치우셨다.

어느 날 유달리 어지럽혀진 교회당을 청소하고 있는 집사님을 보고 말했다.

"이놈의 자식들, 또 말썽 피워 집사님을 힘들게 하네!"

집사님이 답변했다.

"개네들이 말썽을 피운 덕에 제가 교회를 위해 봉사할 수 있잖아요. 이것도 은혜지요."

불량 청소년들의 말썽을 탓하지 않고 오히려 자신에게 봉사할 기회를 제공한 고마운 아이들로 여기는 집사님의 마음이 존경스러웠다.

"이 녀석들이 왜 하필이면 성스러운 교회에 와서 말썽을 피울까? 하나님한테 혼나려고…."

그 말에 집사님이 답했다.

"교회 와서 말썽 피우는 것이 낫지요. 말썽은 피우지만 어쨌든 교회에 출입하잖아요. 걔들이 철이 없어서 지금은 말썽을 피우지만 교회에 출입하던 발걸음은 있으니까, 어느 땐가 주님이 그들의 발을 꽉 붙잡아서 예수 믿게 하시고 훌륭한 사람이 되게 하실 거예요. 그렇게 되게 해달라고 저는 기도하고 있어요."

원수를 사랑하고, 핍박하는 사람을 위해서 기도하라는 주님의 가르침을 그대로 실천하는 집사님이셨다. 그 정신과 그 마음이 한없이 예뻐 보였고, 우리 교회에 이런 예수 정신을 가진 교인이 있다는 게 자랑스러웠다.

예수님의 흔적을 지닌 사람

주일 아침이었다. 식사 당번인 A 집사님은 점심식사 준비를 하려고 교회 지하 식당으로 내려갔다. 버너에 불을 붙이려고 성냥을 긋는 순간 굉음을 내며 가스가 폭발했다. 누군가 새벽기도회가 끝나고 지하 식당에 내려가 가스를 사용하고는 밸브를 제대로 잠그지 않아 가스가 누출되어 있었던 것이다. 거센 폭발 때문에 창문 유리가 깨지고 창살이 휘어지며 천장의 널빤지가 내려앉았다. 1층 당회장실에 있던 나는 폭발음을 듣고 깜짝 놀라 지하실로 달려갔다. 폭탄을 맞은 듯한 참상이 눈앞에 펼쳐졌다. 충격적이었지만 마음을 추스르고 부상자가 있는지 살폈다. 주방에는 A 집사님이 쓰러져 있었다. 정신을 잃은 상태였다. 급히 구급차를 불러 교인 두 사람을 동승시켜 병원으로 호송케 했다. 주일예배가 끝나자마자 A 집사님과 동행한 교인에게 전화를 걸었다.

"어떻게 되었어요? 상태가 어때요?"

"예, 다행히 생명에는 지장이 없대요. 그런데 얼굴과 팔에 심한 화상을 입었어요."

불행 중 다행이라 여겼지만 마음 아프기 그지없었고 걱정이 태산이었다. 다른 부위도 아니고 감출 수 없는 얼굴에 심한 화상을 입었으니 교회를 얼마나 원망할까? 이젠 교회를 다니려 하지 않겠구나 하는 추측과 걱정을 하며 곧장 병원으로 달려갔다. 쏟아질 원성을 예상하며 하얀 붕대로 둘둘 감겨 있는 집사님 곁에 다가가서 힘없는 목소리로 말했다.

"집사님, 정말 죄송합니다. 충분한 안전조치를 취하지 못한 교회의 불찰을 용서하세요."

그때 집사님의 응답은 의외로 차분하고 부드러웠다.

"목사님, 오히려 제가 죄송해요. 저의 부주의로 목사님과 교인들에게 염려를 끼치게 됐네요. 용서하세요. 다행히 하나님이 지키셔서 죽지 않고 살았으니 감사하기 그지없어요."

너무 고맙고 감동적인 대답이었다. 더할 수 없는 불상사 가운데서도 시험에 들지 않고 믿음에 굳게 서 있는 모습이 아름다웠다. 또한 불상사를 교회 탓으로 돌리지 않고 자신의 탓으로 돌리는 마음도 아름다웠다. 얼굴 부위에 심한 화상을 입어서 미모에 큰 흉이 될 텐데, 그 누구도 원망하지 않는 마음이 예뻤다. 나는 가장 걱정스러운 점에 대해서 한마디 더 했다.

"집사님, 여자들은 미모에 민감한데 얼굴에 화상을 입어서 어떡해요?"

A 집사님은 이번에도 익살스럽게 답변했다.

"맞선 볼 일도 없는데 무슨 걱정이에요. 이렇다고 남편이 저를 버리겠어요? 그리고 워낙 흉하면 성형수술하면 되죠 뭐."

남편이 옆에서 한마디 거들었다.

"목사님, 걱정하지 마세요. 제가 돈 많이 벌어서 이전보다 더 예쁘게 성형수술 해줄 테니까요."

정말 고마웠다. 이들이 천사같이 느껴졌다. 나는 목회를 하면서 시험 드는 교인, 실족하는 교인들을 숱하게 보아왔다. 그들 중에는 지극히 사소한 것에 시험 드는 자들도 있다. 심방 가서 기도 짧게 해줬다고 삐치고, 주보에 헌금 명단이 틀렸다고 삐치고, 딸 결혼식 광고에 부모 이름을 명시하지 않았다고 삐치기도 한다. 그래서 교회에 안 나오기도 하고 교회를 옮기기도 한다. 때로는 서운한 감정을 품고 목사를 비난하기도 한다. 그런데 온 얼굴과 팔에 심한 화상을 입어 피부가 문드러지다시피 했는데도 자신의 부주의로 사고를 내어 교회와 목사님에게 심려를 끼쳐 되레 미안하다니…. 이는 깊은 믿음과 하나님의 말씀으로 무장된 인격이 아니고서는 나오기 어려운 모습이다.

치료를 마치고 퇴원한 집사님 내외는 한마디 원망도, 보상 요구도 하지 않고 오히려 더 열심히 신앙을 지키며 봉사하고 충성했다. 하나님께서 그러한 믿음 위에 복을 주셨다. 성형수술을 할 수 있는 재력도 주셨지만, 성형수술을 안 해도 될 만큼 깨끗하게 화상을 치료해주셨다. 자세히 보지 않으면 알아챌 수 없을 정도로 자연 치유가 된 것이다. 어느 때인가 A 집사님이 웃으면서 말했다.

"화상을 입은 덕분에 한 꺼풀 벗겨져서 검은 얼굴이 뽀얗게 변해 더 예뻐졌어요."

퇴원 후에도 변함없이 충성 봉사한 A 집사님은 얼마 후 권사로 임직되었다. 아직도 어렴풋이 남아 있는 A 권사님의 화상 자국에서 나는 예수님의 흔적을 본다.

중환자실에서 보인 믿음

S 권사님이 머리가 아프다며 쓰러졌다. 급히 병원으로 후송하여 검사를 해보니 뇌출혈이라고 했다. 다행히 출혈량이 많지 않고 수술은 하지 않아도 되었으나, 자칫 생사에 관계된 부위라 상태를 지켜보아야 할 필요가 있어 중환자실에 입원하게 되었다.

입원 다음 날 병실을 찾았다. 가족들의 전언(傳言)에 의하면 권사님께서 나를 무척 기다렸다고 했다. 목사님이 오셔서 기도해주면 아무렇지 않게 나을 것 같다고 말씀하셨다는 것이다. 하나님의 능력을 의지하고 목사를 신뢰하는 그 믿음이 기특했다. 나는 권사님을 위해 간절히 기도해드렸다. 권사님은 나의 손을 꼭 잡으며 다 나은 기분이라고 하셨다. 목사의 기도를 사모하는 그 열정에 부응하기 위하여 나는 매일 병실을 찾았다.

권사님의 병실을 찾을 때마다 나는 기분이 좋았다.

첫째는, 권사님이 목사의 방문을 기뻐했고, 또 기도의 힘을 믿으셨기 때문이었다. 기도해드리면 권사님은 위로를 받으셨다. 심방을 갔을 때 교인이 언짢아하는 태도를 보이거나 무덤덤한 모습을 보이면 목회자는 마음이 허탈하다. 반면 심방을 반기거나 기도를 요청하면 기분이 좋다.

둘째는, 권사님이 병상의 고통 속에서도 하나님을 원망하는 일이나 신앙에 회의를 품는 일이 전혀 없고, 오히려 더 하나님을 의지하고 하나님의 뜻을 헤아리려 애쓰는 분이셨기 때문이다. 교인이 반석같이 흔들림 없는 믿음을 나타내 보일 때 그것이 목회자에게는 큰 기쁨이다.

셋째, 병상에서도 전도하려고 힘쓰는 모습을 보았기 때문이다. 보험 보상을 안내하려고 찾아온 보험 직원에게, 그리고 간병인에게 우리 교회는 정말 좋은 교회라고 자랑하면서 꼭 같이 교회에 다니자고 하셨다.

넷째, 병상에서도 교회에 대한 관심을 소홀히하지 않으셨다. 갖가지 교회 소식을 물으면서 교회를 염려하셨다. 건강해져서 퇴원하면 하나님의 일을 더 열심히 하겠다고 다짐하셨다. 자나깨나 교회에 관심을 가지고 염려하는 그 모습이 아름다웠다.

다섯째, 병상에서 태연한 모습을 보이셨기 때문이다. 뇌출혈은 신체적·정신적으로 큰 장애를 가져올 수 있는 병이고, 생명을 장담할 수 없는 병이다. 당연히 장래에 대한 염려와 불안에 휩싸일 수 있다. 그러나 권사님은 불안해하지 않았다. “목사님이 기도해주시면 하나님이 고쳐주실 거예요.”라고 말씀하셨다. 나는 권사님을 통해 신앙의 위대함을 보았다. 천국에 대한 소망이 있고 구원의 확신이 있으면, 장래에 대한 염려도 죽음에 대한 공포도 다 극복할 수 있음을 느꼈다.

하나님을 사랑하고 교회를 위해 충성하시니 하나님께서 건강을 책임져 주시지 않을 리 없었다. 권사님은 중환자실에 입원한 지 한 달 만에 수술 없이 깨끗하게 나으셨다. 뇌출혈은 신체에 마비 증세를 동반하는 경우가 많은데, 몸의 어느 곳 하나 마비 증상 없이 완벽하게 나았다. 권사님은 자신이 나은 것은 전적으로 하나님의 은혜라고 고백하면서 소유하고 있던 땅을 교회에 헌납하셨다. 교회는 그곳에 황토집 수양관을 아름답게 지어 교인들의 영성 훈련과 수양에 요긴하게 사용하고 있다. 또 권사님은 "하나님께서 연장해주신 생명, 하나님께 바치겠습니다."라며 구역장을 맡아 심방, 전도 등 충성을 다하고 계신다. 심방을 같이 가자고 부르면 만사를 뒤로하고 뛰쳐나오신다. 하나님을 믿고 의지하는 자, 하나님을 사랑하는 자에게 하나님은 반드시 보상하여 주신다.

기도했지요

교회를 개척하고 6년쯤 되니 출석 교인이 120여 명이 되었다. 기존의 조립식 교회당이 비좁았고 교인 수도 어느 정도 확보되었으니 이제는 새 교회당을 지을 때가 되었다고 판단하고 건축을 추진했다. 모아둔 돈은 한푼도 없었고 거액을 헌금할 교인도 없어 보였지만, 오직 하나님이 책임져 주시리라는 믿음을 가지고 시작했다. 교인들에게 부담을 주지 않기 위해 헌금 작정은 하지 않았다. 마음에 감동이 있으면 형편대로 헌금하라고 했다. 건축 때문에 시험 드는 교인들이 생기지 않기를 바라서였고, 교회 건축이 하나님의 뜻이라면 하나님이 책임져 주실 것이라고 믿었기 때문이다.

적은 비용으로 건축을 하기 위해 직영으로 공사를 했다. 지하 50평, 지상 100평의 철근 콘크리트조 붉은 벽돌 건물이었다. 일단 사업을 하는 교인의 협조를 받아 어음을 발행하여 자재를 구입했다. 그리고 필요한 인부들을 고용하여 건축을 진행했다. 새 교회당을 짓는다 하니 교인들도 기뻤는지 헌금에 동참해주었다. 그러나 교인들이 내는 헌금만으로는 건축에 드는 비용을 제대로 충당할 수가 없었다. 그 헌금마저도 시간이 지나니 끊기고 말았다.

자재 구입비와 인건비로 지급한 어음 만기일이 다가왔다. 그러나 헌금은 나오지 않았고 어디서 돈을 빌릴 수도 없었다. 당시에는 은행 대출이 어려웠고, 교회당은 담보로도 잡아주지 않았다. 앞이 막막하고 속이 타들어갔다. 이대로 부도 처리가 되어 교인 사업을 망치고 교회는 문을 닫게 되는 것인가? 교회 건축이 하나님의 뜻이 아니었단 말인가? 여러 가지 복잡한 생각이 머리를 혼란하게 만들면서 식욕은 떨어지고, 체중은 줄어들었다.

건축비로 심각한 고민을 하던 어느 날, 외출했다가 밤늦게 들어오면서 건축 현장에 들렀다. 10시가 넘은 깜깜한 밤이었다. 이상하게도 공사장 안에서 두런거리는 소리가 들렸다. 건축 현장은 벽돌, 목재, 철근, 스티로폼 등 각종 건축 자재들이 쌓여 있고, 뾰쪽한 못이 박혀 있는 각목이나 합판 등이 어지럽게 널려 있어 어두운 밤에 다니다가는 쉽게 다칠 수 있는 환경이었다. 이런 위험한 곳에 한밤중에 누가 와서 뭘 하는 것일까? 동네 불량 청소년들이 와서 말썽을 피우나 싶어 소리가 나는 곳으로 다가갔다. 공사장 중앙에 누군가 스티로폼을 깔고 그 위에 앉아 있었다. 자세히 보니 팔순이 다 된 P 권사님이셨다.

P 권사님은 신앙심이 깊으신 분이었다. 일찍이 예수님을 영접하여 신앙생활을 하셨고, 자녀들도 믿음으로 잘 양육하셨다. 아들 중에는 장로님도 계시고, 손자들 중에는 목회자도 있으시다. 권사님은 예배에 빠지는 일이 없었고, 새벽기도도 정성껏 참석하시는 분이었다. 권사님의 생신이 되면 흩어져 있는 자손들이 다 모이는데, 주일예배에 모두 참석해서 꼭 특송을 하셨다. 30명이 넘는 대가족이었다. 그럴 때마다 교회가 가득 찬 듯 푸짐한 느낌이 들었다. 그 자녀들은 헌금도 빼놓지 않고 했다. 자녀들 신앙지도를 잘하신 권사님이셨다.

"권사님, 이 깊은 밤에 여기서 뭘 하시는 거예요?"

권사님은 흠칫 놀라시더니 "목사님은 이 밤중에 웬일이세요?" 하고 되물으셨다. 나는 집에 들어가는 중에 잠시 들렀다고 말씀드리고 재차 "이 밤중에 무얼 하셨어요?" 하고 물었다.

"기도했지요. 보아하니 건축하면서 목사님이 굉장히 힘들어하시는 것 같은데, 저 같은 늙은이가 기도밖에 할 것이 뭐 있겠어요."

"뭐라고 기도하셨는데요?"

"뭐 다른 말 있겠어요. 우리 목사님 애타지 않게 헌금 많이 나오게 해 주시고, 공사하면서 아무 탈 없게 해달라고 기도했지요."

그렇게 말씀하신 권사님은 조금 더 기도해야 하니까 목사님 먼저 들어가 주무시라면서 스티로폼 위에 무릎을 꿇은 채 다시 기도를 시작하셨다. 권사님의 기도에 방해가 되지 않도록 나는 그 현장을 바로 벗어나 집으로 왔다. 나는 권사님이 기도하는 모습을 보고 큰 깨달음을 얻었다. 그것은 내가 교회 건축을 위하여 기도하지 않았다는 사실이다. 평신도인 권사님이 교회 건축을 위하여 저렇게 밤새워 기도하는데, 목자인 내가 기도가 부족했구나, 하나님을 믿고 건축을 시작한다고는 했으나 정녕 하나님을 의지하지는 않았구나, 돈 때문에 걱정만 했지 만물의 주인이신 하나님께 도움을 구하는 데에는 소홀했구나, 그렇게 나의 잘못된 모습이 떠오르면서 심히 부끄러웠다.

한 주간 금식 철야기도에 들어갔다. 밤새워 기도한 것은 아니었다. 기도하다 졸리면 엎드려 자고, 자다 깨면 기도하고… 그저 강단에서 밤을 지새운 것이다. 새벽기도에 참석하러 나온 교인들은 나를 보면서 안쓰러운 표정을 지었다.

월요일부터 시작된 일주일 금식 철야기도가 끝났다. 놀랍게도 그 주일에 건축헌금이 엄청 많이 나왔다. 총 건축비의 30%에 해당하는 헌금이 한꺼번에 나온 것이다. 기적이었다. 상상하기 어려운 일이었다. 그 돈으로 어음을 거뜬히 막았고 건축을 계속 진행할 수 있었다. 한 주간 금식 철야기도의 위력은 참으로 대단했다. 그 위력을 실감한 나는 계속해서 철야기도를 이어가려 했다. 하지만 교인들이 적극적으로 만류했다.

"목사님, 우리가 알아서 헌금할 테니 금식도 철야도 하지 마세요. 장례식 치를까 걱정돼요."

평소 61kg 정도 나가던 나의 체중은 건축을 진행하면서 54kg까지 줄어들어 있었다. 교인들은 목사의 건강이 심히 염려되었던 모양이다.

"건축비가 부족하면 다시 금식 철야기도 할 거예요."라고 말하고 나는 철야기도를 중단했다. 교인들은 자원해서 헌금에 동참했고, 심지어 타지에 나가 있는 자녀들에게도 권유해서 헌금에 참여하게 하였다. 교회는 빚을 남기지 않고 건축을 끝냈다. 지하 165㎡(50평), 지상 330㎡(100평)의 화려하지는 않지만 아담한 교회였다. 건축을 무난히 마칠 수 있었던 것은 교인들이 정성껏 헌금해주었기 때문이다. 그런데 교인들로 하여금 헌금을 할 수 있도록 마음에 불을 붙인 것은 목자의 금식 철야기도였고, 목자에게 기도의 동기를 부여한 것은 P 권사님의 한밤중 기도였다.

신용자로 만들어준 시계 값

결혼할 때 전자시계를 예물로 받았다. 비싼 것은 아니었지만 시간만큼은 정확해서 유용하게 사용했는데 4년쯤 사용하고 잃어버렸다. 어디에 벗어놓았는지조차 생각나지 않았다. 그렇게 시계 없이 살다가 어느 주일 오후예배 때 설교가 좀 길다 싶어 설교 도중 회중들에게 물었다.

"지금 몇 분쯤 됐나요?"

어느 교인의 답변으로 시간을 확인하고 설교를 마무리했다. 다음 날 이른 아침에 연세 많으신 K 권사님이 사택에 찾아오셨다.

"목사님, 시계가 없으신가요?"

"예, 며칠 전에 잃어버렸습니다."

권사님은 허리춤에서 봉투 하나를 끄집어내더니 내 앞에 내미셨다.

"이거 얼마 안 되지만 시계 하나 사서 차세요."

홀로 사시는 권사님이셨기에 사양했지만, 권사님은 고집스레 봉투를 던져놓고는 잽싸게 나가셨다. 목자가 언뜻 한마디 한 것에서 시계 없는 사정을 간파하시고 시계 값을 가지고 온 권사님에게서 엘리사를 대접한 수넴 여인과 같은 주밀함을 느낄 수 있었다. 참 고마웠다.

권사님이 돌아가신 후 정오쯤 되어 R 장로님에게서 전화가 왔다. 시내에 나가서 식사나 한 끼 하자고 하신다. 뭔가 긴요하게 하실 말씀이 있으신가 보다 생각하고 나갔다. 장로님은 나를 식당이 아닌 시계방으로 데리고 가셨다.

"목사님, 시계가 없으신 것 같은데 하나 골라보세요."

나는 권사님이 아침에 시계 값을 주고 가셨다고 말씀드리고 그 돈으로 시계를 사겠다고 했다.

"거짓말하지 마시고 얼른 하나 골라보세요."

"거짓말이 아닙니다. 여기 봉투 보세요."

마침 호주머니에 들어 있던 봉투를 끄집어 보여주면서 내 말이 사실임을 확인시켜 드렸다. 장로님은 나를 쳐다보시더니만 이해가 안 간다는 표정으로 말씀하셨다.

"목사님, 참 순진하신 분이네요. 그냥 하나 골라 차시면 될 텐데 권사님이 시계 값 주셨다고 구태여 말할 필요가 뭐 있습니까? 그런데 말입니다. 내가 시계 하나 사드리려고 여기까지 왔는데 어떻게 빈 걸음으로 나갑니까? 그 돈은 돌려드리든지, 목사님 책값 하시든지 하시고, 어쨌든 간에 하나 골라보세요."

완강하게 강요하시는 장로님께 나는 시계를 고르지 않고 권사님이 주신 돈으로 사겠다고 고집을 부렸지만, 장로님은 당신이 직접 시계 하나를 고르셔서 내 손목에 강제로 채워주시고는 나를 잡아끌다시피 하여 시계방을 나왔다.

권사님이 시계를 사라고 주신 돈을 어떻게 해야 할지 고민이었다. 그냥 쓸까, 아니면 되돌려드려야 하나? 몹시 가난에 쪼들리고 있던 나는 그 돈을 생활비로 쓰고 싶은 욕심도 있었다. 하지만 그 돈은 목적을 두고 제공한 돈이고, 목적이 해소되었으니 되돌려주는 것이 마땅하다고 생각했다. 나는 돈을 쓰고 싶은 욕심을 억누르고 봉투를 들고 K 권사님을 찾아갔다.

"권사님이 시계를 사라고 제게 돈을 주셨는데, R 장로님이 저를 시내로 데리고 가시더니 강제로 시계를 사주셨습니다. 시계가 생겼으니 이 돈은 돌려드릴게요. 돈은 돌려드리지만 권사님의 정성과 사랑만은 제 마음속에 고이 간직하겠습니다."

그러면서 돈 봉투를 내밀었다. 권사님은 내 얼굴을 잠시 쳐다보시더니 다가와 내 두 손을 덥석 잡더니만 "목사님, 고맙습니다. 목사님은 돈 욕심을 부리지 않는 분이시군요. 이 돈을 그냥 쓰실 수도 있었을 것인데 되돌려주시다니요. 목사님의 깨끗한 마음이 존경스럽습니다. 목사님은 참 목자이십니다."

권사님이 감동한 듯 보였다. 사실 나는 돈 욕심이 없는 사람도 아니고, 참 목자 축에 끼기에는 한참 먼 목사이다. 그런데 권사님은 당연한 일을 가지고 나를 과대평가하시는 것이었다. 무안하기 그지없었다.

"목사님, 이 돈은 도로 가져가세요. 한 번 드린 돈인데 어찌 도로 받을 수 있겠습니까? 목사님의 순결한 마음을 본 것만으로도 행복하기 그지없습니다. 책값으로 쓰시든지 필요한 데 쓰세요."

그 뒤로 권사님은 나를 절대적으로 신뢰해주셨다. 혹시 교인들이 나에 대하여 의혹을 품으면 "우리 목사님은 절대 그럴 분이 아니여."라고 강력하게 변호해주셨다. 그뿐만 아니라 나의 목회 활동에 물심양면으로 협조를 아끼지 않으셨다. 나는 이 일로 목사의 순수함과 진실함이 교인들에게 신뢰를 받는 큰 자산임을 깨달았다. 그것이 목회자의 영적 권위를 높여주는 동력임을 알았다. 그래서 '앞으로 돈 욕심 부리지 말아야지.', '재물에 집착하지 말아야지.' 하는 마음을 다지고 또 다졌다.

하찮은 사욕으로 인생을 그르치는 사람들이 의외로 많다. 엘리사 선지자의 제자 게하시는 은 두 달란트와 옷 두 벌을 위하여 하나님과 스승의 이름을 팔고 사기 행각을 벌였다. 그 일로 게하시는 엘리사에게 책망을 받고 나병이 들어 비극적 인생을 살았다. 가룟 유다는 은 삼십 때문에 예수님을 팔아먹고 영원한 배신자로 낙인찍혔다. 목회자가 돈에 깨끗하지 못하면 전 인격이 의심을 받고 목회가 힘들어진다. 목사는 교회 재정을 투명하게 운영해야 한다. 공사(公私)의 구분을 확실히 해야 한다. 사용 근거를 분명히 제시해야 한다. 공금에 대해서는 소액이라 할지라도 명확히 처리해야 한다. 교인 혹은 일반인과 금전거래를 깨끗이 해야 한다. 무엇보다 부당한 탐욕을 부리지 말아야 한다. 성경은 "많은 재물보다 명예를 택할 것이요 은이나 금보다 은총을 더욱 택할 것이니라"(잠 22:1)라고 가르친다. 비신자들도 새겨들어야 할 말씀이거니와, 성직자인 목사들은 더욱 새겨들어야 할 말씀이다. 하찮은 물질 때문에 인격에 손상을 입는 일이 없도록 조심할 일이다.

순종하고 복 받았어요

P 집사는 성품도 좋고 신앙생활을 성실하게 하는 분이다. 그의 남편은 회사에 다니고, P 집사는 집에서 소 4-5마리를 키우면서 농경 생활을 하고 있었다. P 집사는 예배에 빠지지 않았고 교회 봉사도 열심히 했다. 구역장과 여신도회 임원으로 활동하면서 교인들로부터 믿음이 좋다고 칭찬을 받았다. 가족들로 하여금 신앙생활을 잘하도록 인도해서 온 가족이 하나님을 경외하는 믿음의 가정을 꾸렸다. 하지만 그에게도 신앙인으로서 한 가지 아쉬움이 있었다. 그것은 십일조를 하지 않는 것이었다. 어느 날, 집사님과 조용히 대화할 수 있는 기회가 주어졌다.

"집사님, 집사님은 우리 교회에서 모범 신앙인인데 한 가지 아쉬움이 있어요."

P 집사가 의아한 표정을 지으며 되물었다.

"뭔데요?"

"십일조를 하지 않는 거요."

P 집사는 계면쩍게 웃으면서 답했다.

"그러게요. 십일조를 하긴 해야 되는데요, 그게 잘 안 되네요. 남편 월급의 십분의 일이면 우리 집 소들의 한 달 사료 값이어서요."

P 집사의 말을 들어볼 때 십일조에 대하여 관심이 없었던 것은 아닌 듯싶었다. 다만 십일조 액수가 한 달 소 사료 값이라는 계산에 얽매여서 실천을 못했던 것으로 보였다. 나는 조심스럽게, 그러면서 단호하게 권면했다.

"집사님, 하나님은 십일조를 드려서 하나님이 복을 쌓을 곳이 없도록 붓지 아니하는지 시험해보라고 하셨습니다. 하나님의 말씀이 사실인지 거짓인지 시험하는 마음으로라도 십일조를 해보세요."

나의 권면을 들은 P 집사는 고개를 끄덕이더니 "목사님께서 직접 말씀하시는데 어떻게 거절할 수 있겠어요. 할게요." 하고 답변했다.

사실 돈 내라는 권면은 하기도 어렵고, 받아들이기도 쉽지 않다. 돈 뜯어내려고 목사가 수작을 부린다고 오해할 수도 있고, 하나님보다 돈을 더 사랑하는 사람은 심적 부담을 느끼고 시험에 들어 실족할 수도 있다.

40년 목회를 하면서 때때로 교인들에게 권면을 했다. 권면은 부족함을 알려주고 개선책을 제시함으로 성도로 하여금 더 나은 믿음을 갖도록 하는 목회자의 배려이다. 목사의 권면에 대한 교인들의 반응은 주로 세 가지였다. 첫째, 반항하는 태도이다. 자신의 부족함을 지적하는 일을 유감스럽게 생각하여 좋지 않은 감정을 품는 경우가 있다. 둘째, 무시하는 태도이다. 악감정도 품지 않지만 받아들이지도 않는 태도이다. 셋째, 순종하는 태도이다. 고맙게 여기면서 받아들이는 자도 있고 언짢아하면서 받아들이는 자도 있다. 어쨌든 목사의 권면을 받아들이는 교인은 어여쁘다. P 집사는 목사의 권면을 받아들였다. 그리고 약속대로 하나님께 십일조를 드렸다.

십일조를 시작한 지 3개월쯤 지났을 때 P 집사에게서 전화가 왔다.

"목사님, 하나님 말씀이 틀림없네요."

나는 무슨 영문인지 몰라 물었다.

"무슨 말씀이세요?"

"목사님께서 십일조를 드리면 하나님께서 복을 주신다고 말씀하셨잖아요. 그리고 그 말씀이 사실인지 거짓인지 시험해보라고 하셨잖아요. 제가 십일조를 드렸더니 하나님께서 복을 주셨어요."

나는 P 집사의 가정에 뭔가 좋은 일이 있었나 보다 짐작하며 물었다.

"어떤 복을 주셨는데요?"

P 집사의 말은 이러했다. 당시 소값이 폭락했고, 집사님은 소 키우는 재미가 떨어져서 소를 처분해야 되겠다고 생각했다. 암소 한 마리를 팔려고 장에 끌고 가서 흥정하는데 3만 원을 더 달라느니, 못 준다느니 실랑이를 벌이다가 소 장사가 너무 헐값에 사려고 하는 것이 기분 나빠 그냥 끌고 왔다고 한다. 그런데 일주일 후 그 소가 새끼를 낳았다. P 집사와 그의 가족들은 그 소가 새끼를 배었는지 전혀 몰랐다고 한다. 겉으로 보기에 새끼 밴 티가 나지 않았던 것이다. 3만 원을 가지고 실랑이를 벌이다가 소를 팔지 않고 도로 끌고 온 것이 소 한 마리가 늘어나는 행운이 된 것이다. P 집사는 하나님의 은혜로 이렇게 되었다며 무척 좋아했다. 십일조를 드리는 자에게 복을 주신다는 하나님의 말씀은 틀림없는 사실이라고 고백했다. 하나님은 우리가 알지 못하는 방법으로 우리를 축복해주시는 신비하고 능력 있는 분이라고 고백하기도 했다.

그 일이 있고 두어 달 후에는 그의 남편이 승진하는 경사도 있었다. 새로운 체험을 한 P 집사는 이후 꾸준히 십일조 생활을 했다. 십일조의 액수가 교인 중에 상위에 해당하였다.

그런데 일 년 정도가 지나자 십일조 액수가 점점 줄어들었다. 수입이 줄어들지는 않았을 텐데 이해하기 어려웠다. 하지만 자꾸 돈 이야기를 할 수는 없었다. 어느 날 P 집사에게서 또 전화가 왔다.

"목사님, 큰일 났어요."

흥분되고 다급한 목소리였다. 나는 깜짝 놀라 무슨 일이냐고 물었다.

"저희 집 소들 중에 싸움이 벌어졌는데요. 소 한 마리가 뿔에 받혀서 눈알이 빠지고 길길이 날뛰고 있어요."

나는 P 집사가 얼마나 놀라고 무서울까 싶어 아내와 함께 서둘러 달려갔다. 우리가 도착했을 때 소는 진정되어 있었고 급박한 상황은 종료된 상태였다. 놀란 집사님의 마음을 달래주려고 방 안으로 들어갔다. 자리에 앉자마자 집사님이 입을 열었다.

"목사님, 저 하나님께 벌 받았나 봐요."

"무슨 말씀이세요?"

"솔직히 실토할게요. 제가 십일조를 하다 보니 적지 않은 금액이라 도중에 아까운 생각이 들었어요. 그렇다고 목사님과 약속한 바가 있는데 안 할 수도 없고 해서 적당히 했거든요. 그랬더니 하나님이 노하셔서 벌을 내리신 것 같아요. 앞으로는 제대로 잘할 테니 하나님의 진노가 거두어지도록 기도해주세요."

그렇게 말하는 P 집사의 모습은 자못 진지했고, 눈가에는 눈물 방울이 맺혀 있었다. 불상사를 우연한 사건으로 보지 않고 하나님의 징계로 여기는 P 집사의 태도에서 나는 그가 하나님을 얼마나 경외하고 있는지 읽을 수 있었다. 그리고 스스로 자기의 잘못을 반성하고 회개하는 모습에서 영적 순결함을 볼 수 있었다. 그 모습은 천사처럼 아름다웠다. P 집사는 그 이후로 십일조생활을 변함없이 성실히 했고, 하나님은 그와 그의 가정 위에 풍성한 은혜를 더하셨다.

축복기도 받고 싶어요

U 집사는 고아로 자란 분이다. 그는 고아이면서도 곁길로 탈선하지 않고 올곧게 자라왔다. 우리 교회 처녀와 결혼하여 우리 지역에 정착하며 교회에 출석하게 되었다. 그는 원래 교회에 다니던 사람이 아니었다. 그리스도인인 아내의 영향으로 교회에 다니게 된 것이다.

가정이 생긴 그는 가족의 생계를 책임져야 했다. 여기저기 직장을 구하던 그는 자동차 판매원으로 취직을 하게 되었다. 그런데 고아로 자란 탓에 요령이 뛰어나서일까? 본래 능력이 있어서일까? 하나님이 도우셔서일까? 하여튼 기가 막히게 차를 많이 판매하여 돈벌이가 괜찮았다. 때때로 전라북도 판매왕에 올라 상을 받기도 했다.

그에게 식사 초대를 받았다. 초대된 식당에 당도하니 고급 음식점이었다. 분위기도 고급이었지만 메뉴도 찬란했다. 평소에 먹어보지 못했고 본 적 없는 음식들이 상에 그득히 올라 있었다. 가격이 꽤 나갈 것 같았다. 좀 부끄러운 이야기이지만 나는 가난한 집에서 태어나서 줄곧 가난하게 살아왔기 때문에 고급 음식점에 출입한 적이 없다. 그때까지 나에게 고급 요리라면 자장면 정도였다. 상에 차려진 음식을 보니 군침이 돌았다. 빨리 먹고 싶은데 그가 입을 떼었다.

"목사님, 하나님이 저를 축복해주셔서 일자리를 주시고, 하는 일이 잘 되고 있습니다. 이는 목사님이 저희를 위하여 기도해주시기 때문이라고 생각합니다. 그래서 오늘 목사님 대접하고 싶어 이렇게 초대했으니 맛있게 드세요."

나는 식사기도를 하고 음식을 맛있게 먹었다. 과식을 해서 한참 고생할 정도로 먹었다. 그런데 식사 초대는 한 번으로 끝나지 않았다. 월급을 탈 때마다, 수상을 할 때마다 꼭 우리 부부를 초대하여 식사 대접을 했다. 고정된 식당이 아니라 여기저기 다른 고급 식당에서…. 새로운 별미를 맛보는 재미에 한참은 초대받는 것이 좋았다. 기다려지기도 했다. 그러나 몇 달이 지나니까 고급 요리에 싫증이 났다. 처음처럼 그렇게 맛있게 느껴지지 않고 그저 그렇고 그랬다. 식당에 가고 오는 것이 번거롭고 시간이 아깝게 여겨졌다. 이제는 그만 가고 싶었다.

또다시 초대받아 식사하는 자리에서 나는 조심스럽게 입을 열었다.

"집사님, 매번 우리(나와 아내)를 고급 음식으로 대접해줘서 고맙습니다. 그런데 집사님도 앞으로 자녀들을 키워야 하고, 노후 대책도 세워야 되지 않겠습니까. 지금까지 저희들이 과분하게 대접을 받았으니 앞으로는 저희들 대접할 돈을 저축하여 집사님 장래를 준비하십시오."

여러 해 판매 사업을 해온 U 집사는 눈치가 빠삭했다. 우리의 속마음을 간파하고서는 "목사님, 식사하러 오는 일이 번거로우신가요?" 하고 묻는 것이었다. 나는 엷은 미소를 띠며 "그런 면도 있지요."라고 대답했다. U 집사는 나의 말을 긍정하듯 얼굴을 두어 번 위아래로 끄덕이더니 신중한 표정으로 입을 열었다.

"목사님, 번거로우시더라도 저희들의 초대에 응해주세요. 저희들이 목사님 대접하는 것은 목사님을 존경하고 사랑하기 때문이기도 하지만 한 달에 한 번이라도 목사님의 축복기도를 받고 싶기 때문입니다. 제가 판매 실적이 좋은 것은 제게 능력이 있어서가 아니라 하나님이 복을 주시기 때문이라고 믿습니다. 그리고 하나님이 저에게 복을 주시는 것은 목사님의 기도가 있기 때문이라고 생각합니다."

자신의 형통함이 자신의 능력과 노력으로 된 것이 아니라 하나님의 은혜라고 믿고 고백하는 그의 믿음이 아름다웠다. 주의 종의 기도의 효험을 의심 없이 신뢰하는 믿음도 아름다웠다. 기도를 받고 그 힘으로 사업에 정진하는 그의 기대와 요구를 무시할 수가 없었다. 나는 미소를 띠며 그에게 말했다.

"그래요, 앞으로도 열심히 초대해줘요. 즐거운 마음으로 나와서 맛있게 먹어줄게요. 그리고 집사님 가정과 사업을 위해 열심히 기도할게요."

U 집사와 그의 아내의 얼굴이 아침에 떠오르는 태양처럼 환하게 밝아졌다. 그 뒤로도 식사 대접은 이어졌고, U 집사는 시내에 큰 영업점을 개점하여 사장이 되었다.

성경은 대접하기를 힘쓰라고 가르친다. 아브라함은 하나님의 사자를 대접하고 오랫동안 얻지 못한 아들을 얻게 되었다.(창 18장) 롯은 천사를 대접하고 심판받는 소돔성에서 구원을 받았다.(창 19장) 사르밧 과부는 선지자 엘리야를 대접한 뒤 통의 가루가 떨어지지 아니하고 병의 기름이 없어지지 아니하는 기적을 체험하며 칠 년의 가뭄을 이겨냈다.(왕상 17장) 수넴 여인은 선지자 엘리사를 대접하고 축복기도를 받은 후 소원하던 아들을 얻었다.(왕하 4장) 예수님을 정성껏 대접한 마르다와 마리아 자매는 그의 오라비 나사로가 죽었을 때 예수님이 오셔서 살려주심으로 큰 위로를 받았다.(요 11장)

남을 대접하는 일은 아름다운 일이고, 특별히 주의 종을 대접하는 일은 아름답고 복 받을 일이다. 바울 사도는 "가르침을 받는 자는 말씀을 가르치는 자와 모든 좋은 것을 함께 하라"라고 교훈했다.(갈 6:6)

한편 목회자는 대접받는 일에 익숙해지는 것을 경계해야 한다. 교인들은 '목회자는 하나님이 보내신 사자'라는 인식 때문에 목회자를 대접한다. 목사가 타성에 젖으면 대접받는 일을 당연한 것처럼 여긴다. 대접을 안 하면 서운하게 여기고, 대접을 받아도 감사한 줄을 모른다. 그것은 위험한 일이다. 목회자는 대접을 요구해서는 안 되고 기대해서도 안 되며, 대접이 소홀하다고 불평해서도 안 된다. 오히려 목회자가 먼저 대접에 힘써야 한다. 성경에는 예수님이 가르쳐주신 황금률이 있다. "남에게 대접을 받고자 하는 대로 너희도 남을 대접하라."(눅 6:31) 목회자가 교인에게 대접을 못 받는 것은 교인 대접하기를 소홀히했기 때문일 수도 있다. 목회자가 교인을 대접하는 일은 물질적인 것이라기보다 정신적이고 영적인 것이다. 심방, 병문안, 상담, 위로, 축하, 칭찬, 대접에 대한 감사… 이러한 것들이 목회자가 교인을 대접하는 방법이다. 바울 사도는 우리에게 이런 가르침을 준다.

> 우리가 너희에게 신령한 것을 뿌렸은즉 너희의 육적인 것을 거두기로 과하다 하겠느냐 다른 이들도 너희에게 이런 권리를 가졌거든 하물며 우리일까보냐 그러나 우리가 이 권리를 쓰지 아니하고 범사에 참는 것은 그리스도의 복음에 아무 장애가 없게 하려 함이로다(고전 9:11-12)

목회자의 대접 문제 때문에 복음에 장애가 발생되지 않도록 목회자는 절제의 훈련을 꾸준히 해야 한다.

우리 잘못이지요

교인들의 신앙이 나태해졌다. 예배 출석율도 저하되고, 새벽기도회 출석 수도 줄어들고, 안내나 기도 등 예배순서를 맡고도 책임을 이행하지 않는 일도 빈번했다. 어떻게 하면 교인들이 성실하게 신앙생활을 하고 사명을 잘 감당하게 할지 고민이었다. 그러다가 충격요법을 쓰기로 했다. 자극을 주어서 교인들로 하여금 분발하게 만들겠다는 계획이었다.

어느 날 수요예배 시간이었다. 기도 담당 권사님이 말도 없이 예배에 불참했다. 중직자 중에 예배에 불참한 자들도 많았다. 바로 오늘이 충격요법을 쓸 절호의 기회라고 생각했다. 찬송을 부르고 성경을 읽고 난 후 자못 표정을 근엄하게 지으며 날카로운 음성으로 교인들을 꾸짖었다.

"예배는 하나님께 드리는 것인데 기도를 맡아놓고 말도 없이 빠지다니, 이게 예배입니까? 하나님이 이런 예배를 받으시겠습니까? 장로, 권사, 집사가 마음 내키는 대로 예배를 빠지는 것이 제대로 된 신앙입니까? 직분은 받아놓고 새벽기도도 안 하는 사람들이 제대로 된 직분자입니까? 하나님을 두려워하는 마음도 없고 정성도 없는 이런 형식적 예배를 하나님이 받으실 리 없습니다. 하나님이 받지 않으실 예배를 드려 뭘 합니까?

오늘은 그냥 집으로 돌아가세요."

설교도 없이 교인들을 꾸짖기만 하고 나는 성경을 집어 들고 강단에서 내려왔다. 갑자기 교회 분위기가 싸늘해졌다. 교회 문을 나서는데 교인 중 누군가 "무슨 목사가 저래! 교인들을 제 자식 잡듯이 하네."라고 말하는 소리가 귓전에 들렸다. 그리고 교인들이 술렁거리기 시작했다. 그런 분위기를 뒤로한 채, 교회 옆에 있는 사택으로 들어와 버렸다. 은근히 걱정이 되었다. 교인들을 자극해서 분발하게 하려 한 일이 부작용만 초래하는 것은 아닌가 하는 걱정이었다. 예배당의 분위기가 무척 궁금했다. 방법을 잘못 썼나 싶어 후회하기도 했고, 좀 더 신중하지 못한 것 같아 자책하기도 했다. 지금 교회 안에서는 무슨 일이 벌어지고 있을까? 나올 때 분위기만 보면 결코 긍정적이지는 않았는데…. 아내마저도 오지 않아 궁금증은 시간이 지날수록 증폭되었다. 속이 영 편치 않았다.

한 시간 정도 흘렀다. 장로님 두 분이 사택으로 찾아오셨다. 이제 교회에서 나가달라고 통보하러 오셨나? 처세를 바르게 하라고 충고하러 오셨나? 나는 불안한 마음을 감추면서 조용히 장로님들을 맞았다. 그런데 이게 웬일인가? 아버지뻘 되시는 장로님들이 아들 같은 목사 앞에서 무릎을 꿇었다.

"목사님, 저희들의 잘못을 용서하여 주십시오. 저희들이 신앙생활을 제대로 못하여 목사님 마음을 아프게 했으니 죄송합니다. 앞으로는 각성해서 신앙생활 제대로 잘하고 교인들 신앙지도도 잘하겠습니다."

어안이 벙벙했다. 이게 어찌된 일인가? 험악했던 분위기였는데 장로님들이 무릎까지 꿇고 사과를 하시다니!

아내의 이야기를 듣고 나서야 나는 자초지종을 알게 되었다. 내가 교회를 나온 후 목사에 대한 성토가 거셌다고 한다. 거룩한 예배를 모욕했다느니, 부모 같은 교인들에게 너무 무례했다느니, 점잖은 줄 알았더니 성깔이 보통이 아니라느니 하면서 교인들이 흥분하여 여러 사람이 목사를 비난했다고 한다. 그때 덩치가 큼직한 E 장로님이 앞으로 나와서 마이크를 잡고 말씀하시더란다.

"여러분, 흥분하지 마시고 내 말 좀 들어봐요. 목사님 말씀이 여러분 귀에 거슬렸을지 몰라도 목사님 말씀이 틀린 말은 아니잖아요. 오늘 기도 맡은 권사님도 안 나오셨지, 요즘 새벽기도도 썰렁하지, 예배에도 많이들 빠지지…. 이게 우리 모습이지 않습니까. 평소 화를 잘 안 내는 목사님이 얼마나 답답했으면 그렇게 화를 냈겠습니까. 목사님을 비난할 것이 아니라, 목사님 마음을 아프게 한 우리가 회개해야 합니다. 신앙생활 제대로 하지 못한 우리가 회개해야 합니다. 모두 우리 잘못입니다. 오늘 모두 집에 가지 마시고 밤새워 회개기도 하십시다."

장로님의 말씀이 이어지는 동안 분위기가 조용해지더란다. 누군가가 "그래, 우리가 회개해야 돼! 우리가 잘못했어!" 하더니만, 여기저기서 훌쩍거리는 소리와 함께 "하나님, 우리가 잘못했어요. 용서해주세요. 그리고 앞으로 신앙생활 잘할게요!" 하며 기도가 시작되었다고 한다. 그날 교회는 눈물바다가 되었고 기도는 한 시간여 지속되었다고 한다.

그 사건이 있은 후 교인들의 신앙생활은 눈에 띄게 달라졌다. 새벽기도 참석자가 배로 늘고, 예배 출석률도 오르고, 기도 맡은 사람이 빠지는 일도 없었다. 기도할 수 없는 사정이 있을 때는 최소한 사전에 연락하여 조치하도록 하였다. 이 일은 교회가 한 단계 발전하는 계기가 되었다.

자칫 목회자는 곤경에 처하고, 교회는 혼란에 빠질 만한 상황을 E 장로님이 반전시켰다. 부정적 의식을 긍정적 의식으로, 비난을 회개로 전환시킨 것이다. 목회자의 충격요법이 열매를 맺을 수 있도록 역할을 잘해주셨다. 나는 장로님이 너무나 고맙고 존경스러웠다. 이런 장로님이 보필하는 목회를 한다는 것이 더없이 행복했다.

E 장로님의 역할이 아니었더라면 나의 충격요법의 결과는 어떠했을까? 아마도 처절하게 실패하여 부작용만 낳았을 것이다. 목회자의 특별한 방침이 성공을 거두려면 그것을 이해하고 조력해줄 지혜로운 일꾼이 필요하다. 교회 안에서 장로님들이 그 역할을 해준다면 효과는 극대화될 것이다.

교회는 한 사람으로 말미암아 어려워질 수도 있고 한 사람으로 말미암아 은혜롭게 될 수도 있다. 교회 안에는 교회를 어렵게 하는 극소수의 사람, 교회를 방관하는 다수의 사람, 교회를 살리는 소수의 사람이 있다. 교회를 살리는 역할을 하는 사람이 소금이요, 그루터기요, 씨앗이다. 그런 사람이 예수님을 닮은 신자이다. 첫 인간 아담은 인간에게 죽음과 불행을 가져왔지만 제2의 아담인 예수는 생명을 가져왔다. 살리는 역할을 하는 사람이 예수님의 제자이다. 평화로운 분위기를 깨뜨리고 혼란을 가져오는 사람이 있는가 하면, 혼란한 상황을 반전시켜 평화를 조성하고 교회성장의 기틀을 마련하는 사람도 있다. 예수님은 산상수훈에서 "화평하게 하는 자는 복이 있나니 그들이 하나님의 아들이라 일컬음을 받을 것"(마 5:9)이라고 말씀하셨다.

어렵기 때문에 헌금합니다

E 장로님은 활동성이 강하신 분이셨다. 슈퍼마켓을 운영하는 사업가이기도 하셨고, 새마을 지도자이기도 하셨다. 명예욕도 강하시고 정치에도 관심이 많으셨다. 그런 장로님이 선거에 출마하셨다가 낙선하셨다. 경제 사정이 대단히 좋지 않게 되었다는 소문이 동네에 돌았다. 야반도주할 것이라는 소문도 떠돌았다. 목자가 듣기에 그런 소문은 참 민망했고 마음이 아팠다.

그런데 장로님은 열심히 헌금을 하셨다. 주일 낮 예배 때만이 아니라 오후예배에도, 수요예배에도, 예배 때마다 십일조와 감사헌금을 꼬박꼬박 하셨다. 동네에 떠도는 소문이 헛소문인가, 아니면 장로님의 믿음이 좋은 것인가 궁금했다.

어느 날 장로님과 단둘이 식사할 기회가 주어졌다. 식사를 마친 후 조심스럽게 물었다.

"장로님, 경제 사정이 안 좋다는 소문이 있던데 어떠세요?"

장로님은 선뜻 대답을 못 하고 머뭇거리시더니 한참 뒤에 입을 여셨다.

"어렵습니다. 많이 어렵습니다."

나는 궁금하게 여기던 것에 대해 질문했다.

"그렇게 어려우신데 어떻게 예배 때마다 헌금을 하시나요?"

장로님은 약간 어두운 표정을 지으며 대답하셨다.

"어렵기 때문에 더 열심히 헌금합니다. 하나님의 도우심을 바라면서요. 지금 형편으로는 하나님의 도우심이 없으면 헤어나기가 어렵습니다."

주신 은혜에 대한 감사 때문이 아니라 도움을 바라고 헌금을 하는 태도가 약간 마음에 걸리기는 했지만, 어려움 속에서 하나님을 강하게 의지하는 그 믿음이 대견하기도 했다. 흥하고 망하는 것이 하나님의 주권에 달렸다고 믿는 그 신앙, 하나님만이 스스로 빠져나올 수 없는 함정에서 자신을 구원해주실 수 있다고 믿는 믿음, 하나님의 도움을 희망하면서 하나님을 향하여 온갖 정성을 쏟는 그 믿음이 아름다워 보였다.

나는 장로님의 손을 잡고 간절히 기도했다.

"하나님, 장로님의 사정을 살펴주시고 도와주셔서 어려움에서 속히 벗어나게 해주시옵소서."

장로님의 눈에 눈물이 고였다. 내 손을 꼬옥 붙잡고 연신 고맙다 하시며 목사님이 기도해주셨으니 꼭 하나님이 도와주실 것이라고 하셨다.

얼마 후 서해안 간척사업이 완공되었고, 장로님은 바다를 막아 논으로 개간된 땅 3,000평을 정부로부터 불하받았다. 그것을 담보로 하여 화물차 4대를 구입하여 운수사업을 하게 되었다. 경제 활성화와 더불어 물류운송업이 호황을 맞으며 경제사정이 회복되었다. 야반도주의 우려는 불식되었고 장로님은 운수업 사장으로, 지역의 유지로 우뚝 섰다. 그리고 하나님의 도움으로 어려움에서 벗어나게 되었다고 고백하며 더욱 하나님께 충성했다.

하나님께 도움을 요청하는 것을 기복신앙이라 매도하며 비판하는 사람들이 있다. 그러한 사람들은 차원 높은 신앙을 강조하고 요구한다. 그들이 추구하는 이상적 신앙은 존중되어야 하지만 인간의 현실을 무시해서도 안 된다. 인간은 나약하기 그지없는 존재이고, 때문에 전능자의 은혜를 기대하며 신앙생활을 한다. 사실 하나님께 무엇인가를 구하는 것 자체가 믿음이다. 하나님을 살아 계신 분으로, 전능하신 분으로, 은혜를 베푸시는 분으로 믿기 때문에 그 앞에 기도하고 도움을 구하는 것이다.

하나님은 인간이 유한하며 하나님의 도움이 필요한 존재임을 아신다. 그래서 사람들에게 어려울 때 당신을 찾고 부르짖으라고 말씀하신다. "너는 내게 부르짖으라 내가 네게 응답하겠고 네가 알지 못하는 크고 은밀한 일을 네게 보이리라."(렘 33:3) 모세도 어려움을 당할 때마다 하나님께 도움을 요청했다. 다윗도 위기가 닥칠 때마다 하나님께 구원을 요청했다. 베드로가 감옥에 갇혔을 때 초대교회 성도들은 그의 구원을 위해 간절히 기도했다. 어려움에서, 위기에서 하나님의 도움을 호소하며 기도할 때 하나님은 응답하시고 도움의 손길을 펼치셨다. 연약한 인간이 하나님을 의지하면서 도움을 요청하는 것은 지극히 정상적이고 당연한 일이다. 어쩌면 하나님은 차원 높은 신앙보다 사람들이 천진난만한 모습으로 당신 앞에 나아와 은혜 입기를 더욱 원하시는지도 모른다.

하나님께 구하는 자는 그 구하는 바가 성취되면 하나님의 은혜로 여긴다. 거기서 감사가 나오며, 하나님에 대한 신뢰가 깊어져 믿음이 더욱 성장하게 된다. 다만 하나님께 무언가를 구하기 전에 예수님의 가르침을 명심할 필요가 있다. 예수님은 먹을 것, 입을 것, 마실 것보다 먼저 하나님의 나라와 그의 의를 구하라 하셨다. 하나님께 무언가를 구할 때는 이기적인 탐욕을 채우는 방법이 아니라 하나님 나라를 세우고 하나님의 의를 이루는 방도가 되도록 힘써야 하는 것이다.

김천영 목사

전북노회 원로목사

4부

사랑으로 기적이 일어나는 교회

슬픔을 알게 해준 소년

아홉 살짜리 소년 J는 평소 해맑고 티 없이 뛰노는 씩씩한 아이였다. 그런 그가 뇌막염을 앓고 있다는 것이었다. 어느 날 아이의 부모가 새파래진 아이를 안고 목사관으로 달려와 아이가 큰일났다며 기도를 부탁하였다. 나는 아이와 그들 집사 부부를 위해 간절히 기도하고 돌려보냈다.

그날 이후 소년을 위한 기도는 나의 첫 번째 기도가 되었다. 그 뒤로도 그들 부부는 아이가 아프면 한밤중이나 새벽이라도 찾아와 울며불며 기도를 부탁하였다. 우리는 함께 기도하며 하나님께서 기적적으로 치유해주실 것을 간절히 구했다. 애간장 끓는 엄마의 기도가 교회 기도실에서 울려나올 때가 많았다.

수술 날짜를 받고 아이가 치료되길 기대하는 마음으로 금식하며 하나님께 매달렸지만 결과는 너무나 허망하였다. 수술 1개월 후 끝내 아이는 눈을 뜨지 못했다. 오열하는 부부의 슬픔 뒤로 목사인 내 마음도 찢어졌다. '세상에 이런 비극이 있을 수 있는가? 저들 부모가 저렇게도 착하고 선한데 하나님은 어째서 이런 슬픔을 주실까? 그 울부짖음의 기도를 외면하시는 이유는 무엇일까?' 온갖 질문을 해대며 젊은 목사인 나는 처음 겪는 비통함의 현장에서 너무 큰 상처를 안고 말았다.

어느 산골짜기에선가 소년의 마지막 흔적을 뿌리면서 "아마도 하나님께서 깨끗한 그 아이를 꼭 필요로 하셔서 일찌감치 하늘나라로 불러가셨을 것입니다. 집사님 내외분의 인생에 이 슬픔을 덮는 좋은 일들을 주실 것입니다."라고 위로했지만, 이미 뚫려버린 부부의 가슴을 도무지 추스를 수는 없었다.

그 이후 내 목회에 슬픔이 비로소 자리잡게 되었다. 기도해도 쉽사리 이루어지지 않는 한계 상황에 직면하여 그때 한 소년을 비통하게 잃은 슬픔을 오히려 위로의 양분으로 삼아 인생을 긍휼히 보는 눈이 열리지 않았을까 생각된다.

주님도 나인성 과부의 아들의 상여를 가로막고 불쌍히 여기시지 않았던가.(눅 7:13) 관에 손을 대시고 자신의 슬픔을 기도로 쏟아부으셨을 터. 주님의 슬픔은 나사로의 무덤가에 가셔서 흘리신 눈물에서도(요 11:35) 발견된다. 주님께서도 비통함과 눈물을 보이셨다. 그러나 드러내지 않은 가슴 깊은 곳의 슬픔은 더 컸을 것이다. 주님의 이런 슬픔이 체휼되어야 목회에 무게감이 더해지게 되고, 지치지 않고 영성 깊은 사역을 해나갈 수 있지 않겠는가.

젊은 날, 한 소년의 죽음이 준 비통함은 나를 진지한 목회로 이끌어주는 계기가 되었다. 이후 집사님 부부에게 어떤 위로와 하나님의 갚으심이 있었는지 전해 듣지는 못했지만, 좋으신 하나님께서 우리의 기도를 허무하게 끝내지 않으시는 분명한 증거를 보여주셨으리라고 지금도 확신한다.

좋은 장로 vs. 나쁜 장로

좋은 장로란 어떤 사람인가에 대해 목회자들 사이에서도 이야깃거리가 많고 교회 안에서도 이런저런 평가가 오간다. 본디 성품이 좋아야 한다는 말도 맞고, 예수 믿고 난 뒤의 회심의 정도나 훈련의 깊이로부터 착하고 선한 장로가 나올 수 있다는 말도 맞다. 한국교회는 존경받는 장로들과 목회의 진실한 조력자들을 유산으로 갖고 있다. 물론 장로가 제 역할을 충실히 감당하고 제자리를 지킨다는 것이 쉬운 일은 아닐 것이다. 태생적으로 괴팍한 성품이 종종 발동하기도 하고, 심리적으로 교인들로부터 추앙받는 목사에 대한 콤플렉스가 생기거나, 목사를 견제하고 보자는 심리도 있을 것이다.

하지만 이런 것들을 이겨내고 목회를 뒷받침하며 목회의 동력이 되어주는 장로들은 얼마든지 있다. 인간 누구나 그러하듯 인간적인 약점과 실수가 없는 목회자가 어디 있겠는가. 그럼에도 큰 울타리가 되어 목회자를 사랑하고 깊은 헌신으로 교회를 든든히 세우며 목사를 교회 지도자로 세워내는 부형 같은 장로들이 왜 없겠는가. 오늘의 교회 위기를 초래한 것 중 하나인 장로 리더십의 추락과 혼선이 안타까울 수밖에 없는 이유이다.

물론 한 인물에 대한 평가는 당대에서 이루어질 수는 없는 일이고 이에 따라 장기적이고 역사적인 관점에서 내리는 평가여야 정당성이 있을 것이다. 더욱이 한 교회에서 만난 목양자와 성도로서의 관계가 아니라면 진정한 평가가 어려울 수도 있을 것이다.

내가 만난 장로님들도 각양각색이었고 그들의 임직을 진행한 것을 후회한 이들도 있다. 그러나 결국 주권자는 하나님이시요, 그분의 생각으로 직임을 얻은 자들이 아니겠는가. 그래서 믿음에 대해 인간의 잣대로 쉬이 판단할 수도 없고, 사람에 대한 평판도 허술하게 내릴 수 없는 것이다. 하지만 그럼에도 목사의 개인적인 느낌은 얼마든지 가질 수 있지 않겠는가.

Y 장로님은 내가 목회 초년시절에 만난 소중한 분이셨다. 젊은 전도사를 안위하고 깊이 존중하며 그의 경륜을 보일 듯 말 듯하면서도 결국 드러내 보여주신 분이다. 노인이지만 그의 신앙 근저에는 '청년성'이 언제나 살아 있었다. 군사독재의 서슬이 퍼런 상황에서 교회도 한없이 위축될 수밖에 없었지만, 나라와 민족에 대한 애끓는 기도와 민주화에 대한 신앙적 열망은 단호했다. 기청 대회와 각종 집회가 열릴 때면 맨 앞자리에 앉으시는 장로님의 모습에 많은 젊은이들이 고무되기도 했다. 분명한 신앙적 소신을 지니신 반면에 한없이 자애롭고 부드러운 인간애는 젊은 목회자인 나에게 깊은 울림을 주었고, 그의 진정성 있는 헌신 덕에 나도 교회도 행복할 수 있었다.

H 장로님은 내가 기독교 기관에서 사역할 때 만난 장로님이셨는데, 당시 그분은 이사장이고 나는 총무였다. 내가 교회로 사역지를 옮겨왔을 때는 이웃 교회의 장로님으로 만날 수 있었다. 그는 한 기업의 사장으로서 많은 직원을 거느린 총수였고 항상 비서를 대동하곤 했다. 물론 경

직되고 사무적인 그의 스타일이 부자연스럽게 보일 때도 있었지만 그의 교회 사랑과 헌신의 깊이는 늘 큰 감동으로 다가왔다. 내게도 늘 따뜻한 위로와 격려를 잊지 않으셨고 지시에 익숙한 분임에도 나에게는 늘 조심하고 존중하는 태도를 잃지 않으셨다.

어느 때인가 장로님과 함께 일하던 기관에서 한 재야인사를 강사로 초청하게 되었는데 마지막 단계에서 정보기관의 집요한 압박과 회유가 가해졌다. 나를 움직일 수 없었던 그들은 이사장인 장로님에게 갖은 위협과 회유를 가하게 되었고, 장로님은 그 바쁜 일정에도 거의 반나절을 나를 붙들고 이해를 구하며 차선책을 찾아줄 것을 부탁하셨다. 그의 간절한 호소에 나도 고집을 꺾고 다른 분을 강사로 섭외하기로 결정했다. 장로님은 실로 인간적 예의와 깊은 배려를 알게 해준 분이었다.

L 장로님은 교회와 약국, 가정밖에 모르는, 어쩌면 사회와는 담을 쌓은 듯한 원칙주의자요, 성경주의자였다. 그러나 그 밑바닥엔 견고한 성경적 세계관·인생관이 자리잡고 있어 쉽게 흔들리지 않는 신앙의 요새를 구축하고 있었다. 언제나 목사를 존중하고 목사의 목회적 판단을 따르고 수용하는 덕가였다. 물론 교인들의 사랑과 존경을 받는 것은 물론이고, 성경적 원칙을 고집하되 판단은 충분히 합리적으로 하는 분이셨다. 그분은 목사가 피곤할 때 따뜻하게 위로하고 힘을 주셨다. 단 한 번 목사의 판단을 따르지 못한 때가 있었는데, 그가 이사장으로 있던 시설의 인사 문제를 결정하는 일이었다. 상심해 있는 내게 "죄송하고 미안합니다."라고 여린 마음을 건네면서 나의 마음을 녹여주셨다. 목회를 편하게 해준 고마운 분이었다.

의인의 등불처럼 향기로운 빛을 발하는 장로님들이 계시기에 교회는 빛을 더해간다.

팥죽에 가득 담긴 사랑

나는 어려서부터 팥죽을 무척이나 좋아했다. 배가 불러 불편하게 될 때에도 팥죽을 보면 어린 마음에 세 그릇 네 그릇까지도 먹던 나이다. 팥 특유의 고소한 향이 참 좋았고, 새알이나 국수를 곁들여 먹는 맛이 아주 좋았다. 목회를 하는 중에도 '목사님은 팥죽을 좋아하신다.'는 소문이 금세 퍼졌고, 맛있는 팥죽을 어려움 없이 먹을 수 있었다.

내가 팥죽을 쉽게, 그리고 맛있게 먹을 수 있었던 것은 팥죽 할머니 권사님 때문이었다. 권사님은 일찍이 홀로되셨고, 원래 무속에 젖어 살았는데 뒤늦게 예수 믿고 교회에 나오시게 된 분이었다. 그러나 예수 믿은 이후로는 그 정성과 열심이 얼마나 대단한지 예배에 빠지시는 법이 없었고, 깊은 사랑과 위로로 목사에게 큰 격려가 되곤 했던 분이다. 잊을 만하면 팥죽을 쑤었다고 알려오고 큰 통에 가득 담긴 팥죽과 봉투를 건네시곤 했다. "목사님, 팥죽도 맛나게 드시고, 또 맛있는 것도 사서 드세요." 하셨다. 아마도 자녀들이 준 용돈일 터인데, 본인이 쓰시지 않고 아껴두었다 목사에게 건네는 사랑이기에 오히려 마음이 무겁기도 했다.

목사가 성도들의 사랑에 답하는 것은 그들을 위해 갑절로 기도하는 일이 아니겠는가. 나는 팥죽을 먹으면서도 할머니 권사님을 위해, 자녀들과 손주들까지 이름을 불러가며 기도했고, 새벽마다 그 이름들이 내 기도 중에 떠나지 않았다. 참으로 순정적인 믿음이었다. 오직 목사를 신뢰하고 그의 마음을 편케 하고 기쁨을 주려 하는 할머니의 단순한 믿음은 오래도록 내 마음속에 남아 있다. 목사의 기도의 도움을 아는 권사님의 현명한 신앙의 태도일 수도 있었겠다. "주께서 갚으시리라"(마 6:4)라는 언약이 분명히 나타났고 자손들이 그 덕을 보게 되었음은 물론이다.

기적을 불러오는 헌금

교회 건축은 사람이 하는 것이 아니라 하나님께서 하시는 일이다. 사람을 믿고 하다가 낭패를 보는 경우도 허다하고, 불가능할 것 같은데 예상을 뛰어넘고 아름다운 건축을 하는 경우도 많다. 건축이 성도들의 헌금으로 이루어지는 것이기에 하나님께서 성도들을 움직여 개입하시지 않으면 불가능하다. "뜨거운 사막이 변하여 못이 될 것이며 메마른 땅이 변하여 원천이 되는"(사 35:7) 기적으로 교회 건축은 이루어진다.

한번은 서울에서 지방 근무로 이사 온 새댁 집사님 내외가 찾아왔다. 건축헌금을 내어놓으며 기도를 부탁했다. 적잖은 금액이었고 젊은 부부에게는 쉽지 않은 금전이었다. 그런데 그들 부부에게는 결혼 5년차이지만 아이가 없다는 것이었다. 그들 부부에게 안수하며 간절하게 기도하고 돌려보냈다. 그날 이후 그들이 내어놓은 헌금에 대한 부담도 있고 그들에게 향한 긍휼한 마음이 기도를 재촉하게 해 건축하는 내내 그들 부부에 대한 기도를 그치지 않았다. 그러나 좀처럼 기쁜 소식은 들려오지 않았고, 언제부터인가 교회에서 그들의 모습이 보이지 않게 되었다. 다시 서울로 전근하게 되어 이사했다는 것이다.

그럭저럭 한 3년이 지났을까, 그 새댁 집사님으로부터 전화가 왔다.

"목사님, 아들을 낳았어요." 할렐루야, 하나님께서 그들 부부를 긍휼히 보시고 소원에 응답해주신 것이다.

또 한 번은 권사님 한 분으로부터 연락이 왔다. "목사님, 적지만 건축헌금을 드리려 합니다." 홀로 일곱 자매를 키워 출가시킨 대단한 권사님이셨고, 형편도 넉넉지 못한 분이셨다. 보내온 헌금은 내 생각을 뛰어넘는 금액이었기에 나는 매우 놀랐다. "역시 헌금은 믿음으로 하는구나." 하는 생각으로 감사했다.

권사님은 자신의 손주가 뒤틀린 발을 수술하는데 아이를 위해 기도해달라는 부탁을 하며 수줍어하셨다. 나는 주야로 그 아이를 위해 기도하고 수술하는 날은 종일 아이의 이름을 부르며 기도했다. 아이가 퇴원하게 되었을 때 권사님으로부터 전화가 왔다. 수술이 성공적으로 잘되었다는 것과 기적이 일어났다는 얘기였다. 원래 그 헌금은 손주의 수술비로 쓰려던 것인데 기도하는 중 성령의 지시로 건축헌금으로 드리게 되었다는 것이다. 그런데 생각지도 않게 수술비·입원비를 내지 않게 되었다고 한다. 몰랐던 보험과 여러 혜택으로 헌금한 액수만큼의 비용을 내지 않게 되었다는 이야기이다. 참으로 놀라운 간증이었다.

좋으신 하나님은 이처럼 기묘하게 섭리하시며 기적적으로 헌금을 하게 하시고 교회를 건축하게 하시는구나 생각하니 '여호와 이레' 하나님을 찬양하지 않을 수 없다.

기도의 씨앗이 자라

기도만 하면 우시는 어느 집사님은 먼 바다에 나가 고기잡이하는 어부의 아내였다. 늘 울면서 기도하는 것이 일상이었고 일곱 살, 다섯 살짜리 아들과 딸을 대동하고 교회에 와서 울음을 터뜨리며 기도하곤 했다. 목사를 만나면 하소연이 차고 넘쳤다. 이번에는 풍랑으로 그물이 찢겨 못쓰게 되고, 배가 부서져서 한참을 기다려야 하고, 아이들 아빠가 부상을 당해 병원에 입원해야 된다고 했다. 이유도 갖가지, 그들의 어업은 실패의 연속처럼 보였다. 그래도 기도만은 포기하지 않고 매달리는 것이 신통하고 감사했다.

집사님은 어느 날은 갈치 몇 마리를 검정 비닐에 싸 들고 와 기도를 부탁하기도 하고, 어떤 날은 오징어 몇 마리가 내 손에 쥐어 있기도 했다. 나는 "기도 외에 다른 것으로는 이런 종류가 나갈 수 없느니라"(막 9:29), "배들을 바다에 띄우며 큰 물에서 일을 하는 자는 여호와께서 행하신 일들과 그의 기이한 일들을 깊은 바다에서 보나니"(시 107:23-24)라면서 집사님을 위로하고, 다음 배 들어올 때를 기대하기도 했지만 좀처럼 집사님의 얼굴은 펴질 줄 몰랐다. 목사인 나의 마음 역시 타들어갔다.

그러나 인내하지 못하는 교인들이 쉬이 기도를 포기하거나 이제는 교회 나가지 않겠노라고 목사에게 최후통첩을 하는 경우와 달리 집사님은 여전히 아이들을 앞세워 울면서 교회 나와 기도하는 것이 마냥 대견스러웠다.

세월이 흐르고, 나도 그 교회를 떠나왔지만 특별한 소식은 없었고, 내 기억 속에서 잊혀져 갈 즈음 그 집사님 부부가 나를 찾아왔다. 하나님께서 복을 주셔서 고기잡이 나갈 때마다 만선이요 지금은 배가 세 척이나 되고 크게 부하게 되었노라고 간증하는 것이었다. 남편도 교회에 나오고 집사님은 권사님이 되셨으며 아이들도 잘 자랐다고 한다. 나는 "주께서 집사님의 기도를 들어주셨네요."라고 축하를 하면서 신실하신 하나님을 다시 한 번 찬양하게 되었다.

기도로 심는 것은 힘이 들고 때로는 장애와 시험도 많지만, 결코 배반하지 않는다는 사실을 깨달을 수 있었다. 그 응답은 시간이 한참 걸릴 수도 있고 영원의 세계에서 이루어질 수도 있다는 사실을 체험하는 순간이었다.

윤기원 목사

1986년 담임목사로 부임한 이래 37년간 헌신과 사랑으로 군산 광성교회를 섬겨왔다. 교단을 초월하여 군산의 여러 교회를 하나로 모으고 협력하는 일에 앞장섰으며, 오랫동안 한국교회 찬송가의 발전을 위해서도 많은 수고를 하였다. 한신대학교에서 신학을, 총회 선교대학원에서 목회상담학을, 군장대학교에서 사회복지를 전공했다. 군산 지역에서 목회하며 교회와 지역에 봉사해왔는데, 한국기독교장로회 군산노회장, 군산경찰서 교경협의회 회장, 군산시기독교연합회 대표회장, 군산시장로교단연합회 회장, 군산시청 시목협의회 회장, 군산청소년수련원 운영위원장, 군산연합신학원 원장 등을 지냈다. 한국기독교장로회 국제선교협력위원장, 총회 서기, 총회 선교부장 및 선교위원장, 한국찬송가위원회 위원장, 한국찬송가공회 회장과 이사장을 역임하여 교단과 한국교회를 섬겼다. 교계뿐만 아니라 더불어민주당 제19대 대통령선거 고문/종교특보 및 전라북도·군산시선거대책공동위원장, 대통령자문기구 평통위원회 군산지부위원 등 사회의 영역에서도 활발히 활동했다. 현재 한국기독교회관운영위원회 부위원장, 전킨선교사 기념역사관 건축위원회 대표회장, 한국기독교장로회 총회연금재단 이사장을 맡아 섬기고 있다.